깊은 침묵을 깨고 나온 생존자 증인들에게

이름 없이 죽어간 한국인 위안부 여성들과 식민지 피해자들에게

그리고 지난 한 세기 역사의 격랑 속에서 스러져간

수많은 한국 여성들에게 삼가 이 증언집을 바칩니다.

강제로 끌려간 조선인 군위안부들 4

기억으로 다시 쓰는 역사

초판 1쇄 발행 2001년 2월 20일

개정판 1쇄 발행 2011년 8월 25일 | 개정판 2쇄 발행 2021년 10월 29일

엮은이 한국정신대문제대책협의회 2000년 일본군 성노예 전범 여성국제법정 한국위원회 증언팀

펴낸이 홍석 | 이사 홍성우 | 진행 유남경 | 표지 디자인 제미란 | 본문 디자인 서은경

기획 편집 박월·박주혜 | 마케팅 이송희·한유리 | 관리 최우리·김정선·정원경·홍보람·조영행

펴낸곳 도서출판 풀빛 | 등록 1979년 3월 6일 제2021-000055호

주소 07547 서울특별시 강서구 양천로 583 우림블루나인 A동 21층 2110호

전화 02-363-5995(영업), 02-364-0844(편집) | 팩스 070-4275-0445

홈페이지 www.pulbit.co.kr | 전자우편 inmun@pulbit.co.kr

ISBN 978-89-7474-452-6 93330

이 책의 국립중앙도서관 출판시도서목록(CIP)DMS e-CIP 홈페이지(http://www.nl.go.kr/cip.php)에서
이용하실 수 있습니다.(CIP제어번호 : CIP2011003356)

강제로 끌려간 조선인 군위안부들 4

기억으로 다시 쓰는 역사

한국정신대문제대책협의회 2000년 일본군 성노예 전범
여성국제법정 한국위원회 증언팀

풀빛

발간사

한국정신대문제대책협의회(이하 정대협) 발족 10주년을 축하하며, 2000년 일본군 성노예 전범 여성국제법정(이하 2000년 법정)을 기념하는 논문집을 발간하게 된 것을 기쁘게 생각한다. 여기까지 오게 된 것은 한국사회의 여러분이 음양으로 도와주신 덕택이요, 정대협의 회원과 자원봉사자들의 시간과 몸을 아끼지 않은 협력으로 알고 감사한다.

일본군 '위안부'문제를 돌이켜 보면 일본이 당시 조선을 강점하고 아시아의 여러 나라를 침략해 들어갈 때는 이미 일본의 탈아입구(脫亞入歐)의 시책이 실현돼가고 있는 시대였다. 따라서 일본의 정책상

(1) 일본은 우월한 민족이며 나머지 아시아 민족은 열등하다고 가르쳤고, 또한 일본은 스스로 그렇게 믿었고 아시아 여러 민족에게는 그렇게 믿게 만드는 정책을 썼다. 이와 함께 일본은 무(武)를 숭상하는 사무라이 문화의 나라다.

(2) 이 문화가 잘못되면 폭력으로 치달을 수 있는 것은 기정 사실이다.

(3) 가부장제가 언제나 그랬듯이 일본 남성들도 여성을 멸시하는 2중 여성관을 가지고 있었다. 즉 가계를 이어나갈 적자를 낳을 아내와 성을 즐길 수 있는 여성, 즉 두 가지 여성으로 구분하는 여성관이다.

이 세 가지 조건이 일본군으로 하여금 일본군 성노예제를 낳게 했다고 본다.

문제는 해방 후 반세기가 지났는데도 반성의 기미조차 없는 일본의 교만이다. 그들은 1930년대부터 나타낸 군국주의 – 제국주의를 버리려

는 생각이 전혀 없는 듯 보인다. 모리 수상의 일왕 중심의 '국체'운운하는 반역사·반민주·반인권적 국가체제를 지향하는 망언이 이를 증명한다.

정대협은 1990년 11월의 창설정신으로 10년간 일본을 상대로 일본군 성노예 피해자의 인권회복을 위해 활동해 왔다. 일본의 대답은 1965년의 한일조약으로 모든 과거는 청산됐고 도의적인 책임으로 '여성을 위한 아시아의 평화와 국민기금'(국민기금)을 내놓고 있다고 한다. 여전히 일본의 망언은 계속되고 있다. 일본은 전쟁 때와 비교해 하나도 변한 것이 없이 우월감에 빠져 있고 돈이 군사력을 대신하고, 돈이 폭력을 대신하고, 돈으로 속이며 피해자의 인권을 침해하고 있다.

1991년 12월 김학순 피해자를 위시해서 한국의 피해자들이 일본에서 3건의 재판을 열었으나 전부 패소했다. 일본거주 송신도 피해자의 경우는 8년간의 법정투쟁이 36초의 기각서 낭독으로 패소했다. 이번 11월 30일 고등재판소 판결이 있을 예정이나 전문가들은 비관적이다.

일본 내의 재판으로 피해자들이 인권회복을 할 수 없는 것은 기정 사실이다. 그래서 아시아의 피해국, 가해국, 세계의 여성인권 단체들이 우리의 뜻에 호응하는 남성들과 함께 세계시민법정이라고 할 수 있는 '2000년 일본군 성노예 전범 여성국제법정'을 열기로 했다. 이 재판은 구속력이 없다. 사람의 양심이 기초가 된 도덕적인 법정이다. 한 가지 이미 큰 성과를 올렸다고 볼 수 있는 것은 남과 북이 하나의 기소장을 내기로 합의하고 작성했다는 사실이다. 또한 법정준비위원회의 뜻을 받아들여 세계적으로 인정받는 인권전문판사, 검사, 국제법학사들이 5대륙에서 남녀 각각 3명씩 2000년 법정의 판사직을 수락했다는 사실이다.

우리의 목적은 일본군 성노예 책임자를 심판함으로써 사회 공의를 세우고 피해자들의 명예와 존엄성을 회복시키자는 것이다. 이것을 이 범죄의 발아지인 일본의 수도 도쿄에서 전 세계에 선포하자는 것이다.

처음부터 끝까지 바쁜 일정 중에 법정 준비에 참석하면서 또한 이 논문집을 위해 원고를 써주신 한 분 한 분에게 진심으로 감사한다. 그 중에서도 유리하고 편한 위치에 있는 남성 여러분이 역사와 민족과 여성 문제에 관심을 가지고 적극적으로 협력해 주신 데 대해 깊이 감사한다. 또한 이 책이 발간될 수 있도록 후원해 주신 '대통령직속 여성특별위원회 여성발전기금'에 감사한다.

지금으로서는 정대협이 추구하고 2000년 법정이 추구하는 이상이 부질없는 꿈으로 생각될지 모른다. 그러나 2000년간의 전쟁의 역사는 끝나고 새 천년에는 세상이 천천히 바뀌어 남·녀, 강자·약자가 함께 평화롭게 사는 새 역사의 장이 열리기를 바라 마지않는다. 일본에도 새 시대의 젊은이들이 크고 있다. 안될 때 안되더라도 꿈을 가지고 최선을 다해 보아야 할 것이 아니겠는가.

2000. 11. 14

2000년 여성국제법정 한국위원회 위원장 **윤정옥**

차례

故 김순덕의 作 "못다핀 꽃"

개정판 서문

올해로 『강제로 끌려간 조선인 군위안부들 4: 기억으로 다시 쓰는 역사』가 출간된 지 만 10년이 흘렀다. 본 증언집의 개정판을 내면서 지난 10년간의 피해자 증언 연구, 구술사, 그리고 일본군 위안부 문제를 둘러싼 변화와 진전을 돌아본다.

1980년대 이후 점증된 한국사회 민주화의 열망 속에서 '아래로부터의 역사쓰기'의 분위기가 자연스럽게 형성되었다. 이는 학생운동과 노동운동을 넘어 페미니즘과 과거청산운동 등 다양한 흐름으로 표출되었고, 그동안 역사 서술에서 제대로 대변되지 않았던 기층민들(subaltern)에 대한 관심이 형성되었다. 이에 더해 생활사, 문화사, 미시사와 같이 새로운 역사쓰기의 흐름이 증언 연구에 영향을 미쳤음도 부정하기 어렵다. 돌아보니 한국정신대문제대책협의회 2000년 일본군 성노예 전범 여성국제법정(이하 2000년 법정) 한국위원회 증언팀도 이러한 시대적 맥락에 놓여 있었다. 2000년 법정은 아시아 10여 개 국이 참여한 초유의 국제민간법정으로서 증언팀은 1999년 4월 본 법정을 위한 진상 규명의 목적에서 출범했다. 총 30여 명의 연구진들이 자발적으로 참여하여 증언집을 출간할 때까지 증언팀이 지속되었다. 이 증언집이 2001년 당시로서 새로운 문젯거리를 던질 수 있었던 것은 증언팀이 애초에는 예상치 못했던 다양한 질문과 도전에 맞닥뜨렸고 여기서 많은 배움이 있었기 때문이라고 생각한다. 개정판을 내는 것을 계기 삼아 이를 다시 정리해 본다.

본 증언집은 생존자의 주체의 성격에 대해 질문을 던졌고 이를 통해 생존자들을 새롭게 재현했다고 본다. 이 증언집에서 생존자들은 생존 자면서 피해자면서 할머니이고, 한 여성이었고 이름을 가진 개인으로 재현되었다. 이렇게 다양하고 역동적인 주체로서의 피해자 재현은 당시 우리 사회가 일본군 위안부 생존자에 대해 가지고 있던 고정된 피해자상으로부터 해방시키는 역할을 할 수 있었다. 위안부 피해자라는 정체성을 인정받으면서 동시에 부여받은 고정된 피헤자 주체성이라는 주류적 시선을 어느 정도 해체시킬 수 있었던 것 같다. 이 증언집에서 피해 생존자는 울지 않고 있으며, 옆모습이 아닌 확대된 정면 사진으로 실려 있다. 각 할머니들이 가진 에스프리를 포착하고 그녀들의 가장 아름다운 모습을 싣고자 했던 것이다. 이러한 재현은 당시 한국사회에서 형성되었던 '한 많은 피해자'의 상과 다른 모습을 제시하는 계기 중 하나가 되었다고 평가한다.

증언팀의 이러한 시선은 증언자들의 증언을 듣고 해석하는 틀과 맞닿아 있었던 중요한 문제였다. 예컨대 위안부 생존자의 주체성에 주목할 때, 자신이 위안부임을 숨기고 평생을 살아오고 자식에게마저 이 사실을 감추었던 것은 피해자의 정조 관념으로 인해 자신을 부끄러워해서가 아니라 이 사회로부터 자식과 자신을 보호하기 위한 적극적인 대처였던 것이다. 정조 관념은 그녀가 아니라 이 사회가 가지고 있었기 때문이다. 이렇게 그녀들은 피해자일 뿐 아니라 거칠고 척박한 한국의 근대사를 살아 온 적극적인 생존자로서 거듭나게 된다. 일본군 위안부 할머니들이 식민지와 전쟁을 치른 한국 여성에 대한 하나의 의미심장한 메타포라면, 이들에 대한 새로운 상은 오늘을 살아가는 여성 내지 한국인들이 누구인지를 다시 말하는 계기가 될 수 있지 않을까.

포스트 식민주의 시각에서 볼 때도 피식민지 기층민의 체험과 증언은 식민지 역사를 다시 보게 하는 하나의 방법이 된다. 그것은 기존의 민족주의적 시선에서 본 '해방'을 바라는 단일민족의 통합된 목소리도 아니면서, 맑시즘적 시선에서 본 무산계급의 계급적 위치의 발화도 아니다. 오히려 스피박(Gayatri Spivak)이 갈파했듯이, 그 목소리를 들을 방법론, 즉 시선을 가지고 있지 못하다는 인식이 필요하다. 그것은 계급적 위치이자 민족적 위치이자 젠더적 위치라는 다양한 위치성 속에서 중층적으로 재/결정되는 주체성이기에 탈식민의 과제 역시 제국주의적 대결이나 비판이 아닌 '자기로부터의' 성찰이자 비판이어야 한다. 그리고 이 목소리로부터 '다시 쓰는 역사'를 추구해야 한다.

앞서 말한 피해 생존자의 주체성에 대한 증언팀의 발견은 기존의 포스트 식민 이론이나 페미니즘 이념에 영향받긴 했겠지만, 오히려 생존자들을 만나면서 그 시선이 형성되었던 측면이 많다고 해야 한다. 증언팀이 가진 편견과 통념을 '내려놓으니' 생존자들의 살아 있는 주체성이 드러났다 할까. 이 점에서 증언 연구의 작업은 선(禪)과 통하는 데가 있다. 고정된 피해자상을 탈피한다는 것이 이들의 피해를 묵인하거나 축소한다는 의미는 아니다. 오히려 그 반대이다. 일본군 위안부 피해자들의 피해는 단지 위안소에서의 강간에서 멈추지도 그것을 정점으로 하지도 않았다. 어떤 이는 평생 동안 한 인간으로서 신나게 활개 치고 살아보지 못한 것에서, 어떤 이는 자식 한 번 낳아보지 못하고 여자로서 남자의 사랑 한번 받아보지 못한 것에서, 어떤 이는 평생 동안 이어지는 비밀과 가난과 질병에서 피해를 증언하고 있음에서 볼 때 위안부됨의 피해란 개인적인 것이고 다층적이고 현재진행형의 것이었다. 이렇게 보면 위안소에서 그녀들이 겪은 강간에만 초점을 맞추는 우리 사회의 지배적 시선은 어쩌면 그녀들의 피해를 여성의 정절이나 섹슈얼리티로만 의미부여하는 가부장적 시선의 구성물이라고도 할 수 있다. 일본군 위안부로서 당한 강간은 정조를 유린당한 범죄를 넘어서 인도에 반하는 범죄로서 식민주의, 가부장제, 그리고 군국주의가 결합하여 빚어낸 구조적 산물로서 더 치열하게 분석되어야 할 것이다. 일본군 위안부제도라는 조직적 범죄에는 군국주의 전쟁 수행을 위한 남성 성욕의 해소, 가부장제하의 여성 멸시, 식민주의하에 있었던 한국인의 도구화라는 여러 층위가 존재한다. 하지만, 이 범죄가 무엇을 의미했고 무엇을 귀결했는지 그 진실을 말할 중요한 화자는 법이 아니라 그녀들이 아닌가. 피해는 그녀들의 일생을 통해 구성되었기 때문이다. 뿐만 아니라, 지난 60여 년 동안 아무도 말하지 않았던 이 '거대한 아시아의 망각'을 깨트리고 나온 것이 김학순을 필두로 한 생존자 증언이었다는 점을 잊지 말아야 할 것이다.

　이렇게 증언팀은 피해 조사라는 명목으로 그녀들을 타자화(他者化)하는 시선에 대해 문제 제기를 하면서 증언 조사의 방법에 대해서 많은 관심을 쏟았다. 그녀들의 피해에 다가가기 위해 그녀들의 시선에, 그녀들의 고통과 흐느낌에 더 귀 기울여야 하지 않을까. 하지만 '어떻게' 혹은 '무엇을 위해' 귀를 기울이는 것이 합당한 것인가. 고통에 대한 저명한 저자인 스케리(Elaine Scarry)는 '신체 고통을 어떻게 말로 표현할 수 있을지'에 대해 물었다. 그녀들의 피해에 다가가기 위해 그녀들의 언어와 시선에, 그녀들의 고통과 흐느낌에˙더 귀 기울여야 하지 않을까. 고통은 인간 언어와 다른 차원의 것이지만, 말로 표현되지 않는다면 이웃의 고통에서 공감을 끌어내기는 어려우므로 고통은 재현을 기다린다. 이 점에서 피해자 증언은 피해의 언어가 아니라 이미 그것을 '바라보는' 언어임에 유의해야 한다. 증언을 통해 그녀의 체험에 다가가고자 할 뿐 증언은 '생생한 경험 자체'와 그 경계가 다르다. 그리하여 체험을 말하는 그녀들은 피해자이자 관찰자이자 또 재현자이다. 이 증언집에서도 증언자의 어떤 표현에서는 절절한 아픔이 배어 있지만 어떤 체험에 대해선 말하지 못하고 있다. 왜 그녀들은 어떤 체험에 대해선 여전히 표현하기 어려워하는 것인가. 예컨대 강간, 성폭력, 혹은 체계적 강간이라는 말로는 그녀들의 경험을 다 대변할 수도 그 느낌을 다 잡을 수도 없었을 것이다. 그리고 이 경험을 전후하여 유기적으로 이어지는 삶의 체험들을 말하고자 했다 해도 들을 자도 공감할 자도 없었기에 이야기로 구성된 적이 없었으리라. 그곳은 고통의 지점이지만 언설을 넘어선 지점들이다. 증언 조사로 어찌 피해 생존자들이 그녀들의 체험을 다 표현할 수 있었을 것이며, 증언팀이 그 언설을 다 재현했다 할 수 있겠는가. 피해 생존자의 언어에는 고통과 용기, 침묵과 넘어섬 등이 함축되어 있다.

이 점에서 본 증언집을 2000년 법정에 제출할 증거 자료로 그 의미를 한정 짓기는 어렵다. 2000년 법정은 시민 법정 그리고 여성 법정으로서 피해 생존자의 증언에 크게 귀 기울였다. 남북한이 함께 작성했던 공동기소장에도 당시 존재하던 67인의 증언을 종합하여 증거로 제출하였고, 법정은 증언 자료의 가치를 인정하여 최종 판결문에 생존자 증언을 다양하게 인용했다. 하지만 앞서 말한 대로 증언의 진실은 법적 진실과 만나면서도 헤어진다. 법적 진실의 추구가 법적으로 적실성 있는 사실들을 확정하고 고정할 수밖에 없는 것이라면 증언의 진실은 살아 있는 주체들이 느끼고 체험한 진실이며 다른 사람들이 그것에 대해 공감할 수 있는 '상호 주관적 진실(intersubjective truth)'일 것이다. 하지만 법적 진실도 의미를 교류하고 지평을 공유하는 인간 세계 속에 존재한다는 점에서 증언의 진실과 본질적으로 다른 것인가에 의문을 던져본다. 피해자가 겪은 피해와 고통이 불법행위와 범죄의 무게를 측량하는 주요 기준이라 할 때 인간 사회의 상호 주관적 진실 역시 법정에서 수용되어야 할 진실이다. 법정이 이런 상호 주관적 진실을 향해 좀 더 열려 있을 때, 원상회복과 정의라는 법 집행의 목적에 다가설 수 있지 않을까 한다. 피해자들이 평생을 통해 겪은 피해의 배상은 과연 어떻게 이루어져야 하는 것인지, '복원적 정의(restorative justice)'를 위해 가해자에게는 어떤 태도가 요청되는지, 현재의 배/보상의 법적 체계는 어떤 관점에서 구축되어 있는지 등 법학이 경청해야 할 문제에 대해 피해자 증언은 말하고 있다. 이렇게 2000년 법정은 법과 증언, 역사쓰기와 여성이 대화를 나눈 법정이었다고 할 수 있다.

한편, 증언팀은 증언 재현의 철학과 이론뿐 아니라 구술 텍스트를 다루는 방법론적 측면에 대해서도 여러 도전에 직면했다. 증언이 피해자의 '생생한 언어'라기보다는 재현된 언어라고 한다면 그것은 인위적으로 선별된 '자의적 언어'와는 어떻게 다른가. 이 양자를 구별하는 것이 매우 중요하다고 우리는 생각했다. 양자가 잘 구별되지 않는다면, 증언의 구성성을 부정하고 증언의 객관성을 주장하는 실증주의적 연구 태도를 쉽게 불러들일 것이기 때문이다. 주지하다시피, 당시까지 군위안부 피해 생존자의 증언 연구는 사실인가 아닌가라는 사실성의 잣대에서 판단되는 경우가 많이 있었다. 물론 법정이나 정책 등의 목적에서 그녀가 진짜 위안부 피해자인가 아닌가를 검증해야 하는 경우가 있지만, 그것으로 증언의 의의와 메시지를 한정 짓는 것은 비극이다. 사실성에 기반한 피해자 증언은 문서자료나 다른 사실에 의해 알려진 사실을 재/확인하는 역할을 할 뿐 피해자의 목소리에 대한 새로운 시선과 지평을 끌어내지 못할 것이기 때문이다. 증언팀은 증언을 실증주의 자료의 하나로 위치 짓는 태도와 스스로를 구별함과 동시에 모든 진실은 의미를 부여하기 나름이라는 상대주의적 진실관과도 거리를 두었다. 증언 연구가 찾고자 한 진실은 축적된 집합적 진실의 지평 속에 살아가는 사회인들과 교감하는 상호 주관적 진실이라고 일견 말할 수 있을 것이다. 또한 군위안부 피해 증언은 알려진 사실의 확인이 아니라 '알려지지 않은' 사실의 생산과 수용이라는 점에서 새로운 진실을 찾는 여정이었다. 어찌 이러한 진실을 실증주의적 사실에 국한시킬 수 있을까. 앞서 포스트 식민주의에서 언급한 대로 기층민의 목소리를 재단하거나 해석할 이론을 우리는 가지고 있지 못하다면, 역으로 바로 그것을 찾기 위해 증언 연구를 수행해야 했던 것이다.

이제는 구술사와 증언 연구에서 흔히 받아들여지는 '묻기에서 듣기'로의 방법론이 증언팀에서 움틀 수 있었던 것은 이러한 이론 내지 이론 없음에 기반해 있었다. 그렇다면, 이때 듣기란 단지 생존자의 말에 충실하다는 것을 의미하는 것일까. 그리하여 생존자의 언어를 '성화(聖化)'시키는 태도에 다다르는 것인가. 여기서 '듣기'란 어떤 의미의 공간인지를 생각해 본다. 여기서 듣기는 무생각의 공간이 아니라 앞서 말한 집합적 진실의 지평이라는 상호 주관적 의미 맥락에서 이루어지기에, 듣기의 완성은 궁극적으로 증언팀이 아니라 독자들과의 교감에서 이루어진다고 보았다. 독자들이 생존자의 육성을 '들을 수' 있을 때 증언을 둘러싼 대화가 이루어지고, 증언의 진실이 집합적 진실 속에 수용되고 공명할 수 있기 때문이다. 이렇게 증언 연구는 실증주의 잣대로는 재단하기 어려운 '오지 않은 진실'을 찾기 위한 노력이었고 우리가 누구인지를 말하는 집합적 체험을 살리려는 탐사였다. 생존자 증언 연구는 법정의 진실 규명을 위한 증언과 생애사의 교차점, 그리고 개인 생애사와 아시아의 역사쓰기의 교차점에 서 있었다.

다른 한편, 증언팀은 구술적 텍스트를 살리기 위해 일천한 지식을 가지고 여러 가지 방안을 모색했다. 증언팀은 무엇보다 충실한 녹취록을 만드는 데 주력하였고 그 주관적이고 맥락적인 의미를 전달하고 구술 언어의 느낌을 전달하고자 했다. 그것은 생생한 느낌과 주관성만이 주요해서가 아니라 그것을 놓치지 않을 때, 그녀들의 주체가 가진 진실 이야기에 좀 더 깊게 공감할 수 있고 울림을 가지고 전달할 수 있다고 믿었기 때문이다. 특히 이들 언어가 가진 리듬과 운율 속에서 그 언어 안에 녹아 있는 음악 내지 시(詩)와 만나게 되었는데, 이것이야말로 고통 속의 승화(sublime), 눈물 속의 깨달음의 일단을 보여준다고 보았다. 예컨대 아래는 본 증언집에 실린 최갑순의 증언 서두이다.[1]

"내가 그렇게 세상을 산 생각을 하며는, 잠이 안 와서 낮에도 요로콤 누워 있다가."

1) 본 증언집, 145면

"'누구 하나 안 올까? 못 올까?' 아무도 안 오고 이러면, 잠이 슬며시 오며는, 한숨 살짝 자고 나면 저녁에는 인자 잠이 안 와서 그러면은, 그런 것이 다 생각이 나."

"우리 어매한테 살아 나온 일 생각하고, 그 일본 사람한테 당한 거. 만주서 나올 쩍에 두부장사하고, 기양 뭐 사다 팔고. 돈 만들어 두만강서 빠져 죽을 뻔한 거, 쭈욱 생각이 나서 낼 아침까지 잠이 하나두 안 와요."

이렇게 증언은 사회적 정의와 진실뿐 아니라 인간의 삶에 대한 상상력과 예술적 영감을 위해서도 풍부한 자료가 된다. 다른 한편, 본 증언집의 의의에서 공동 작업의 측면을 빼놓을 수는 없다. 증언 4집 『기억으로 다시 쓰는 역사』는 증언자와 연구자 간의 공동 작업이었고, 연구자들 간의 공동 작업이었으며, 연구자와 (가상의) 독자 간의 공동 작업이었다. 초판 서론에 있듯이 우리는 증언자를 만나가면서 동시에 증언팀 모임을 계속했다. 증언자에 대한 주체성의 조감, 그녀들의 그리고 우리의 기억의 지도(map of memory)의 얼개를 만들었고, 녹취록과 5차에 걸쳐 재정리된 편집본을 함께 돌려 읽으며, 직접 대면하지 못한 증언자들의 존재를 '느끼고자' 했다. 이 작업은 증언팀 안에 상호 주관성을 형성하는 과정이자 동시대를 살아가는 '증언팀' 속에 피해 증언자의 주체를 수용하는 과정이었다. 이 길고도 지난한 여정을 함께 통과하면서 우리 자신들도 증인이 되고 동시에 증언의 전이자가 되어갔다. 이 점에서 증언팀원의 다수가 증언 관련 연구자로 성장한 것은 놀라운 일이 아니다.

이 자리를 빌어 증언집을 사랑해주신 독자들 그리고 난산(難産)의 증언집 출간을 끝까지 함께 한 증언팀의 성원들에게 동지애와 고마움을 전한다. 또한 당시 수고비도 마다하고 표지의 예술적 작업을 맡아준 제미란 선생님, 피해자들을 일일이 방문하며 사진 작업을 해준 박영숙 선생님에게도 이제와 감사 인사를 드린다. 나아가 본 증언집의 새로운 시도에 지원을 아끼지 않은 한국정신대문제대책협의회 2000년 법정 준비팀의 많은 선생님들에게, 특히 진상규명위원회 위원장 강정숙 선생님과 증언팀의 공동 팀장 여순주 선생님의 수고에도 뒤늦게나마 감사드린다. 지난 몇 년 동안 절판 상태였으므로 본 개정판의 출간이 뒤늦었지만, 본 증언집의 의미에 공감하여 개정판으로 출간하기로 한 도서출판 풀빛의 관계자분들께도 감사를 표한다. 이제 와 증언집을 살펴보니 좀 더 과감했어도 좋았으리라는 생각이 든다. 무엇보다 편집이 너무 절제되어 실제의 녹취록이나 우리의 고민의 양에 비해 출간된 내용이 다소 소략하다는 느낌을 지우기 어렵다. 가보지 않은 길을 가고자 했던 당시의 조심스러움이 스스로를 억제하는 힘으로 작용했던 것으로 보인다. 그것은 또한 본 증언집이 미숙한 실험적 경지에 있었음을 증언하는 것이 아닐까 한다. 앞으로 더 많은 연구자들이 이 분야에 관심을 가져 증언 재현의 방법론, 나아가 한국의 역사를 보는 이론을 좀 더 다양한 방식으로 보다 정교하게 그리고 정의롭게 다듬기를 기대한다.

그 사이 많은 생존자들이 스러져갔다. 2000년 법정의 판결에서는 일본 정부를 향해 다양한 주문을 하였지만, 이는 실현되지 않았고 다시 '기다림의 10년'이 흐른 것이다. 본 증언집에 실린 아홉 분의 피해 생존자들 중 여섯 분이 유명을 달리하셨다. 본 개정판에는 각 증언의 첫 장에 그녀들의 삶의 궤적이 2011년 2월로 현재화되어 있으니 참고하기 바란다. 하지만 증언 본문은 띄어쓰기 등을 바로잡았을 뿐 2001년

초판대로 유지하고 있음을 밝혀둔다. 이렇게 많은 생존자들이 더 이상 생존자가 아니라 희생자로 남게 되어 가슴이 저려온다. 스스로 목숨을 끊으신 안법순 증언자를 포함하여 그간 돌아가신 피해 증언자에게 삼가 애도를 표한다. 이들이 가시고 난 후에도 이 증언집이 생존자들의 언어와 정조(情調)를 전함으로써 현재가 언제인지, 우리가 누구인지를 망각한 채 살아가는 사람들에게 말을 거는 역할을 하기를 기원한다. 피해 생존자의 증언이 울려 퍼져 메아리로 다시 돌아오리라 확신하면서 아래의 발원문을 보낸다.[2]

당신의 고통을 바라봄으로써
우리는 자상한 보살핌을 드려야 한다고 주장합니다.
당신의 젊음이 빼앗겼다는 것을 인정함으로써
당신에게 어린아이의 천진함을 누릴 권리가 있다고 주장합니다.
당신이 노예 상태였음을 이해함으로써
우리는 노예제의 완전한 근절을 주장합니다.
당신의 전생 시 고통을 상기함으로써
우리는 오늘의 평화를 주장합니다.
침묵을 깨뜨린 당신의 용기를 증언함으로써
우리는 우리의 목소리를 발견합니다.

2011. 8.

증언팀을 대표하여 양현아 씀

---

2) 2010년 12월 도쿄에서 열렸던 '2000년 법정 10년 이후'의 심포지엄에서 발표된 Patricia Sellers(2000년 법정의 수석검사)의 주제 강연 중 일부임.

이 증언집을 어떻게 읽을 것인가

I. 증언집이 나오기까지: '묻기'에서 '듣기'로

이 증언집을 꾸민 증언팀이 처음 모인 것은 1999년 4월 2일이었다. 원래 이 모임은 2000년 12월에 있을 '2000년 일본군 성노예 전범 여성 국제법정'을 위한 진상규명 활동의 일환으로 구상되었다. 현재 한국에 생존해 있는 전(前) 위안부는 155여 명으로 파악되지만, 이 중에서 증언 집 등을 통해 증언이 기록되어 있는 경우는 60여 명에 그치고 있어서, 증언팀은 이러한 미증언자들에 대한 조사의 차원에서 결성되었다. 특히 〈2000년 국제법정〉을 위한 증언 자료 수집이 주된 목적이었다고 할 수 있다.

서울에 있는 여러 대학의, 다양한 전공의, 대학원에 재학중인 학생들로 구성된 우리 모임은 군위안부 문제, 재현의 문제 등에 관하여 한 달 정도 오리엔테이션 시간을 가졌다. 다른 한편으로는, 기존 조사를 기반으로 하여 새로운 〈면접태도〉와 〈질문지〉를 구성했다(부록 참조). 이 질문지와 면접태도는 증인의 위안부 기간뿐만 아니라 전 인생을 포괄한다는 점, 사건 자체가 아니라 증인이 거기에 관해 어떠한 의미를 부여하고 있는가에 주의를 기울인다는 점 등을 그 특징으로 하고 있다. 특히 면접의 주도권이 면접자가 아니라 말하는 생존자 증인에게 있다는 점은, 우리의 '조사'가 묻기에서 듣기로 문턱을 넘어서게 했다. 증인의 말속에서 '큐'를 찾아 그의 기억을 촉발하라. 뒤에서 나오겠지만, 그것은 실타래같이 얽힌 매듭들을 끄집어내고 그것을 함께 풀어가야 하는 그런 작업이었다.

우리는 먼저 두 사람이 한 조가 되어서 징병 징용 생존자 한 분을 면접한 후, 위안부 생존자를 만나기 시작했다. 각 조는 평균 세 번에 걸쳐 증인을 만났는데, 조에 따라 그것은 몇 달에서 일 년에 걸쳐 진행되었다. 하지만, 생존자라고 해서 모두 '기억의 생존자'는 아니었다. 기억이 풍부히 남아 있는 경우도 있지만, 이야기를 꺼려하는 경우, 증언을 하기에 곤란한 상황(가족 상황 등), 치매 증상과 함께 기억이 심하게 훼손되어 있는 경우, 건강상태가 대단히 안 좋은 경우 등 만남의 시작부터 생존의 난맥상과 만나게 되었다. 여기서 우리는 60년 묵은 위안부 사건이 가지는 시간의 무게, 그리고 그 시간 동안 응결된 침묵과 겨루기 시작했던 것 같다.

이렇게 하여, 일 년 육 개월이 지난 현재까지 증언팀에서 만났던 위안부 생존자는 25명 정도이고 면접자로서 증언 활동을 한 사람들은 모두 30명 정도에 이른다. 한편으로 생존자들과의 만남이 계속되면서, 다른 한편으로는 토론 모임이 이어졌다. 할머니들을 만나고 나면서부터 이 토론 모임에서는 우리의 '목소리'가 터져 나왔다. 면접 내용을 원(原)녹취 자료로 만든다는 당초의 계획이 그렇게 호락호락한 과제가 아님을, 특히 '들리는 대로 푼다'라는 처음의 생각은 매우 순진한 것임을 절감했다. 증인의 말을 어디서 붙이고 어디서 떼어야 하나, 이 발음을 어떻게 문자로 옮겨야 하나와 같은 질문들이 수없이 제기되었다. 원녹취문이 담아내야 하는 구술은 문자와는 '다른' 체계의 언어임을 발견

한 것이다. 구술은 그 발음, 문법, 표현 등에서 문자와는 중복되지만 또다른 구조에 속하는데, 우리는 문자로 구술을 표현해야 한다는 어려움과 간극의 문제에 직면했다. 그래서, 녹음된 이야기를 문자로 푸는 것 자체가 이미 선택이요, 재현이요, 글쓰기의 과정이라는 것을 깨닫게되었다. 이 과정에서 우리는 서로의 경험을 토대로 하여 녹취를 푸는 원칙을 만들어갔다. 이 때에 증인을 만난 면접자의 '기억'도 중요하다. 왜냐하면 녹취를 풀 때 당시 증인의 표정, 동작 등을 떠올려야 했으며 왜 그때 이 이야기를 했는지, 그때 어떻게 이야기를 회피했는지 등 이야기의 맥락과 회로를 이해하고 있어야 했다. 그리고 증인의 침묵도 기억하고 있어야 했다. 이렇게 녹음기에는 녹음되지 않는 기호들(signs)을 면접자는 이해하고 저장하고 있어야 했다. 따라서 잊기 전에 기록해야한다는 생각에 증인을 만나고 났을 때마다 밤을 새워가며 녹취를 푸는 팀도 있었다. 또한 같은 조 안에서도 서로의 이해를 확인하고 공유하기 위해 자기가 '들은' 증언에 대해서 서로 다투면서 녹취가 풀어졌다. 사실, 녹취 풀기 작업은 단순히 면접자가 기억을 충실히 재생하면 되는 것이라기보다는, 예컨대 왜 그때 증인이 침묵했었을까에 대한 면접자의 '이해'가 요청되는 차원의 것이다. 따라서 이 과정에서 이미 증인과 면접자의 상호 주관성이 만들어지고 표출된다고 할 수 있다. 섬세하고도, 정치적으로 깨어 있는 구술의 문자화를 위해서는 앞으로 더 개척해야 할 기술적, 학문적 문제들이 남아 있다. 이렇게 해서 증인을 만난 우리도 점차 '증인'이 되어갔다.

이러한 과정에서 우리에게 분명해졌던 것은, 이렇게 만들어진 원녹취문은 법정이나 법학의 틀에서 바라본 증거 자료에 국한되지 않고, 역사적 자료의 의미를 지닌다는 점이었다. 갑갑한 문자 체계의 한계가 있지만, 이제 영원히 남을 원녹취문 안에는 개인으로서의 그녀의 체험과 역사적 존재로서의 증인들의 사건 관찰이 복합적으로 기록되어 있기 때문이다. 뿐만 아니라, 가공할 사건들과 격동의 시대에 똬리를 틀고 있는 증인의 의미작용이 구술적 표현 속에서 살아나고 있었다.

2000년 1월부터는 증언집을 만들기 위한 준비 모임을 시작했다. 이 모임에는 증언팀 구성원 중 9~10명의 사람들이 자발적으로 참여하였는데, 이들이 이후 편집팀으로 그대로 이어졌다. 이때부터 우리는 매 회의마다 자세한 기록을 했다. 이 회의록이 축적되면서 이것은 일종의 공동메모리가 되어, 편집 및 여러 원칙을 세우는 데에 길잡이(manual)가 되어 주었다. 사실 이 서론 역시 이 회의록에 힘입고 있다. 우리는 한편으로는 국내와 외국의 증언집들을 수집하여 읽고, 다른 한편으로는 각자의 팀에서 작성된 원녹취문을 함께 읽고 토론하기 시작했다. 우리는 원녹취문 편집과 관련된 원칙, 시각, 혹은 이론을 가지지 않은 채, 혹은 그것들을 미리 선택하기를 유보하면서, 우리의 감(sensibility)을 키우고자 했다. 이 기간은 재현과 편집의 감수성을 키워갔다는 점에서 상당히 생산적인 시간이지만 불확실한 상태를 견딘다는 점에서는 높은 수준의 에너지가 필요한 기간이었다.

우리는 원녹취문을 함께 읽으면서, 증인의 일생, 경험, 기억, 인성의 특성을 파악하기 시작했다. 아아, 녹취문은 난해한 기억지도였다! 어떻게 해독할까. 그리고 어떻게 재현해야 할까. 많은 질문이 제기되었다. 뒤에 구체적으로 나오겠지만, 녹취를 읽어가면서 우리는 증인 할머니의 에스프리(esprit)와 만나게 되었다.

이때에 우리는 증언집에 실릴 증인을 선별하게 되었다. 증언이나 증인의 특성과 무관하게, 증인의 기억이 그런대로 남아 있고, 3회의 면접이 상대적으로 무리 없이 이루어진 증언은 모두 싣는다는 기준을 세웠다. 이러한 '관대한' 기준에도 불구하고 이 증언집에는 모두 아홉 분의 증언이 실리게 되었다. 앞에서 말한대로, 면접 자체를 완결하기가 어려운 분들이 많았던 탓이다.

2000년 6월부터 본격적 편집회의에 들어갔다. 각 증인마다 5~10차에 걸친 증언편집본이 나왔는데, 이 편집본들과 원녹취문을 함께 읽는 과정에서 편집팀은 할머니에 대한 이해를 공유하게 되어, 우리는 마치 할머니를 만나본 사람처럼 느끼게 되었다. 자연스레 각 할머니에게 별칭이 생겨난 것도 이 때문이다. 타이타닉 할머니 정윤홍, 꺼먹소 순만이, 전셋집 때문에 골치아픈 김화선, 말 잘하기로 소문난 최갑순, 이쁜이 할머니 김복동, 무스탕 할머니 안법순 등. 몇 번씩 녹취문을 읽고, 끊임없이 편집을 고치면서, 그리고 각자의 면접 참여기 마저 함께 쓰면서 우리는 마치 모든 할머니에게 증언을 받았던 것처럼 서로의 편집에 관여하고 개입할 수 있게 되었다. 어느새 할머니에 대해 가지고 있는 서로의 느낌을 신뢰하게 된 것이었다.

무엇보다도 이러한 신뢰는 아련하게 잘 잡히지 않고 부유하던 할머니에게 형태를 부여하고자 할 때의 불안과 두려움을 극복하게 해주는 힘의 원천이 되어주었다. 이 과정은 직접 증인을 만나지 않았던 사람이 다른 사람의 편집에 개입해야 하는 공동 작업의 기반이 되었다는 점에서 매우 중요하다.

9월부터는 마무리 작업에 들어가 맞춤법, 기호, 주 및 괄호 사용 등과 같은 기계적인 사항을 점검하고 증언집에 실릴 하나 하나의 말들이 가지는 의미를 최후로 다시 점검했다. 이때에 편집팀 외부의 사람들에게 증언 편집본을 읽히는 검독(proof reading)과정을 거쳤다.

이렇게 지난 일 년 반 동안의 증언활동은 증인인 70~80대의 여성들과 한국의 지난 한 세기라는 시간 속으로 떠났던 기억 여행이라고 할 수 있다. 그것은 여성의 기억이 어떻게 역사쓰기의 자료가 되는지를, 그리하여 여성이 어떻게 역사의 주체인지 드러내고자 했던 힘겹고도 흥미로운 여행이었다.

II. 증언의 재현과 녹취록의 편집에 얽힌 문제들: 열린 답변

원녹취록을 푸는 것이 증인과 면접자 간의 공간에서 일어난 일이라면, 증언집을 만드는 것은 증인들을 직접 만나지 못한 사람들이 증인과 만나는 또 다른 공간의 구축이다. 즉, 증언집을 만드는 과정은 독자에게 우리들이 들은 증인의 목소리가 울려나오게 만드는 작업이라고 할 수 있다. 일 년여의 시간에 걸쳐 많은 고민과 실험 끝에 나온 우리의 증언집은 새로운 형식과 내용을 담고 있다. 지금의 결과물은 온갖 시행착오와 따가운 상호 비평이 오가는 과정에서 만들어진 것이며, 그 과정에서 오고간 많은 질문들에 대한 열린 답변이라고 할 수 있다. 따라서 이 책에서 취한 재현의 방식은 하나의 판본, 또는 판본들일(이 증언집 안에도 증인의 개성에 따라 편집의 유연성을 주었으므로) 뿐이다.

그렇다면 증언을 보는 우리의 관점은 어떤 것이며, 녹취록을 편집해서 텍스트로 만드는 과정에서 우리는 어떤 문제에 부딪혔을까. 끝나지 않은 연구의 과제들로 가득한 문제들에 대해 소개하려고 한다.

1. 증언자들은 누구인가*

이 증언집에 실린 증언의 내용은 위안부로 동원되는 과정이나 위안소에서의 체험에 국한되지 않는다. 개인마다 약간씩의 편차는 있지만 증언자들은 위안부 경험을 자신의 일생에 대한 이야기 속에서 이야기한다. 어떤 분은 위안부 경험 못지않게 육이오 때의 공포와 배고팠던 경험을 중요하게 기억하며, 어떤 분은 지금 당장 사기를 당해 빼앗긴 전세금 문제를 더욱 절실하게 호소하기도 한다. 이는 증인에게 면접의 주도권을 주고, 현재 상황을 포함하여 인생 전체에 주의를 기울이라는 면접의 지침 때문에 더욱 활성화되었을 것이다. 그렇다면, 이런 인생 이야기는 '위안부로서의 경험'과 무관한 것일까. 더 나아가, 우리가 들은 증언에 의하면, 이른바 위안부로서의 경험 이야기도 비슷한 문제를 보여준다. 어떤 분은 위안소에서 겪은 '미군 폭격'에 대해 느꼈던 공포를 강제 성교 상황보다 더욱 크게 기억하고, 또 어떤 분은 위안소가 있는 남양군도로 가는 도중 겪은 난파와 생명의 위협을 훨씬 강렬하게 말씀한다.

이러한 기억의 내용을 통해 우리는 위안부로서의 경험이란 무엇이며, 그 피해와 상처가 어떤 시간대에 있는 것인지, 그리고 그것은 다른 사회적 차원들과 어떤 관계에 있는 것인지의 문제를 생각하게 된다. 위안부 경험이란 단지 군인을 상대하는 위안소 생활에 국한되는 것이 아니라 인간 삶의 총체적 차원을 위협하는 것이며, 또한 그 영향은 지속

---

* 이미 느낀 독자가 있겠지만, 이 책에서 생존자 증인들은 여러 이름으로 불리운다. 그들은 생존자, 증인, 증언자, 전 위안부 등으로 불리우며, 각 면접자의 참여기에서는 주로 본인의 이름으로, 때로는 할머니 혹은 그녀로 지칭되기도 한다. 이것은 편집팀 안에서 호명의 통일을 보기 어려웠던 탓도 있고, 각 증인들이 맥락에 따라 다양한 방식으로 의미화되는 것을 선호한 까닭이기도 하다. 어찌되었든, '할머니'라는 호명을 보편적인 것으로 쓰지 않는다.

적이면서도 현재적이라는 사실, 그리고 가족관계나 결혼, 빈곤, 내면적 불안 등 사회, 경제, 문화적 차원들과 중첩되어 있는 성질의 것임을 증언은 말하고 있다. 이런 시각에서 이 책은 증언을, 인생 전체를 포괄하여 짜여진 것으로 이해한다. 그러므로 증언자의 현재 상태, 또 그것에 이르는 과정 역시 모두 증언이다. 우리는 이러한 것들을 독자로 하여금 느끼게 해줄 공간을 어떻게 마련할 것인가를 놓고 고민을 했다. 참여기에서 전달한 경우도 있고, 텍스트 안에서 표현한 경우도 있다. 이렇게 본다면, 증언자들의 기억과 구술 중에서 '위안부로서의 경험'이라는 통념에 걸맞는 것을 골라내어 재현하는 것은 문제가 많을 뿐 아니라 위험한 것이다. 위안부 경험이 과연 무엇을 의미하는가에 대한 답변은 무엇보다도 증언자 자신이 위안부 경험이라고 하는 사건과 자신의 삶을 연관지어 해석하고 재현하는 상(像) 안에 있다. 그리고 그것을 포착할 수 있는 해석자의 시선에 달려 있다.

그래서 우리는 복합적이고도 다면적이며, 모순적이기까지 한 증언자들의 자기재현에 주목한다. 자신을 재현하는 증언자들의 구술에서는 정형화된 위안부의 모습을 찾기 힘들다. 일본군에 대한 원한은 일본군 장교와의 사랑과 공존하기도 하고, 애기집을 강탈당한 현생의 원한이 아들 낳고 살아보는 후생에의 바람으로 이어지기도 하며, 독립운동가의 딸로서의 자부심은 다른 위안부들의 삶을 '더러운' 과거로 치부한다. 한국사회에서는 증언자를 쉽게 민족주의의 투사로 상상하고, 그러한 모습에 부합하지 않는 태도나 의식을 예외적인 개인의 도덕적 결함으로 보는 경향이 있다. 그러나 한 시대를 살아가는 모든 사람들이 그렇듯이 증언자들은 여러 가지 지배이데올로기들을 내면화하고 있으면서, 동시에 그 이데올로기들에 자생적으로 저항하는 의식을 갖고 있는 존재들이다. 뿐만 아니라 그들은 단지 과거의 '위안부'에 머무르는 존재가 아니라 불굴의 생명력과 의지로 삶과 죽음의 경계를 뚫고 한국사회의 불리한 조건을 뚫고 살아온, 그리고 살아가고 있는 존재들이다. 우리는 이러한 다의적이고 다성적인 목소리와 그들을 구성하는 다층적인 주체성을 드러냄으로써 그것을 바라보는 해석의 시선을 개방시키고자 한다.

2. 기억의 문제

우리는 증언자의 자기재현에서 모종의 구조적 틀을 발견하였고, 그것을 증언의 기억 구조라고 명명했다. 이와 관련하여 몇 가지 쟁점들에 부딪히게 되었다. 첫 번째는 선택적 기억과 침묵의 문제이다. 증언자들은 위안부 생활 자체에 대한 언급을 회피하기도 하고, 아예 기억이 나지 않는다고도 하며, 강간상황만을 강조하면서 위안부 생활을 하지 않았다고 주장하는 경우도 있다. 이렇게, 말하고 떠올리는 것 자체를 기피하는 것은, 생존자 개개인이 위안부 경험을 '더럽혀진' 정조로 규정하는 지배적 이념에 짓눌려 왔다는 것을 보여준다. 여성들은 그 기억을 떠올리거나 그것을 발설하는 것만으로도, 자신의 '더럽혀짐'이 되살아나고 그것을 인정하게 된다고 생각하는 것이다. 여기서 면접자들은 때로는 말 없음에 부딪혀 자신의 '면접술'에 좌절하기도 하고, 혹은 '위안부로서의 경험'을 더 캐야하는 게 아닌가 (혹은 더 캐고 있는 자신을 보며) 고민했다. 하지만, 앞에서 말했듯이, '위안부 경험'이 무엇이었는지를 재규정하는 과정에서, 우리는 이러한 침묵을 오히려 증인들에게 각인된 트라우마적 상처의 깊이를 웅변해주는 것으로 이해하게 된다. 이 상처는 위안부 경험 자체에서 비롯된 것임과 동시에, 그 경험이 왜 일어났으며 그것이 당신의 잘못이 아니었음을 명백히 말해주지 않은 사회가 만들어낸 것이기도 하다. 육 십여 년의 세월 동안 이 여성들은 그 상처를 혼자 감당해왔다. 따라서 우리는 이 침묵과 기억의 억압이 증언 부재가 아니라 위안부 문제의 성격과 지속성을 말해주는 '증언'이라고 보았다. 증언 중에서 위안소 이야기가 없거나 불충분한 경우가 있다면, 그것은 증언자가 이 침묵과 억압의 지대를 통과하고 있기 때문일 것이다.

나음으로는 무엇을 어떻게 기억하는가의 문제이다. 증언자들은 위안소에 있었을 때의 연도나, 지명 등을 뚜렷하게 기억하지 못하는 경우가 많다. 얼마나 위안소에 있었는지, 몇 살에 처음 결혼했는지 모르는 분도 있다. 이는 개인마다 큰 차이가 나는 기억력 때문이기도 하고, 몇 십 년이 흐르고 난 뒤여서 기억이 희미해진 탓도 있다. 그러나 우리는 증언들을 접하면서 연도나 지명 등과 관련된 기억의 공통적 특징을 발견하게 되었고, 이 문제를 다른 시각에서 해석해야 할 필요를 느끼게 되었다. 이들은 10대 후반의 나이에 낯선 사람, 낯선 고장, 낯선 물건, 낯선 언어에 둘러싸여 생활을 했다. 그러므로 이들의 불확실한 기억은, 강제와 거짓 정보 속에 끌려가서, 철저히 통제된 상황에 놓여 있는 자의 위치를 반영한다. 즉, 이들의 위치 자체가 사물과 사건을 체계적인 언어로 기억할 수 있는 선(先) 지식이나 조건을 가지지 못했다는 것이다. 따라서 이들이 명령지휘계통이나 부대 이름, 이동경로 등을 거의 파악하지 못하는 것은 당연한 일이다. 이런 점에서 증언자들이 글자를 모르는 여성들이기 때문에 시간감각이나 기억력이 떨어지고, 객관적이고 체계적인 정보를 파악하지 못하고 있다고 보는 통념은 잘못된 것이다.

다른 한편, 글자를 모르는 세대의 여성들이기 때문에 증언자들은 오히려 문자문화의 그것과는 전혀 다른 원리로 자신의 기억을 저장해온 것으로 보인다. '몇 년도에 태어나셨나요?'라는 질문을 받으면 모른다고 답하는 경우가 많지만 증언자들은 자신을 기사(己巳)생, 또는 무슨 띠에 태어났다고 얘기하며, 절기와 제사 때를 기준으로 시간을 기억한다. 학교교육을 받지 못해 글자를 거의 모르는 분이 놀라운 기억력과 묘사력으로 듣는 이를 끌어들이는 경우들을 발견하면서, 우리는 문자와, 문자를 통해 얻는 정보에 의존하지 않은 채 갈고 닦아온 기억과 구술이 가지는 힘에 탄복했다. 상상을 초월할 정도로 자세하고 또렷하게 어떤 사건이나, 당시의 주위 환경을 묘사하고, 자신의 육체적, 정서적 느낌을 전하기도 한다.

더욱이 60여 년 전의 어린 나이에 겪은 일과 그 느낌이 이렇게 강렬하게 남아 있다는 사실은 그 경험의 강도를 짐작하게 한다. 우리는 이렇게 강렬한 기억 내용들과, 그와 대조적으로 불확실한 기억들을 함께 실음으로써 위안부 경험의 특성을 드러내고자 했다.

세 번째는 기억의 형식적 특성 문제이다. 증언자들이 기억을 구술할 때 시제와 연대기는 일차적 원리로 작동하지 않는다. 즉, 기억에는 과거와 현재가 공존해 있다. 대개의 구술은 시간적 순서를 쫓아가다가도 현재의 사건이나 사물의 연상고리들을 따라 기억이 풀어지는 경우가 많다(어떤 분들은 자신의 일생을 일목요연하게 연대기순으로 구술하기도 하는데, 이것은 반복된 증언 경험을 통해 구술의 형식이 '정리'되었기 때문인 것으로 보인다). 그래서 사소해보이는 것을 단서로 묻혀 있던 기억이 되살아나면서 커다란 이야기 보따리가 나오게 되기도 한다. 예를 들면, "그때 사진을 찍었었지."라고 시작하는 사진에 대한 이야기는 그 당시 목격했던 다른 위안부들의 죽음을 끌어올리는 계기이다. 우리는 면접에서 이러한 기억의 특성에 주의를 기울여 증언자의 기억을 활성화시키려 했고, 따라서 녹취에는 이렇게 실타래처럼 얽힌 이야기들이 펼쳐진 대목이 많다.

또한 세 번에 걸친 구술에서 증언이 비슷한 연결고리를 가지고 중복되기도 한다. 여기서 우리는 각 증인의 기억 구조 혹은 자신의 방식대로 기억을 저장하고 있는 기억 지도를 접하게 된다. 기억지도는 증언자가 자신을 재현하는 방식이 나타나는 지형으로서, 녹취의 내용을 선택하는 데 있어 중요한 지침이 되었다. 또한 면접자 자신에게도 의미가 불명확한 말들이 많이 있었고, 그럼에도 불구하고 그것이 증언자에게 중요하다고 생각될 경우, 그것을 텍스트에 포함시켰다.

우리는 이러한 기억의 시간적 혼종과 연상작용, 기억 지도를 어떻게 재현할 것인지를 놓고 상당히 고심했다. 게다가 이러한 증언자들의 기억의 특성과 그 의미를 증언을 받는 상황에 있지 않았던 독자들로 하여금 공유할 수 있게 만들어야 한다는 과제가 있었다. 따라서 우리의 고민은 이 두 축 사이를 어떻게 조정하고 타협할 것인가 때문에 한층 어려워졌다. 우리는 증언자가 기억을 풀어내고 서사를 만들어내는 특징을 텍스트의 구성과 배치를 통해 보여주되, 독자의 입장에서 혼란스러울 수 있는 부분을 생략하거나 이어붙이는 편집과 그 밖의 보조적인 장치들을 통해 이 문제를 통합하고자 했다.

구성과 배치를 놓고 우리는 여러 가지 시도를 했다. 어떤 편집본의 일차판본은 기억의 연상고리를 일차적인 큐로 삼아 과거와 현재를 완전히 넘나드는 구성을 했다. 편집은 모두 그 증인을 직접 면접한 사람이 주도했는데, 이들은 증언자의 체험세계에 자신을 일치시키려고 노력을 한 상태이기 때문에 편집본이 자신과 증인 간에 형성된 의미공간

속에 여전히 머물기가 쉽상이다. 그래서 나머지 편집팀원들은 주로 독자의 입장에서 읽으면서, 자신이 아니라 독자를 향해 증인을 재현할 것을 편집자에게 요구하는 질문과 비판을 던졌다. 보이지 않는 독자와의 '상호 주관성'을 상상하면서 그 공간을 만든다는 것은 또 다른 도전이었다. 앞에서 말한대로, 편집원들이 편집의 과정에서 증언자들과 익숙해졌기 때문에, 증언자의 개성, 체험의 특성, 기억구조 등을 놓고 함께 토론함으로써 증언자의 상을 선명하게 만들고 입체적으로 조감하였다. 이렇게 각 편집자의 일차판본에 대한 상호비판과 토론, 토론의 결과를 반영한 수정본들을 만들어가면서 3차에서 5차 정도에 이르렀을 때 최종본에 근사한 얼개가 나오게 되었다.

증언자 각각의 기억구조를 파악하고, 그것을 효과적으로 보여줄 수 있는 스타일을 찾아라. 그것이 우리가 시도하게 된, 기억 재현의 원칙이다.

3. 구술적 텍스트로서의 증언

독자들이 증언텍스트를 읽을 때 우선 눈에 들어오는 것은 '무수히 열리되 닫히지 않는 따옴표들의 행진'(각 텍스트의 마지막에 닫힌다)일 것이다. 이 따옴표는 증언내용이 편집자의 말과 단어로 가필되지 않았고 증언자의 말을 인용하면서 구성되었음을 알려준다. 앞에서 이야기했듯 이 증언을 받는 활동은 온 몸과 귀와 마음을 열고 증언자의 말과 침묵, 그리고 몸짓을 듣고 기억하는 행위이다. 우리의 따옴표는 증언자가 말하고 있음을, 지금 현재 독자에게 말하고 있음을 상기시키고, 독자로 하여금 그의 말에 귀를 기울여야 하는, 우리와 마찬가지로 증언참여자가 되기를 촉구하는 기호이다.

그러나 기호의 이러한 표면적인 의미는 더 깊은 이론적 쟁점에 맞닿아 있다. 증언자의 말을 그대로 인용한다는 재현의 형식을 놓고 많은 질문이 제기되었다. 증언자의 말을 그대로 인용한다는 것은 무엇을 의미하는 것인가? 증언자의 주체성을 드러내기 위해서 왜 우리는 증언자의 말을 인용해야 하는 것일까? 가필하지 않는다고 해서 해석하는 시선이 없는 게 아니며 이미 개입을 하고 있는데, 이러한 인용의 형식은 참여자가 개입하지 않는 것처럼 위장하는 게 아닌가? 증언자의 말로 증언을 구성한다는 것은 이른바 '있는 그내로의 생생한 체험'을 보여주기 위함이 아니다. 그렇다고, 증언자를 보고 있는 참여자의 시선을 없애기 위함도 아니다.

우리는, 한편으로는 말을 사실 그 자체나 진실로 환원하는 경험주의적 방법론에 대해서, 다른 한편으로는 이른바 '입증된 사실'에 부합하는 말만 타당한 증언으로 채택하여 가필하는 실증주의적 방법론 양자 모두에 대해 거리를 두고자 한다. 우리가 증언자의 말을 그대로 싣는 이유는, 증언자가 자신의 말을 통해 스스로를 재현하고 있음을 드러내기 위해서이다. 따라서 여기에 실린 증언 본문은 단지 녹취록을 그냥 옮겨놓은 게 아니라 면접자, 편집자, 편집팀원들의 의도적 선택을 거쳐 편집된 것들이다. 그것은 몇 가지 성긴 이론적 틀로 증언을 재단하지 않고, 증언자의 고유한 정신과 기억에 들어감으로써 그 목소리를 체득하면서, 동시에 증언자의 자기재현을 바라보는 거리를 인식하는 '내적 외부자'로서의 시선을 명료하게 만드는 과정이었다. 따라서 이 책의 증언텍스트는 녹취의 수록이 아니라 생산된 증언이다. 또한 증언의 따옴표들은 증언참여자들을 통해 집합적으로 울려나오는 증언자의 목소리들을 의미한다.

이런 의미에서, 이 증언집의 증언은 구술적 텍스트라고 할 수 있다. 구술적 텍스트란 말과 구술상황을 문자로 표현한 것을 말한다. 구술상황에서의 말은 도치나 생략이 많고, 간투사도 많다. 증언텍스트를 편집하는 과정에서 읽어가는 데 심각한 장애가 되는 간투사들은 생략하였으나 말의 장단과 운율을 가능한 한 훼손하지 않으려고 했다. 또한 사투리의 발음도 표준화된 표현법이 정착된 경우를 제외하고는 소리 나는 대로 적었고, 억양과 말의 길이도 기호를 통해 표현하고, 몸짓과 표정, 또는 침묵을 괄호 안에 지문 형식으로 집어넣었다. 따라서 이 증언집은 눈으로 읽으면 잘 이해가 되지 않을 수도 있다. 증언자의 말을 속으로 따라 하듯이 읽되, 그 이야기를 마음 속에 품은 채 읽어가기를 권한다.

그러나 구술을 문자기호로 온전히 담아내는 것은 거의 불가능한 일이다. 증언자들은 각기 다른 구술 스타일을 갖고 있어서 말을 천천히 하는 분이 있는가 하면, 빠르게 말하는 분도 있고, 질문에 대해 뚝뚝 끊어서 답하는 분도 있고 쫙 쏟아내는 분도 있다. 한 개인 안에서도 말하기 싫은 부분과 말하고 싶은 부분에 따라 그 어조나 빠르기가 다르기도 하다. 우리는 가능한 선에서 이를 시각적으로 표현하고자 했다. 여백 주기나 단락나누기, 글자모양은 그런 뜻을 담고 있다. 예컨대 말을 특히 끊어하는 분의 경우 다른 사람에 비해 마침표와 다음 시작되는 말의 간격을 넓게 주었다.

특히 이 증언텍스트의 특징은 대화 상황에 참여하지 않은 사람에게 말을 하는 구술텍스트라는 데 있다. 이것은 작업 내내 우리를 괴롭힌 문제였다. 증언활동은 대화적 상황이고, 따라서 대화 상황에서는, 알아듣지 못한 단어가 있을 때 물어볼 수도 있고, 간단한 지시대명사가 일컫고 있는 복합적인 상황에 대해서도 몇 번의 방문을 통해 알게된 내용으로 유추할 수 있다. 사실, 원녹취록에는 증언을 받은 참여자만이 이해할 수 있는 이야기나 단어들, 지시대명사들로 가득하다. 이러한 상황적 맥락이 스며 있는 증언자의 말만을 가지고 그 맥락 바깥에 있는 독자에게 증언자의 이야기를 표현하는 것은 쉽지 않은 일이다. 결국 이 문제는 편집자가 얼마만큼 또 어떠한 원칙으로 의미와 맥락을 구성해 낼 것인가로 모아진다. 편집자가 본문에 개입하는 것은 증언자 대신 편집자의 의견을 부각시키게 된다는 생각에서 가능한 한 본문에 개입하는 것을 최소로 만들고자 하였으며, 현재의 텍스트에서 보이는 것처럼 주, 괄호 등의 사용으로 그것을 조정했다.

의미와 맥락을 구성하는 데 있어 중요한 문제는 증언자의 말을 어떻게 자르고 이을 것인가이다. 작업을 진행하면서 우리는 '독자들을 향한' 의미 단위의 구성에 우선순위를 두게 되었다. 그래서 이 책의 판본에서 줄을 바꾸거나 단락을 바꾼 것은 증언자가 아니라 편집자의 의미화 전략에 따른 것이다.

이렇게 우리는 증언자의 기억 스타일과 개성을 살리되, 대화상황에 참여하지 않은 독자와 의미를 공유할 수 있는(있다고 생각되는) 편집의 방식을 찾고자 했다. 독자들은 이제 눈치를 챘을 것이다. 이 증언집에 실린 증언텍스트가 쉽지 않으리라는 것을. 하지만 눈으로 읽되 목소리에 귀를 기울인다면, 귀를 기울이되 그녀의 얘기에 마음을 연다면, 텍스트의 글자들이 어느새 살아 있는 말소리가 되어 있음을 발견하게 될 것이다.

4. 책의 구성

각 증언은 증언자의 사진, 이름, 연대기와 증언텍스트, 그리고 참여기의 순서로 이루어져 있다. 사진과 이름을 연대기와 함께 배치한 것은 증언을 읽기 전에 마음속에서 한 개인을 상상해보는 장을 마련하기 위해서이다. 증언자 중에는 이름이 가명으로 실린 분도 있고 이름은 가명이 아니되 사진이 실리지 않은 분도 있다. 이는 전 위안부로서 자신의 이름과 사진을 공식적 매체로 드러내는 것이 개인에게 얼마나 큰 부담이 되는가를 알려준다. 위안부 문제는 아직도 현재진행형인 것이다.

연대기는 증언자가 겪은 인생의 사건들 가운데서 크게 의미 있다고 보이는 사건들을 뽑아 구성했다. 그래서 가족관계나, 해방 이후 삶 등의 내용이 각기 다를 뿐 아니라 언급 자체 여부에 따라 양도 다르다. 이 연대기는 증언을 설명하지 않는 현재의 증언텍스트에서, 증언의 맥락을 이해하는 중요 자료가 될 것이므로 숙지하기를 권한다.

증언텍스트에 관해서는 이제까지 설명한 대로이다. 다음에 실린 참여기는 면접자이자 편집자가 주로 쓰고 다른 편집원들이 함께 검토하였다. 처음에 참여기는 증언에서 드러나지 않는 증인의 정황이나 면접자의 체험 기록을 목적으로 했다. 편집이 진행되어 감에 따라, 그 증언을 보고 듣고 이해한 참여자의 시선을 드러내고 표현할 필요성 역시 제기되었다. 물론 증언을 재현하는 참여자의 시선은 증언텍스트를 만들어낸 편집방식에 이미 투영되어 있다. 그럼에도 독자가 증언을 읽으면서 증언자와 만나는 의미공간을 보다 넓게 열어주기 위하여 참여기를 쓰고, 증언의 의미를 미리 채색하지 않기 위하여 증언의 뒤에 싣게 되었다. 이 참여기가 증언을 재현하는 편집자와 독자가 소통하는 공간이 되었으면 한다. 그리고 독자 여러분도 증언텍스트 이후에 읽는 것이 바

람직할 것이다. 부록에는 증언팀에서 마련한 〈조사태도〉와 〈질문지〉가
수록되어 있고, 관심을 가진 분들을 위해 녹취문의 예를 몇 쪽 실었다.
마지막에는 이 증언집에 수록된 증인들이 연행되었던 곳을 표시하는
대강의 지도가 게재되어 있다.

III. 생존자 증언과 역사쓰기

증언을 기록하고 편집하는 과정에서, 우리는 위안부 '피해'에 대해서
얼마나 알고 있는 것일까라는 질문을 떨칠 수가 없었다. 그들의 평생에
걸친 '위안부됨'이란 어떤 것이었을까. '위안부 사건'에 대해 우리는
얼마나 그리고 어떻게 알고 있는 것일까. 예를 들어, "내가 나쁜 여자
여."라는 말이 관통하는 복합적 의미의 지대, 혹은 침묵의 지대에 대하
여 우리는 얼마나 알고 있을까. 주지하다시피, '위안부 사건'은 지난 50
여 년간 알려지지 않은 사건이었고, 현재까지도 위안부 제도의 고안,
명령체계, 책임자와 집행자, 연행 장소와 시기, 동원된 여성의 수 등 기
초적 사실이 제대로 밝혀지지 않은 사건이다. 여기에는 한국국가에게
도 책임이 없지 않은, 일본국가의 식민주의 유산에 대한 은폐와 방관이
라는 이유가 크다. 이러한 침묵과 방관을 뚫고 나온 소리가 생존자들의
증언이라고 할 수 있다.
하지만, 생존자 증언에도 풀어야 할 숙제들이 남아 있다. 먼저, 증언
의 '객관성'이라는 문제이다. 위안부 제도의 기초 사실이 밝혀지지 않
은 상태에서, 이제까지 증언은 이 사건의 전모와 성격을 밝히는 데 주
된 역할을 해왔다고 할 수 있다. 즉, 지금까지 증언은 '객관적' 정황을

알게 해주는 사실 제공의 의미를 강하게 지녀왔다. 하지만, 생존자 증언은 일본 정부로부터 끊임없이 '사실성'에 대한 의심을 받아왔으며, 한국사회에서도 그것이 증언을 바라보는 주요 기준이 되어왔음을 부인하기 어렵다. 문서자료에 '비하여' 증언은 2차 자료에 해당한다는 자리매김이 바로 그 점을 나타낸다. 이러한 관점에서 본다면, 증언은 이미 알려진 사실의 틀 속에 배치되는 내용일 뿐, 사실의 범주 자체를 창출하고 이 사건의 의미를 부여하는 1차 자료의 지위를 가지기란 어렵다.

또한, 위안부 증언에 드리워진 '수치'의 문제가 있다. 앞에서 지적하였듯이, 현재까지도 위안부 경험은 그것을 떠올리는 것 자체가 그들을 수치스럽게 만드는 억압된 영역이다. 수치란 생존자들의 피해가 한국사회에서 여전히 불충분하게 이해되고 있다는 것을, 그래서 이들이 그 피해로부터 벗어나기 어렵다는 것을 나타낸다. 그렇다면, 그들이 '말을 한다'고 해서, 그것이 바로 그들이 체험하고 느낀 것을 말하고 있는 것일까. 또 그것을 이해할 수 있는 귀가 우리에게 있는 것일까. 그래서 여전히 이 질문은 의미가 있다. '과연 우리에게 위안부 체험은 알려진 것일까.'

이번 작업에서 우리는 증언자의 침묵, 언어, 몸짓을 포함한 모든 기호에 주목했다. 그리고, 기억의 구조와 지도를 체득하게 되었다. 그것은 우리가, 증언자가 구성해 놓은 의미 회로를 통해, 그녀의 기억이라는 열차를 타고, 이 사건을 여행하였음을 의미한다. 다시 말해, 증언자의 의미 회로의 바깥에 서서 증언을 심문하고 판단하는 것이 아니라, 그 회로를 타고 들어가 이 사건에 대해 경청하고 배우고자 했다. 또한 증언 작업은 증인과 면접자 간의 만남이라는 점에서, 이제까지 증인 자신 안에서도 끊기고 유실된 기억의 회로를 복구하는 작업이며, 그 녹슨 회로를 이후 세대인 면접자, 편집자, 나아가 독자의 지식회로와 서로 연결하는 작업이라고 할 수 있다. 이렇게, 증언 작업은 생존자의 기억과 의미를 중심으로 하여 이 사건을 '알게 만드는' 작업이다!

여기서, 우리가 생존자의 기억과 의미를 중심에 두었다는 것은 무엇을 의미할까. 사실성이 아니라면 어떠한 잣대로 증언을 바라보았나. 앞에서 말했듯이, 우리는 증언자 스스로의 자기재현을 텍스트로 삼았으며, 그것을 증언집의 형태로 다시 재현하기 위해서 생존자 각자의 '에스프리'를 이해하고자 했다.

혼, 개성, 특성 등으로 번역할 수 있는 이 층위에 대한 주목은 우리가 이 증언집에서 취한 시도 중의 하나이다. 먼저 증인의 일생을 관통하는 몇 가지 굵직한 체험들이 이 에스프리를 형성하는 주요 자원이 되는 것으로 보인다. 그것은 증인에 따라 자녀, 배고픔, 학대, 혹은 죽을 고비 등으로 다르게 나타난다. 이러한 체험은 몇 번의 면접에서 거의 똑같은 어휘로 표현이 될 정도로 여타의 사건이 그로부터 가지를 뻗어나가는 증언의 중심축이 된다. 한편, 에스프리는 좀 더 추상적인 개성, 원거리에서도 남는 인상을 의미하기도 한다. 이러한 인상은 각 증언자들의 언어구사와 기억하는 방식, 정조, 분위기 등 증언구술의 총체적 효과라고 할 수 있다. 전자가 에스프리의 주내용이 된다고 한다면, 후자는 에스프리의 양상(mode)이라고 할 수 있을 것이다. 우리는 이것을 증언자의 개별성이면서 동시에 동시대적 집합성을 나타내는 것으로 이해하였다. 거기에는 개개인의 개성과 역사적인 체험 언어가 교직되어 있는 것으로 보이기 때문이다. 하지만, 하나의 인간이 가진 에스프리가 남김 없이 '알려지는 것'은 가능치 않은 것 같다. 그런 의미에서 이 곳의 증언은 증언자들의 부분적 상(像)일 뿐이다.

에스프리에 대한 주목은 우리가 생존자의 주체성을 바라보는 시선의 수위를 좀 더 미세하게 낮추었음을 의미한다. 이것은 또한 기존의 이론 구도 속에 갇혀 있었다고 할 수 있는 '위안부' 문제의 개념적 표상을 확장시키고자 했음을 의미한다. 따라서 이 증언집은 위안부 문제를 둘러싸고 경합하여온 여성주의와 민족주의라는 논쟁 구도와는 조금 다른 층위에 시선을 돌렸다고 할 수 있다. 물론, 이러한 층위가 가지는 역사·사회·이론적 함의를 어떻게 적극적으로 끌어낼 것인가는 앞으로 남은 과제이다.

증언은 앞서 말했듯이 몸과 말, 그들의 기억과 침묵을 포함하는 포괄적이고 총체적인 성격을 가진 것이다. 그만큼, 증언은 비언어적 감각의 차원을 포함하는 울림의 영역에 자리한다. 이렇게 보면 증언집은 증언이라는 음악을 기록하고 상상하게 하는 악보라고 할 수 있다. 따라서 증언을 '듣는' 행위는 증인의 체험과 기억을 이론적으로 개념화하는 것과는 별개의 것이기도 하다. 그것은 말을 듣고, 기억하는 것이자, 말하는 이를 느끼며, 그 울림에 공명(共鳴)하는 것이다. 이 증언의 악보를 읽는 이들 속에서 증인들의 집합적인 목소리가 울려나오게 되기를 바란다.

이 증언집은 그러한 집합적 울림과 혼과 기억 언어를 역사쓰기의 자원으로 삼고자 하는 하나의 시도이다. 보다 거창하게 말하자면, 세계체제와 한국사(national history)속에서, 하위주체(the subaltern)인 생존자 여성을 통해 역사적 지식을 복원, 생산, 확장하고자 하는 작업이라고 할 수 있다. 이러한 노력은 식민지 경험을 가진 사회들의 역사가 누구의 잣대에 의해, 누구의 입장에서 서술되어 왔는가라는 후기식민주의적(postcolonial) 성찰과 같은 선상에 있다. 기준과 입장 못지않게 중요한 문제는, 이러한 사회들이 전수해야 할 역사적 기억이 사실상 사멸해 간다는 데에 있다. 기억을 담지하고 있는 생존자들이 사라져가고 있다는 엄연한 현실이 있다. 이제까지 한국에서 60여 명의 위안부 생존자들의 증언이 출판되었다. 이러한 증언의 축적은 이 문제에 대한 척박한 사회적 지적 토양에도 불구하고 끈질기게 행한 노력의 결과이다. 이러한 노력은 이제 개개인 피해자를 넘어서 '위안부들'에 대한 집합적 상(像)을 담은 군화(群畵)를 그릴 수 있도록 해준다. 이 증언집도 이러한 노력에 힘입었기에, 위안부 문제에 대한 앞선 연구자, 증인, 활동가에게 감사드린다.

또한, 기억 자체가 아픔인 그런 기억을 떠올려서, 자신의 이름과 모습을 밝혀 증언을 해주었던 생존자들의 용기와 진실함에 고개 숙여 감사드린다. 사실상 10만을 헤아리는 한국인 위안부의 잠정적 통계를 감안할 때, 현재의 생존자는 구사일생보다 훨씬 더 희소한 확률 속에서 끈질기게 살아남은 생존력의 화신들이다. 대다수의 전 위안부는 연행 과정에서, 위안소에서, 2차 대전의 전장에서, 일본의 패전 후 귀환하는 과정에서, 한국에 돌아와서 한국전쟁 때, 또 그 이후에 돌아가신 것으로 추정된다. 그런 점에서 현재의 생존자들은 문자 그대로 역사의 '증인'이다. 다시 말해, 이들은 자신의 체험에 대해서 말하고 있을 뿐 아니라, 이름 없이 죽어간 이들을 대변하고 있는 증인인 것이다. 이렇게 돌아가셔서 말할 수 없는 자들의 말과 기억을 대변하는 것으로서 우리는 생존자 증언을 이해했다. 증언집을 꾸민 우리의 목소리가 할머니들의 목소리에 용해되기를 바라듯이, 그리고 면접의 상황에서부터 증인이 주도권을 가지고 '말하게 하라.'고 하였듯이, 증언집은 증인들의 것이

다. 이 증언집은 증인들이 대변하고 있는 이름 없이 죽어간 한국인 위안부 여성들, 식민지 피해자들, 나아가 지난 한 세기 역사의 격랑 속에서 스러져간 수많은 한국 여성들의 언어가 되고자 한다. 그들에게 삼가 이 증언집을 바친다.

이천년 십이월 초하루

2000년 여성국제법정 한국위원회 증언팀

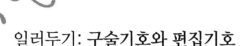

일러두기: 구술기호와 편집기호

큰 따옴표 " " : 증언자의 말

작은 따옴표 ' ' : 증언자가 직접 인용한 다른 사람의 말 또는 혼자 소리

쉼표 , : 말이 쉬었다 이어지는 리듬

마침표 . : 어조상 끝맺는 말이거나 의미상 확실히 마쳐질 때

문장 여백 : 띄엄띄엄하는 말

짧은 줄 – : 길게 강조하여 발음

긴 줄 ─ : 아주 길게 강조하여 발음

물결표시 ~ : 주로 말 끝에 실리는 강한 억양

말줄임표 … : 말끝을 흐리거나 잠시 침묵하고 있는 상태

눕혀쓰기 : 외래어로 정착하지 않은 일본어나 중국어 등의 외국어

단락 나눔표 ❧ : 편집자가 나눈 단락의 표시로서 장면의 전환이나 내용
의 바뀜을 의미

줄 여백 : 편집자가 보기에 호흡을 다르게 해서 읽어야 할 경우를 의미

소괄호 ( ) : 몸짓과 표정 등을 묘사하거나 텍스트 전후 맥락을 상기시키
는 간단한 해설

대괄호 [ ] : 편집자가 보기에 구술 상황에서 생략되어 있거나 의미를 명
확히 해줄 수 있는 어휘의 삽입

중괄호 〈 〉 : 면접자의 질문

각주 : 사투리의 의미 해설, 또는 독자의 이해를 돕기 위해 텍스트 밖의 상
황을 해설

김화선

1926년	평양에서 출생
1941년(16세)	위안부로 연행되어 싱가포르로 감
1945~1946년 (20~21세)	해방되었으나 바로 귀국하지 못하고 중국 산둥, 변강성 등지에서 생활
1947년(22세)	귀국하여 부산 수용소에 있다가 인천, 서울 등지에서 생활 평양 귀향을 시도했으나 실패
1950년(25세)	부산, 대구, 인천, 제주도 등지에서 피난살이
1966년경(41세)	충청남도 조치원에 정착
1980년경(55세)	충청남도 연기군으로 이주
2011년 현재(86세)	나눔의 집에서 생활

"나야 남편이 있어 누가 있어. 열여섯 살 적부터 혼자인데,

"남자를 상대를 해야 시집을 가지. 내가 남자를 상대 못하는데 바보가 됐는데 어떻게 시집을 가, 누구한테. 남자가 거 잠안 자고 데려다가 밥만 먹이는 사람이 어디 있어.

"그러니까 애도 없고 친척도 없고 나 하나라니께, 하늘 아래. 그러니까 누구보다도 특별히 봐주는 게 있[어야 한]다고. 이렇게 거지로 살아도, 나 이상 불쌍한 사람 없지, 없어. 나같이 달랑 나 혼자 있는 사람은 없어요.

"자궁이 든든해서 거 가서도 애 배는 사람 있어요. 그냥 난 자궁 든든할 새도 없고, 엉망진창이 다 되었잖아.

"어머니가, 어머니 아버지가 밤날 울었대. 우리 애기가 어디 갔겠느냐고. 만날 울었대. 울다가 돌아가셨지. 그걸 어떡해, 이제 어떡해, 어떡해야 고치겠어, 나쁜 놈들.

"캬라멜하고, 그거 뭐야 밀크, 뭐 먹을 것 주고, 돈도 많이 준다고 해서 갔지. 그때 먹을 거 없잖아. 우리 때에는 먹을 거 없었어.

"농사도 다 뺏기고 뭐 있어. 일본 사람들이 다 공출하지. 배급 타먹다시피 하지. 굶다시피 하지. 죽 쒀 먹고. 우리 이북엔 조가 많고 곡식이 많지, 쌀 같은 거 없거든. 조죽 쒀 먹고 강냉이죽 쒀 먹고.

"따라가니까 벌써 한-보따리 갖다놓았어. 여자들이 한 오십명, 역전에 가니까 한 오십명 되더랑께. 싹 처녀들만 잡아다 놓았어.

"거기도 다 곳곳 다 달라서, 한 고향 사람 하나 밖에 없고, 우리 동네 사람 하나밖에 없고, 거 천지여.   사방에서 끌어와서 끌어다가, 역전에다 다 갖다 났더라구.

"거기 가서 부산 가서 배 타고, 어딘지 모르지.   부산에 기차 타고. 기차도 이런 사람 타는 데가 아니야.   곳간 [같은 데], 거기다 주ー욱 태워다가 그렇게.   우린 철이 없으니께 막 웃고 간 생각이 나.   막 농담도 하고 좋ー다고,
"도착할 때까정도 모르지.   안 가르쳐 줘, 도착할 때까정도.   막 웃는다고 와서 *빠가야로 코노야로*[1]하고 막 야단하더라고.   근데 그런 말을 할 줄 알어, 들을 줄 알어, 모르지.   그냥 야단만 맞는 거지.   그래 잠자코 있다가 또 까르륵대고 웃고 농담도 하고 지랄하고 좋다고 그러는 거지.

"그래 이틀인가 밤을 자고 가더라고.   부산에 가는데 거 엄청 오래 걸리더라고.   거기서 그래 추우니까 담요를 죄다 주ー욱, 그래 그걸 타고 가는데 얼마나 고생을 했는지.   배가 고파, 배가 고파서.   밥 빚어 가지고 주는 거 있는데 그걸 하나씩 먹고 그래 도착했는데, 군함을 타

---

1) 바보, 멍청이라는 의미의 일본말

라고 그래. 군함을 탔어. 그때 내가 거기가 거기가 어디더라. 싱가폴이라고 그러던가.

"거기 강께 전−체 철망으로 다 쳐놓고, 군인들이 말야, 일본군인들이 엄청 많은데 지금 돼지곳간 같은 곳에 칸칸이 다 쳐놓고 하나에 하나씩 다 집어넣는겨. 방 다 들여보내. 거기 들어가 있으면 그러면 거기에 군인들이 줄 서. 일본군인들이 막 서 가지고 그냥 들어오면, 지랄하면 들어왔다 나가고, 나가면 또 들어오고, 또 들어오고. 하루에 그냥, 나 죽었어. 처음에는 이렇게 죽었는데, 그렇게 죽어 있으면 개지랄하는지 뭔지도 몰−라.

"그러케 해 가지고 얼마 있다가 눈 떠보면 엉망진창이야, 몸뚱이가. 그래 얼마 있다가 검진한다고 병 있나 없나 보는거지. 바이도쿠 매독, 임질. 이런 거 자꾸 있다고. 그때 사로바로사이[2] 주사 있다고, 주사. 그걸로 놔주고, 그냥 또 있고. 그래 거서 그렇게 육 개월을 있으니까 죽게 생겼잖어, 내가 다. 여자들 도망가다가 죽은 여자 많아요. 그러면 우물에다 집어넣는다고.

"밤에는 한 열한시까장. 좀 자지, 조금 자여. 맘대로 돌아다녀, 그것(군인)들은. 아이구 그걸 다 어떻게 얘기햐. 아주 기가 맥혀. 쉴 새가 어딨어. 저 검진하는 날은 쉬는데, 검진하는 날은 빨리 갔다 와서 열두 시 넘으면 한 시, 두 시.

"반항? 많이 했지. 얼마나 해서 개 패듯, 얼마나 맞았는데, 개 패듯 패요. '*빠가야로 코노야로*.', 그래 패고. 하문[3]이 부어가지고, 그렇게 해서 고무 있잖아, 고무. 삿쿠[4]라고 해요 삿쿠. 어떤 놈은 그거

---

2) 살바르산 주사. 매독 치료 주사로서 606주사라고도 불렀다. 3) 성기 4) 콘돔

다 찢어지게 지랄해서, 그러면 병이 나고.

"그래가지고 엄청나이 고생해 가지고 있응께, 거기서 얼굴 예쁜 사람 뽑아가지고, 나 참 예뻤어, 어릴 때. 그래 뽑혀가지고 어디로 가나 했더니, 목단강이라고 하든데, 뭐 지금 생각해보니까 그렇지. 그래 거기 목단상이라는 데를 가 가지고 또 방을 하나씩 주고 들여 보내놓고, 군인들이 한없이 많이, 그러카고 수십 명, 하루[에], 모르겠어, 내 생각에는 하루에 칠십명? 모르겠어. 그때 셀 새도 없어.

"그래 또 이쁜 사람 뽑아다가 일선지구에 보낸다구 일선지구에, 그래 내가 원체 따라다니고 내가, 고생 되지게 해가지고, 뭐 그거다 어떻게 다 얘기를 해?

"뭐 먹는 거 없어. 한 솥에다 막 해다가 돼지죽 주듯이 주는데 뭐가 배가 부르겠어? 군인도 굶는데 우리를 주겠어, 우리를? 만날 먹는게 미소시루라고 된장국, 그거 먹지. 아유 엄처이 굶고 엄처이 고생하고.

"거기 또 물도 없어요. 산으로 가면, 쌈터 가면 물이 어디 있어. 거기서 세수도 못하고 몸뚱이도 못 씻고. 그러면 군인들이 전부 냄새가 두룩두룩나고 그냥. 더럽지, 밤낮 오줌싸서 먹는데 아니야, 거기가.

"꼭 일선지구를 다니고 그래가지고 동네 이름도 다 잊어버렸어. 세상 안 간데 어디 있어. 만주 중국 안 가본 데 없어. 아유 일선지구 데리고 가면 따라가야[지] 어떻게 해. 안 그러면 죽이는데. 그래 울고 막 지랄하고 그래. 그래 우물에 빠뜨려, 죽이는 거지. 거기다 집어여~.

나 거기 두 번이나 끌려갔는데, 거기 같이 있는 여자들이 얼마나 동동 매달려 가지고 나 살았는데. 이렇게 고생할려고, 그때 죽었으면 됐는데.

"팔일오 해방 돼도 못 나와 내가. 돈이 없어서, 여비가 없어서.

"표는 그거는, 이제 군인들 주-욱 세워놓고 차례로 들어가는 표지, 돈 주는 표가 아니란 말이여. 전표. 저거가 몇 번에 가서 데리고 논다 그 줄이지[5] 전표를 팔아서 이런 여자들 돈주는 거 아니여.

"죽은 사람도 많고, 있는 사람도 많지, 엄청. 그런 처녀들을 그렇게 데려다 놓고, 갈 때는 저희들끼리만 다 무전해서 도망가 버리고. 여비가 있어야 어떻게 오지, 돈을 줘 뭘 줘.

"벌써 해방되었다 하니까, 저것들끼리 전화하고 뭐하고 아무도 없어. 군인들은 다 달아나고. 그래 난 어떡해, 돈이 있어야 어딜 가지. 그래서 걸어서 걸어서 신발도 없고 옷도 없고, 그래서 걸어서 걸어서 산둥에서 와 가지고, 그래서 나와 가지구서 빙강성[6]거기서 고생하다가, 거기서 일본 할매가 술장사하는 사람이더라고. 아이고 그 할매가 그래서, 이쁜 여자가 말이야 이렇게 되서 어떻게 하냐고. 그래 내가 그 죽을 고생을 천번 만번 해도 못한다고.

"그래서 내가 쇼쿠도라고 식당, 거기서 심부름해주고 그렇게 있다가, 어떤 군인두 못 간 사람이 있어요, 고즈마상이라고. 그 사람하고 중국사람하고 친하대. 그래서 나를 그냥 먹을 것도 주고 용돈도 조금씩 주고 그랬는데, 그래서 한 몇 년을 지냈는데, 여비가 돼야 나오지,

---

5) 표를 들고 줄을 서 있는 광경을 가리킴. 6) 변강성

한국엘, 여비가 없어서.   그래가지고 있으니까 한국 군함 태워준다 그 라는 거야, 군함.

"군함을 다 태워줬어요, 부산까정.   부산에 와서 뭐여, 저기서 수용 소가 있어, 수용소가.   거기에서 밥을 해다 주는데, 몰라 나라에서 해 다주는지, 동네에서 해다 주는지.   그걸 그러면 주-욱 하루에 두 개씩 세 개씩 먹고 사는 거지.

"주-욱 살다가 또 누가 어데 가면 돈번다 하고 얼굴이 변변하니 썩 히지 말라고, 또 그래서 인천엘 갔어.   거기 하가도라고 있어, 하가도. 거기 여자들 몸 파는데.   그리로 갔는데 아유 그냥, 근데 넌덜머리가 나잖아, 넌덜머리가.

"거기서 지랄을 하면 또 주인이 딴 데로 보내, 딴데루.   그래 내가 자 꾸 지랄하니께, 또 팔려갔다, 또-팔려갔다.   그래서 얼른 안 뵈는 데 로 갔으면 좋겠었어.   그래서 서울 거기 무슨 공원이지?   남산공원 거 기를 갔는데, 거기서는 사진을 내거는 거야.   얼굴을 안 봐.   사진 찍 어서 내 걸면 거기 안내자가 옛날 말로 나까이라고 해, 나까이.   그걸 내 걸어 가지고 오는 사람[은] 사진 봐.   그리고 들어와.   거기서 또 내 가 난리쳐.   그래서 다 그만두고 도망갔어.   자꾸 그라니까 빚이 여간 많아서.   그래서 그리로 가면 내가 아파서 손님 안 받고 누워 있으면 주인이 개지랄하고, 또 딴 데로 넘기는 거야.   또 딴 데다 넘겨, 또 딴 데다 넘겨.

"그래서 도망을 가서 산골로 간거여.   산골로 들어 가가지고 내가 밭

매고 별 지랄을 다 했어, 내가. 할 줄을 모르니께 거 풀 죄다 다 뜯어 먹고, 그것도 요기가 되더라고. 그것도 몇 년 동안 하고. 나 고생한 거 하면 기가 막혀. 그거 다 못해 너무 많아서. 이거도 기억나는 것만 하는 거여.

"누가 그러대, 심막이라는 데가 있대. 나 모르지, 안 가봐서. 근데 거길 가면 평양을 데려다 준다, 그래서 거까지 가니께 도라꾸[7]를 타고. 아 그런데 거 가니까, 내가 재수 없으려니까 도루 실어다 서울역에다 갖다 놓더라구. 뭐가 잘못되어서, 못 들어간다 그런거야.[8]

"그래가지고 또 갈 데가 없잖아. 아유-, 그래가지고 인천 몸 파는 데 또 갔다~. 또 갔는데 암만 무슨 옷을 그렇게 입히는지. 화장 독하게 시켜. 내가 고생을 엄-청나게 하고, 수천 명을, 아니 수억 번을 남자를 상대했을거야, 내가. 세도 못해, 숫자는.

"그라카니까 누가 방 하나 얻어줄 게 살으라고. 불쌍하게 여겨서, 누가.

"같이 살자고는 안하고. 안 해, 그런 여자를 누가 살자고 해.

"그래서 방을 얻어서 나와서 사는데 또 술집을 댕겨야지. 금방 돈벌 데가 어데가 있어. 그래 술집에 가니까. 내 노래를 잘 해, 배웠어. 술집에서 있는 동안 내 술만 먹는다고. 타락을 했지, 내가.

"이렇게 살면 뭐 해. 그래도 생목숨 안 끊어져. 그때 수면제도 먹

---

7) 트럭 8) 평양에 있는 고향으로 돌아가려고 하다가 결국 실패한 상황을 가리킴.

어봤어. 그래서 내가 목소리가 이렇게 되었어. 고왔는데, 굵지…

"그런 고생 다 해 가지고서 조치원에를 왔는데, 어떤 할아버지가 하숙집을 하나 얻어줬어. 거 하숙집에서 한 달에 얼마씩 쌀 팔아주고 먹고. 그래서 조치원에서 장사를 하는데, 뭘 하냐하면, 하이타이 가루가 있었어. 지금은 봉다리로 나오지만 그땐 각 촌을 다니면서 비누장사도 해 보고, 미역장사도 해 보고, 장사는 별 거 다 해 봤지. 안 해 본 거 없지.

"그것도 내 몸에 병이 들면 못해.

"왜 안 아프겠어. 여자는 다 하문에 달렸기 때문에. 거기는 내가 아주 지랄이야, 내가. 나라에서 나를 좀 더 살게 해준다면 나를 장애인으로 해줘야하는데 안 해 주잖아.

"기관지 천식 걸렸을 때, 그때 누가 봐 줄 사람도 없고, 죽지 뭐, 어떻게 해. 병원에 갔는데도 소용없어요. 가까운데 성모병원, 대학병원에도 다 갔지. 가서 입원을 했는데, 가면 그래, '할머니 그거 고치는 병이요? 돌아가실 때 갖고 가는 병이지.' 좋게 이렇게 말해. 근데 그거 죽는 병이라는 거지. 죽을 때까지 못 고치는 병, 못 고쳐.

"거 가며는 주사를 이렇게 매달아놓으면 똑-똑-한 시간에 한 방울 떨어지는 것 같아, 기분이. 그것 갖고 어떻게 고쳐, 의사가 아무리. 아이고 일반으로 좀 고쳐달라고",나 못 살겠다고, 이거 맞고 낫겠냐고 했더니, 한 십 분도 안돼 가지고 그 말 떨어지자마자 갖다 놓는데 똑똑

---

9) 국가에서 무료로 치료받을 수 있게 해주는 환자들에게 병원에서 주는 약은 질이 떨어지므로 돈 내고 치료받는 환자들에게 주는 좋은 약을 달라는 뜻

똑똑(방울이 빨리 떨어지는 모양을 흉내내면서) 하루에 세 병 주는 거야. 그래 하루에 사십오만 원씩이야. 내가 그렇게 하루에 사십오만 원씩 냈어.

"그래가지고 돈 다 날라갔지. 그거 갚느라고, 내가 기어다니면서 노동했어.

"병원에 가면 좋은 약도 잘 안 해주고, 그렇게 고통스러워. 나 빚 있다고 빚두 누가 갚아줄 생각도 안하고. 나 빚 때문에 얼마나 고통을 받았던지. 일 많이 했다고. 묵을 게 없어서 이 세상 풀은 엄처이 먹었어. 그래서 사람이 피지 못하고 짜부러들어.

"지금 난 눈이 잘 안보여. 그래 난 얼마 못 살고 죽을 텐데. 내가 그 원수라도 갚고 죽어야 하는데, 그뿐이야. 나 잘 살아야 한다는 마음도 없어지고, 희망도 다 없어지고, 누구한테 말할 데도 없고. 내가 원수 갚을 데가 있는데 그것만 얘기하지, 원수 갚을 데가 있는데. 내가 뭐 말을 할 수가 있어? 일본놈이라고 말할 수가 있어? 내가 말도 못해. 그 고생을 다 말도 못해. 그 고생 다 얘기하면… 그걸 어따가 얘기해.

"그냥 어떤 땐 말이여. 일본놈을 어떻게 찢어죽여야 하나, 어떻게 찢어죽여야 하나, 혼자 생각해도 소용이 없어. 혼자 생각해봐요. 소용없어, 그지?

"그래서 한번 일본 가자 그랬어, 내가. 일본, 나 좀 데려가라고. 근데 늙어서 안 돼, 젊었을 때면 또 몰라도. 제일 높은 악독같은 놈, 죽여버려가지고. 그런 마음이 다 품어져, 저절로. 원수 갚을라구.

"사과해 가지고 이 가슴에 못 백힌 거 풀어지나, 안 풀어지지. 때려 죽이고 싶지. 내가 지금. 일본년들 전체, 기냥 젊은 것들 죄 데려다 기냥 그렇게, 아주 박살을 내놓으면 좋겠어, 내가. 돈도 안주고, 생각하면 내가 못 사니께, 시집도 못 가고, 기냥 내가 이렇게 늙었으니께.

"난 돈이 필요 없는 여자다 이거야, 솔직히 따지면. 원수를 못 갚어서 그렇지. 한이, (가슴을 가리키며) 여기가 딱 백혀 있어 가지구. 뭐 지금 시대는 이억 삼억 오억 뭐 이따우로 따지는데 우리 같은 여자 따지면 몇 억도 받아도 억울하다구. 평생을 시집 한번 못 가보고 이렇게 사는데. 돈으로 다 [보상]하겠어? 그치만 그놈들한테 갚을 길이 없으니까 그거라도 받을라는데, 안 주잖아, (언성을 높이며) 왜 안 줘, 거기서들. 거 일본 여자들, 학생들 죄 일어나가지고 그것만큼 줘야 된다고 그래도, 또 안 줘.

"그렇게 지들 멋대로 해놓고 그동안은 안되었다 하더라도 지금에라도 사죄금을 해줘야지. 조금 남은 세상 편안히 살게 해줘야지.

"사람들이 자꾸 이렇게 눈을 이상하게 떠가지고 못 있겠어, 맘이 조려가지고.

"흉봐요. 하도 흉봐서, [위안부였다는 얘기는] 여태까징 안해.

"일본놈 붙어먹었다는 둥, 일본놈한테 돈 받아먹었다는 둥 이렇게 숭을 봐. 갈보짓을 해먹었으니께 어디가 어떻다는 둥 이러니까.

"속상하지, 그런 소리를 [하면]. 내가 그래서 저희들한테 십 원 하나 [빚] 안 지고 사는 걸 결심한 사람이야. 기어다니면서도 일한 사람이니까 내가. 돈이 없으면 풀 뜯어 먹고 산 사람이니께.

"내려 눌르지, 저런 년, 그런 데 가서 그렇게 하고 왔다고. 그렇게 된 영문은 모르고. 그러니까 인식 부족이지, 아직, 우리 한국 사람은.

≈

"지금 나라에서도 잘못하는 거 많아요. 왜 그런가 하며는 저런 사람[10] 들은 지금 전부 잘 살고, 친척도 다 있는 사람도 많아요. 이렇게 혼자 탁 떨어져 있는 사람은 특별히 뭐가 좀 더 있어야 한다구. 나라를 위해서 이렇게 된 여자니께. 그때 나라가 없어서 잡혀갔지, 그냥 내가 잡혀가? 나라를 못 세워놨으니께. 대통령, 개똥 대가리도 아무것도 없었어. 그래가지고 그냥 끌려가. 그러니께 잘못이 나라에도 있는 거야. 지금 일 시키는 것도 그래. 동네에 가서 잘 사는 사람들은 근로로 다 뽑아가. 공공 근로도 잘 사는 사람들, 젊은 사람들 다 빼가고 돈 없어서 빌빌하는 건 나이 많다고 안 뽑아가고, 빌빌한다고 안 뽑아가고 그 지랄이여. (목소리를 높이며) 그거 안되는거여, 그거. 나라에서 전적으로 잘못하고 있어.

"내가 배왔으면 말이야, 내가 대통령할 거야. 못 배와서 그렇지. 없는 사람을 잘 살려야 하는거여.

≈

---

10) 다른 위안부 할머니들

"안 끌려갔으며는 간호원이 됐을 거야.　왜 그냐면, 막 할머니들, 할아버지들 아픈 거 보면, 내가 기가 맥혀서, 간호원 되면 다 고쳐주는 줄 알았어.　옛날에, 내 생각하기에.　그랬는데 간호원도 못되고 그런(위안부) 생활을 해서…

"남한테 내가 좋은 일을 많이 했어.　돈 얼마라도 있으면 애들 공부, 돈 없어서 못하는 애 갖다주고.

"이름 날라고 해준 건 아니고, 아된 사람은 공부 많이 시켜주고, 공부하는 데 뭐 전적으로 내가 데려다 해줘야 원칙인데, 그냥 공납금만 내가 다 내 준거야.　이름 없는 걸로 대줘서.　나는 그렇게 이렇게 남같이 돈이 많아야 한꺼번에 갖다주고, 몇 억 되고 몇 십 만 원 내놓고, 뭐 난 그게 아니고, 저 집 애가 공부 잘하는데 돈이 없다, 싹 대줬어.　그런 아들이[11] 한 일곱 개 돼.　그런데 지금은 다 잘 살지, 옛날이라.　걔들 장가서 다 잘 살어.

"내가 나가서도 몸 팔고 댕겨도 남 모르게 (깊은 한숨을 들이쉬며) 피눈물 나는 돈, 많이 줬어.　그런데 지금은 하나도 없어. 남은 게." 🪷

---

11) 사람들이

우리가 보고 듣고 이해한 김화선

한서설아*

  우리가 할머니를 처음 찾아간 것은 1999년 7월 23일, 뜨거운 여름의 한낮이었다. 우리는 할머니를 직접 찾아뵙기 전에 먼저 할머니를 '담당'하고 있다는 군청의 여성복지계로 가서 그곳의 계장님과 잠시 이야기를 나누었다. 처음으로 전(前) 위안부 할머니의 증언을 받아야한다는 사실에 거의 공포심마저 느끼고 있던 우리는 계장님의 이야기 속에 등장하는 적극적이고 솔직한 할머니의 모습을 접하면서 일단 안도할 수 있었다. 위안부 경험에 대한 이야기조차도 별다른 거리낌 없이 말해주실 거라는 이야기를 들으면서는 움츠리고 긴장되었던 마음을 조금 더 추스릴 수가 있었다.

  할머니를 직접 만나 뵙고 나서 우리는 사전에 들은 할머니에 대한 정보가 맞는 것도 있고, 엇나간 것도 있다는 것을 알았다. 우리가 찾아뵌다는 이야기를 들으시고 직접 대문 밖에까지 나와서 기다리시던 할머니의 첫 인상은 소탈함과 따스함 그 자체였다. 무슨 이야기든지 술술 풀어내실 것 같은 느낌에 우리의 마음은 한결 가벼워졌다. 하지만 함께 간 공무원을 대하시는 할머니의 모습에서 느낄 수 있었던 것은, 위안부였다는 사실이 주변의 그 누구에게도 알리기 싫은 '극비'라는 것이었다. 단지 정부에 신고를 했기 때문에 불가피하게 접촉할 수밖에 없는

---

* 이 증언을 듣고 녹취를 푸는 과정은 문금영(이화여대 여성학과 석사과정 수료)이 함께했다.

공무원이나 태평양유족회 관계자 정도만이 할머니가 위안부로 끌려갔다왔다는 사실을 알고 있을 뿐이었다. 그리고 이들에게만 할머니는 '비로소 거리낌이 없이' 위안부로서의 경험을 조금이나마 내보일 수가 있었던 것이다.

 하지만 이들이 할머니의 일상적인 삶에서 차지하는 비중은 그렇게 크지 않은 것처럼 보였다. 오히려 할머니에게 가장 중요한 것은 오랫동안 터를 잡고 살아오신 동네의 이웃분들이나 그간 살아오면서 만난 사람들이었다. 할머니가 아프실 때 관심을 갖고 들여다봐주고, 밥 한 끼라도 같이 먹을 수 있는 사람들이 혼자 사는 할머니에게는 더없이 소중한 존재들이었다. 그래서 할머니는 주변의 사람들에게 정을 베풀고 그들의 아픔과 외로움에 깊이 공감하면서 존중받고 신뢰할 수 있는 인간관계를 가지고 싶어하셨다. 하지만 이렇게 가까운 곳에 있는 사람들에게 할머니는 특정한 삶의 역사가 만들어온 자기 자신을 온전하게 내보일 수 없기 때문에 언제나 그 관계는 어느 수준 이상으로 깊어질 수가 없었을 것이다. 무엇보다도 그 관계의 피상성이 할머니를 언제나 불안과 초조 속에서 살게끔 하고 있다는 생각이 들었다. 그러나 증언을 받으면서 그것은 단지 인간관계의 성격과 심리상태의 문제를 유발하는 데그치는 것이 아님을 알게 되었다.

 우리가 증언을 받을 당시, 할머니는 세들어 살고 있는 전셋집에 문제가 생겨서 골머리를 앓고 계셨다. 당시 할머니가 세들어 사시는 방은 전세 육백만 원짜리였는데, 그 집주인이 집을 농협(은행)에 잡히고 도망을 가서 경매에 넘어가게 되었다. 그런데 농협직원과 법원서기의 농간으로 그 집의 세입자들 중에 결국 할머니만 경매대금 변제 대상에서 제외되었던 것이다. 할머니에게 더욱 기가 막힌 노릇은 단지 그 두 사람만이 아니라 다른 세입자들도 할머니가 적절한 조치를 취할 수 있도록 정보를 주지 않고 쉬쉬하였고, 평소 자신이 많이 베풀고 도와줬던 이웃들조차 할머니의 사정을 방관하고 외면했다는 사실이다. 우리가 할머니를 처음 만났을 당시에는, 할머니가 이들 중에서 현재의 상황에 직접적인 책임이 있다고 생각하는 농협직원을 상대로 하여 소송을 제기한 상태였다.

할머니는 이 모든 일이 당신이 혼자서 가난하게 살아가는 여자 노인이기 때문에 사람들이 쉽게 무시해 벌어진 일이라고 믿고 계셨다. 그 과정에서 평소 정을 주고 베풀며 살았던, 그래서 누구보다도 당신 편이 되어줄 거라고 믿었던 이웃들의 태도를 보면서 쓰라린 배신감마저 느끼셔야 했다. 그리고 할머니는 이렇게 가족도 없이 가난하게 살게 되고 사람들과 친밀한 관계마저 맺을 수 없게 된 근본 원인은 무엇보다도 '위안부'로 끌려가 인생이 완전히 왜곡되어 버렸기 때문으로 이해하고 계셨다. 당시 할머니가 당면하고 있던 집 문제는 언뜻 보기에 위안부로서의 경험 자체와는 시간적 거리가 먼, 따라서 직접적인 관련이 없는 것 같아 보이지만, 결국 현재 할머니의 삶에서 생기는 이러한 문제들의 뿌리는 그 경험과 절대 무관하지 않기 때문이다. 이 점은 증언에도 고스란히 반영되어서 위안부로서의 과거와 현재 할머니의 삶에 닥친 문제들이 끊임없이 교차되었다. 증언을 들을 당시, 할머니는 소송을 3주 정도 남겨놓은 상황이었기 때문에 거의 모든 신경과 마음이 이 소송에 집중되어 있었다. 이러한 상황은 증언의 내용에 큰 영향을 미쳐서 이야기 중의 질문과 단서들이 집 문제와 소송 문제로 연결되는 경우가 많았다. 결과적으로 이 문제는 할머니 증언의 서사구조에서 가장 핵심적인 축을 이루게 되었다. 하지만 이렇게 중요한 축이 되는 집 문제를 편집을 통해 재현하는 것, 그래서 할머니가 처한 상황을 효과적으로 드러내는 것은 너무나도 어려운 일이었다. 처음에 우리는 할머니의 사건 경위 설명 자체도 제대로 이해할 수 없어서 몇 번이나 확인 질문을 해야했다. 아마도 법적인 사건을 이해하기 위한 형식논리적인 측면이 할머니의 이야기 스타일과는 전혀 맞지 않았기 때문일 것이다. 이와 함께 법적 소송이라는 구체적인 상황설명과 특정 개인들에 대한 지칭이 앞뒤 맥락 없이 등장하는 등 증언의 편집을 통해 할머니의 상황을 드러내기에는 역부족이라는 판단이 들었다. 그리하여 결국 집 문제는 증언 상에서 큰 비중을 차지함에도 불구하고 부득이 편집과정에서 생략될 수밖에 없었다. 따라서 우리는 이 문제에 대해 바로 이 참여기에서 좀 더 맥락을 잡아서 설명하고자 했고, 그것이 할머니가 위안부로 끌려갔던 경험과 그 이후의 삶이 전개되는 과정에서 어떤 의미를 지니고 있는지를 생각해봐야 한다는 제안을 하게 된 것이다.

할머니의 증언에서 또 하나 중요하게 등장하는 것은 전(前) 위안부 할머니들 간의 '다름'의 문제이다. 특히 결혼을 했는가, 자녀가 있는가 등의 가족관계는 할머니가 다른 할머니들과 당신의 처지를 차별화시키는 중요한 기준이 되고 있었다. 자신의 삶을 온전하게 이해하지 못하는 타인들과의 관계가 주는 외로움에다 그것을 상쇄시킬 만큼 친밀한 가족을 가지지 못한 결핍감이 덧씌워져서 할머니의 고독은 그 깊이를 헤아릴 수 없을 것 같았다. 그래서 할머니는 끊임없이 다른 사람들에게 정서적 물질적 자원을 나눠주시는 것인지도 모른다. 하지만 증언을 들으면서, 또 할머니가 살아가시는 모습을 보면서 이는 단순히 당신의 고독과 외로움을 달래기 위한 것만은 아니라는 생각이 들었다. 할머니의 베품은 사회적 약자의 입장을 너무나도 뼈저리게 체험해왔기 때문에 자연스럽게 '없는 사람들'의 처지가 더욱 아프게 느껴질 수밖에 없었던 할머니 삶의 역사로부터 비롯된 것이라는 사실을 깨달았다. 언제나 할머니는 없는 사람들에게 무언가를 자꾸 퍼주고 싶어하셨다. 밥을 제대로 챙겨먹지 못하는 이웃 노인들의 끼니를 챙기고 월사금이 없어서 학교를 못 다니는 애들에게 등록금을 대주실 때 할머니가 느끼는 근원적인 풍요로움은 그것이 비록 쓰디쓴 배신감으로 돌아온다고 하더라도 할머니 삶의 결핍을 메꾸면서 보다 완성된 차원으로 만들어가는 여정의 가장 강력한 힘이 되고 있었다.

　그런 의미에서 할머니는 결코 궁극적인 약자 혹은 피해자에 머물러 있는 존재가 아니라는 생각이 들었다. 할머니는 인생 여정에서 너무나 크고 많은 돌부리에 채여 넘어지면서 큰 상처를 지니게 되었지만, 결국 다시 일어서면서 지금, 여기까지 살아남으셨다. 그리고 당신이 너무 아팠기 때문에 다른 사람들의 상처를 쉽게 지나치지 못하셨다. 이런 할머니의 모습, 할머니의 이야기를 접하면서 우리에게 할머니는 '어떤 상황에서도 자신의 인생을, 자아의 경계를 지키고자 한 사람, 하지만 동시에 또 다른 사회적 주변인들과 공존하기 위해 그 경계를 허무는 것에 주저하지 않아 더욱 큰 자아를 만들어가는 여성'으로 자리매김되어 갔다. 처음, 피해자의 모습으로 만났던 할머니는 어느새 삶의 강한 주체로서 그 모습을 당당하게 드러낸 것이다. 이로써 증언은 이미 우리에게 단순히 과거의 피해를 폭로하고 기록하는 의미를 넘어서고 있었다. 아픈 역사를 경험하고 그것에 공감하고 분노하는 만남은 증언을 하시는 할머니도, 증언을 듣는 우리도 모두 또 다른 역사적 경험을 엮어가는 주체들로 거듭날 수 있는 가능성을 열어주었다. 우리에게 할머니와의 만남이 계속 이어져야 하는 이유가 여기에 있다.

김창연(가명)

1925년	부산에서 출생
연도 미상	의붓아버지가 유모로 팜
1940년경(16세)	위안부로 다시 팔림
	일본 시모노세키에서
	남양군도로 감
1945~1947년	해방되어 진주로 돌아옴
(21~23세)	평안남도 강서군 고모집에서
	결혼
1948년경(24세)	부산으로 남하
1949년경(25세)	이혼
	6개월 후 첫째 아이(아들) 출산
1952년경(28세)	아들을 전남편이 데려감
1957년(33세)	두 번째 결혼
1958년(34세)	이혼
	둘째 아이(딸) 출산
1997년(73세)	위안부 등록
2000년(76세)	부산 기장에서 혼자 생활
2003년(80세)	1월 27일 별세

"묻혀둘 일이 아니지. 내가 그거 당하고 나서 심
장이 안 편타고. 내가 청춘을 거기다 다 바쳤는데.
내가 여기 나와 가지고도 남편하고도 한번 신나게
살아보지도 못하고, 이렇게 짓밟히고 다니니까. 그거 하나 연줄로 해
가지고 짓밟히고 댕기고. 옳게 내가 인간 세상을 못 살[은]게, 그게 지
금도 제일 분한 기라, 딴 게 아니고. 그때 물에 빠져서 그때는 나가 젊
으니까 좀 괜찮았다고. 그런데 나이가 드니까 나타나는 거야, 분한 게.
젊었을 때에는 그 순간은 분했지만 좀 잊어버렸지. 그래 물어볼 말 있
으면 물어보소.

"일본에 간 동기? 내가 열여섯 살에.

"지금 내가 호적나이는 칠십이, 삼 세 되어가지고 있는데 본 나이는
칠십오인데. 옛날에는 무법이 되어가지고 호적도 엄청 늦게 하고. [그
래서] 일본 갈라 카니까 여행증 그거를 낼라고 하니까. 일본 가려고 왜
놈이 그랬어요.

"내가 우리 아버지가 아니에요. 우리 동네에 연극이 들어왔어요. 창
극이 들어왔는데 거기다가 의붓아버지가 삼 원을 받고 [유모로] 팔았어
요. 팔았는데 가야지 어쩝니까? 그전 돈 삼 원이면 크지. 그래가지고
그때 인제 그 집에 팔려 가지고. 기생인데 윤금영이라고. 전라도 이리
라 카는 데, 거 있었는데 그 집에서 날로 팔았어. 인제 [사람을] 사러 댕
기는 모냥이지? 거다 [윤금영이] 나를 또 팔았어. 팔았는데 일본 사람이
사러 다니는 모양이지. 우리 한국사람이 있어요. 모집해 가지고 하는

포주가 있어요, 일본 가는 포주가 있어요. 그 사람이 갔는데 가가꼬는 부산에 영지동. 그 연안에 가서 모집한다꼬 한두 달 거기서 있었어요.

"거기서 있다가 모집이 다, 예약이 다 차 가지고 저리로 갔지. 일본으로 갔는데 일본 가가꼬는 일본 시모노세키. 내가 간 데는 세토사라 카는 거기 인저 극장이 있어. 극장이 있는데 무대가 있어요. 극장 거기서 사람을 전―부 다 여자들 모아놓고 밥을 주는데 이래 공기밥을 접시에다 딱딱 부어 가지고 되어 가지고[1] 한 숟가락씩 주고. 된장국에다. 그것도 꿀맛 같아요, 아무것도 안 주니까.

"그걸로 묵고 한, 한 달 배가 와야, 남양 가는 배가 매일 댕기는 게 아니고, 주기가 있는 것 같더만. 그래 들어와야 한 달인가 두 달인가 있었어요. 탔는데 오만오십 톤이라 카는 밴데 그때는 큰 배가 별로 없었어요. 그 가운데 배가 보트로 싣고 가는데, 사다리를 이래 가지고 올라가는데 크―더마는. 안에 들어가니까 죄―새끼로 이래 엮어가지고 물 들어가면 뜨는 거 비개 같은 거, 그거 울러 매고 잠을 자도 울러 매야 되고, 밥을 먹어도 울러 먹어야 되고. 교라이, 왜놈말로는 우리말 잠수함이 교라이[2]입니다. 교라이가 아자루되면, 그때는 어떻게 뛰어내려야 되고 어떻게 해야된다 카는지, 그거 인자 요시바로 나가야 돼.[3] 정보가 오는지 배가 가다가 그게 있다 싶으면 서더라고. 서 가지고 하룻밤씩 자고.

"그래 피해 가는 데도 거기서 파산되어버린 거라, 대만하고 오끼나와

---

1) 재어 가지고 2) 교라이의 실제 뜻은 어뢰임.
3) 어뢰가 터지면 갑판으로 나가야된다는 의미로 추정됨.

사이에[서]. 선장하고 기관장하고는 다 건져가야, 살려 가야, 거기 가서 큰소리치고 살텐데, 자기네가 사람을 많이 죽여놓으니까 갈 수가 없어 가지고, 갑[판]에 올라가지고 *덴녕혜까이 단세이*[4]하고 자진하고 죽더라고. 저-밑에 물이 있었는데 배가 차츰차츰 가라앉으니까 물이 가까워지더라구, 배로. 그러니까 이거를 둘러매고, 고기가 통고기로 말라 가지고 일본놈들 국에다가도 넣고 요만치 요만치 (손가락만하게) 딱딱 잘라 가지고 그래 가지고 옆구리에 차고. 물에 들어가면 그거라도 묵으라꼬.

"나는 몸이 아파 가지고 뒤에 쳐졌어요. 그래 가꼬 왜놈이 긴 칼로 꺼내놓고 '*오리나사이, 오리나사이,*' 내리라꼬. 나는 죽어도 내가 배에서 죽겠다, 못 내리겠다카니까 내리라꼬 칼로 막 하니까 안 내릴 수가 없어요.

"그래 내리고 한가운데 배가 쭉 짜개지고 불꽃이 막 올라오지요. 거기서는 하늘하고 물하고 딱 대[5] 있지. 아침에 빠져서 오후에 다섯 시나 여섯 시나 돼서 해군 배가 들어올 때 센토끼는 왜놈말로 작은 비행기, 밀감 같은 거, 우리말로는 밀감이지만 일본말로는 미깡이야. 미깡 같은 거 경비행기에 이마만큼씩 실어와 가지고 바닷물에다 확 뿌려주더라꼬. 그거라도 건져 먹고 살라 카는 거지.

"나무락 하나 없고 섬이락 하나 없고 맨 태평양바다. 물이 시커-매.

"하여튼 몸뚱이는 전부 바다에 들어가고 얼굴만 내놓고. 개미 같애. 우리는 막-팔을 흔들면서 살려달라고 하니까 비행기에서는 기운 내라고, 구출하려고 해군 배가 오니까 기운을 내라고 비행기에서 한다고. 왜놈들하고 깃대 가지고 연락을 하나봐. 그래서 해가 다 지고 한 일

---

4) 자살하기 전에 외치는 말로 추정됨. 5) 닿아

곱 시쯤 되니까 배가 반짝반짝 하는, 스텐 같은 배가 저기 가물가물해. 저 배가 인제 우리 살리러 온다고 마음의 준비하고 있으라 카고, 그래 비행기가 몇 채가 왔어. 보뜨로 대놓고 사람을 건지려고 하니까 사람들이 물에 불어가지고 옷도 다 젖고, 건질려고 하니까 얼마나 무겁겠어. 기운 빠진 사람, 장부 서넛이서 잡아당겨서 올리고 또 올리고. 그래서 해군 배에 들어가니까, 침대를 딱딱딱 하나씩 놔두고 옷을 전부 다 벗고 빤스 하나 입은 것 뿐이지, 다 떨어져 나가고. 그래 해군 배 그거를 타고 일본을 바로 들어가요.

"일본에 내리니까 죽신껍데기[6] 갖고 삼은 조리가 있어. 발가락 두 개 신발이야. 그거를 전부 다 받고 보잉복도 있잖아요, 병원복. 그거를 크고 작고 간에 다 똑같애. 입으니까 여기(무릎 아래)까지 와, 나는. 키가 작으니까. 그래 말아가지고 입고 '어디로 가노?' 하니까 운동장에 운동시키러 가요. 물에 인제 빠졌던 사람들이니까.

"그 이튿날 해군참모장, 우리는 고향에 가겠다 했더니 '고향에 보내줄 거니까 이런 소문은 절대 내지 마라.'카는 기라. 그래 지들끼리 의논을 하더니만, 이 사람은 돈 주고 사온 그런 사람이 있으니까 포수[7]가 말을 넣는다요. 보내주면 돈도 안 받고 보내줘야 하는데 그래 안 할라카니까.

"그래서 다구[8] 인도 나라[9]로 가야 한다고 하는 거라. 다들 들어가라카는데 배가 한 달 있다 온다 카니까. 근 한 달 넘었을 거야. [전에는] 배가 커놓으니까 웅-하지는 않았는데 이 [배]는 까딱하면 울렁거려 가지고 갑자기 배멀미를 해서 갔어요.

---

6) 대나무껍질 7) 포주 8) 다시 9) 열대지방, 특히 남양군도를 지칭함.

"거기는 열대지방이 돼가꼬 항상 밑에서는 단풍이 들고 우에서는 자꾸 새순이 나 가지고, 거기에 있으니까 동짓달인지 섣달인지 삼월 달인지 모르겠어. 철을 모르겠더라고. 거기는 봄이 없고 기울[10]이 없고 항상 더울 때가 돼 노니까는 모르겠고.

"인도나라거든. 남양군도. 섬 이름이 혼마찌라 하는 데가 있고, 혼마찌라고 하는 데는 여기 같으면 시내라. 이름이 여기 맹키로 기장군 기장면 이런 게 없고, 조선 사람 사는 마찌는 혼또라는 데가 있어. 마찌라 카믄 마을인데, 마을이 있어, 한국 사람들 사는 마을이. 시내라 카는 데는 남엥이 시내지, 섬이 많거든.

"인도나라, 요새는 인도가 잘 살지만 그때는 집도 없어. 나무 같은 거 이리저리 얽어서 그 위에 바나나 잎 얹어서 비만 안 새면 되지. 밑에다가 통나무 비다가 깔고.

"껌딩이들 하는 말은 내가 거기서 세밀하게 들었는데 '어어이! 망까이야?' 하면 니 어데 가노 이 말인기라.

"그러면 저 사람이 말로 받아가지고 '어어이! 준주 망가이야.' '저거 간다.' 그 말이야.

"껌댕이는 옷도 없고 훈도시[11]만 입고 여자는 얄궂은 바나나 그걸로 치마 만들어가지고 두르고. 이빨만 하얗지 깜딩이도 그런 깜딩이가 없어. 무서워. 처음에 가니까 인도 사람이 사람 잡아 먹었다 하더라고. 요새는 안 그렇다고 하는데…

---

10) 겨울 11) 남자의 국부를 싸서 가리는 긴 천

"거기 가니까 조합, 조합학교[12]가 있어요. 니는 어느 칸을 가라, 니는 어느 칸을 가라 분류를 한다 아니요. 우리 같으면 북경관에 가면 북경관 요리집 있잖아. 그런 데를 다 정해주는데, 내 간 데는 열 명이 갔는데 거[기]는 가 가지고 얼마 안 되니까 손님 받더라. 받고 있는데 나보다 더 에린 사람도 있어요. 울고 불고 야단이고 그랬는데 인제 집도 아니고 하꼬방 집 그런 데, 한 칸 두 칸 다 갖다 옇고 군인이 줄창 해군들을 받아. 그 주인이 오끼나와 사람이야. 해군들은 한 시간띠기,[13] 긴 밤 이래 자고 하고. 그래 가지고 울고 불고 안 받으면 이래 하면, 밥도 안 주고 이러니까 할 수 없이 받아야 하는 기라.

"그래가 내가 밤낮 울고 이러카니까 계월이라 카는 언니가 '울지 마라. 울고 그라카면 밥도 안 주고 니만 손해다. 나서 가지고 손님 받을 생각을 해라.'

"이러니 나는 '언니 나는 도저히 몬 하겠다, 몬 하겠다.' 하니까.

"들어갔다 나온 사람은 울고 한탄을 하고 그러는 거, 그거를 보니까 만정이 떨어지고. 관계에 대해서 남자가 난폭하고 이러면 여자가 견디다 견디다 짜증 내잖아. 그러면 이 뺨 저 뺨 군인이 때리고 주인이 또 뭐라 카는 기라. 손님한테 나쁘게 한다고. 손님 떨어진다고.

"그런데 나는 가 가지고 습진, 우리 같으면 사타구니에 습진[14]이 나 가지고 하여튼 간에 물 때문에 습진이 나 가지고 엉망진창이지. 물이 줄줄 나고 근지럽고 말도 못하는 기라.

---

12) 관리사무소같이 위안부들을 분배하는 곳으로 추정됨. 13) 짜리 14) 성병으로 추정됨.

"거기(병원)? 나는 거[기] 안 갔지. 병이, 이거 습진이 있으니까. 거기는 손님 받는 사람만 갔지. 그러니까 거기는 쪼깨라도 병이 있으면 안 되거든. 부인병 검사를 하지. 손님 받는 사람이 매독이 있나 없나, 성병이 있나 없나, 그런 거 하는 거 같애. 왜놈 군인들한테 옮길까 싶어가꼬. 그런 건 철두철미하게 하더라고. 부인병 걸리면 그 사람은 인자 다 나을 때까지 손님 못 받지. 무슨 약인지 몰라, 알약이 있더라고. 주사는 산부인과 가서, 가는 날이 있어. 그 날은 손님 안 받고 가서 검사 받고. 고무 같은 거 덮어씌우는 거 있대, 허연 거, 풍선 같이 생긴 거, 끝에 이렇게 뽈록한 거, 그런 거 군인들이 갖고 들어오고. 일요일날 제일 많이 들어오고. 해병들은 빵모자 아니야? 거기는 챙 있는 거. 여기 같은 거는 해군사관학교 모자 그런 걸 쓴 해군들, 고참이면 계급 있는 사람은 무신 날에 나오고 안 그러면 주말에 나오고. 근데 나는 뭐 여기가 엉망진창이 돼 가지고, 맨날 천날 울고 있고 그러니까, 손님을 못 받고 그러고 있었어. 못 받고 있으니까 밥도 손님 받는 사람은 하루 세 끼씩 다 주고. 내 같은 사람은 하루 한 끼 먹는 기라.

"혼마찌라 하는 데 있을 때는 밥을 배급을, 처음에 들어가니까 밥은 쟁반에 부어주고 반찬도 없어. 된장이라는 것도 그렇고. 밥 쪼끄만한 걸로 한 공기 먹고, 그때는 배가 고파서 참 못 살겠었어. 거기는 원체 사람이 많거든. 여자들이 대구 진주 부산 어디 각지에서 다 왔어. 사람이 원체 많으니까 맛있게 먹을 수도 없고 물이라도 배만 채우면 되는 거라. 그놈 먹고 점심은 주나? 저녁 때 또 한 공기 주고.

"거기에 돈을 내는 기라. 돈은 인제 천 원을 주면 즈그들 장부에는 이천 원을 받는 기라. 그래서 빚을 몽땅 지워놓고는 나중에 손님 받고 할 때는 거기에다가 풀이를 하는 기라. 돈 만 원 갖다 쓰면 한 이만 원 쓰고 하는 거라.

"니한테 빚이 이리 많으니까 언제까지 갚아야 된다, 이런 식으로, 그래 잡아두는 기라.

"고생은 말로 다 못 허지. 조선사람 있다는 혼또라는 마찌에 가 가꼬 나무에 여는 빠빠야라 하는 게 있어. 여기 같으면 무시[15]같이 생겼어. 그걸 물에 담궈서 소금 넣고 삭혀서 밀가루 맹키로 쪄서 먹고.

"그래가꼬 그 생활 한 일 년 반을 하니까 긴노시라 카는 게 있어요. 왜놈말로 긴노시고 우리말로 일 있으면 일하거라 하는 게 뭡니까? 공짜배기 일을 안 했으니까.[16] 그거 부역 그걸로 갔다가 그걸로 하니까 긴노시 나오라고 하면 삽질해서 얹고. 파헤칠 거 있으면 다 파내고, 물만 캐고. 그래도 물은 내려와요. 거기 가 보면 뱀 같은 거 죽은 거 다 내려와서 그래도 그거 안 먹으면 못 사니, 그 물 같은 거 먹고 [산 것이] 일 년 반 됐을 거예요.

"그래 가지고 있으니까 미국하고 전쟁하게 됐으니까. 그때 대동아전쟁이라 미국사람이 땅을 뺏을라 캤지. 미국 사람 *센토끼 요키 오가타 헨따 오가타 헨타*[17]라고 하면 큰 폭탄 싣고 오는 거지. 하늘이 까매. 쭉

15) 무우 16) 공짜로 얻어 먹지 않고 밥 먹은 만큼 일을 했다는 의미임.
17) 적의 전투기가 온다는 경계를 알리는 소리로 추정됨.

쭉쭉쭉. 밤에는 폭탄에다 불을 달아가지고 오고, 낮에는 그냥 오고.

"'가다가 내 머리 꼭대기 위에 똑바로 떨어지면 내한테 떨어지는 게 아이고 내가 봐서 저기 떨어지는 것 같으면 내한테 떨어지니까 피하라.' 카는 기라.

"'어디 가서 엎드려 귀를 막고 엎드리라.'고 하더라고.

"볼 일 있어 밖에 나가면 죽은 사람을 쭉 덮어놨는데, 그걸 치워가지고 밑에는 송장을 나무에다 걸쳐서 다리는 다리대로, 팔은 팔대로. 폭탄 날아오면 다 죽는 거 아닙니까?

"[이렇게] 전쟁 나니까 밖에 나와 가지고 그때는 자유인기라.[18] 주인도 도망가버리고 피난 가고.

"산으로, 산으로 피난 댕기다가 배가 고파가지고, 설탕 만드는, 우리 같으면 수수깨끼고, 사탕수수, 조선말로 사탕수수라 하지. 거기말로는 사또깨비라고 해. 그걸 구워 가지고 설탕 만드는데. 거기는 주인이 없어요. 전쟁판에 주인이 어딨어? 니꺼 내께 없어. 바나나고 파인애플이고 주인이 없어. 여기 버드나무 서 있듯이 온 들에 바나나 나무가 서 있어. 따다가 하룻밤 있으면 노래져. 그러면 그거 먹고, 그리고 파인애플 그런 거 해 가지고 깎아먹고. 그런 것도 며칠 다니니까 사람이 워낙 많으니까 있나? 없어. 고구마 밭에 가면 달팽이가 있어. 그 달팽이는 벌건 게 이만씩 해. 그런 거 우리가 가져와서 돌멩이로 두드려 깨서 물에 가서 씻어서 고구마 줄기 더러운 거나 깨끗한 거나, 그걸 한 솥에 넣고 달팽이 썰어 넣고, 그걸 삶아서 한 사람 앞에 한 대접씩 먹고.

"한국 사람도 군속이 높은 사람이 있어. 그 사람이 알려주더라꼬, 만약

---

18) 2차세계대전 말기의 무질서한 상태를 일컬음.

에 우리한테 화물차 타라 카면 절대 타지 말라 하는 기라. 그거를 안에 쳐놓고 폭탄 때린다고 타지 마라 카는 기라. 저놈들 한 거 생각하면 떨린다. 아무도 안 탔지, 알려줘 가꼬. 그 사람 한국사람이라 알려줘 가지고 혼또에 있는 사람들은 안 타고. 딴 데 있는 사람들은 탄 지 모르지만.

"우리는 해방된 줄도 몰랐어. 왜놈들이 해방됐다꼬 안 가르쳐 주더라고.

"낭중에는 우리 한국 사람들이 '해방된 거 아니냐?'고 하니까 우리는 모른다고. 씨발놈 개놈의 새끼들이 해방된 것도 안 알려준다고 하면서.

"이런 일이 있을 줄 알았으면 그 [개놈의 새끼들] 기억을 하지만 그 때는 나이도 어리고 그런 거 기억할 여가가 없어.

"'여기 사람이 다 나가야 한다.' 그리고 '조선은 그때 말 듣기에 형편 없다.' 하는 기라.

"그 판에 안 나온 사람도 있어. 산에 가서 숨은 사람도 있어. 그래 마, '좋으나 궂으나 우리 나라는 나가야 얻어 먹어도 얻어 먹지. 여기서 껌 댕이가 먹을 게 있어서 우릴 줄랑가. 우린 가야 한다.' 하면서.

"그래서 미국 배로 나왔지. 미국 배로 나오는 데 근 보름이나 걸렸어. 그래 부산 나와 가지고 부산서 이제 진주로 갔지.

"진주로 가니까, 엄마 아버지는 다 돌아가시고 없고, 우리 고모가 한 번 왔다가 가라고 편지가 와 있더라고. 한 번 왔다 가라고. 피양 강서군[19] 강병리라 카는 데, 거기에 있다고 오라캐서 피양 거기 가 가지고 이 년 정도 있었어. 있었다가 거기서 우리 시누가 남편을 말을 해 가지고. 그 사람 의과대학 나와 가지고 동기방학이라서 내한테 중신을 한 기라. 요새는 그렇지만 옛날에는 키 작고 아담한 사람, 머리 이만치 기르고 뒷태도가 참 좋다 카면서. 스물 한 살[에 결혼을 했지].

"어린애 배 가지고 팔 개월 만에 강을, 해주강을 동짓달 초하룻날 건너오는데 여기보다 이북이 더 춥다꼬. [해주강에서] 살얼음이 얼어 가지고, 그 애를 배 가꼬 건너오는 데, 전신, 배니 뭐니 다 끈키고.[20] 결국은 그 애도, 내 물 건너 오느라고 그만치 고생했으니까 띠고. 거의 팔 개월인데 그게 완전하겠어요? 와 가지고 결국 지웠어요.[21]

"피양에 올라갈 때는 삼팔선 될 듯 말 듯 했는데, 돌아오니까 삼팔선이 완전히 됐지. 주민등록증도 없었고, 여기 남쪽에는 없었고, 아무 증명이 없었어. 증명이 있었어, 이북에는. 그걸 가꼬 인제 어디로 가야 통과가 되지 그걸 안 가지고 가면 통과가 안 돼.

"해주에서 여기 넘어오려고 주민증 내버리고 오다가 잽히 가지고[22] '지금 아내는 배가 이렇게 불러가지고 죽어라고 놔두고 너 혼자 가느냐?' '어째 니는 살라카고 아내는 죽을라 카느냐?' 그래서 잡아 들어갔지요.

"잡아 들어가서 요만-한 무슨 초소 같은 데 있더만. 몸수색 다 하고 그때는 이북사람들, 소련사람들이 다 관리를 했지.

"그래서 남편이 오다가 돈 쪼깨 들고 나와 다 **뺏겼다**, 다 뺏기고 거기서 밤새고.

---

19) 평안남도 강서군 20) 전화와 배 등의 교통·통신수단이 다 끊어진 상태를 말함. 21) 유산인지 낙태인지 구별할 수 없으나 내용상 유산으로 추정됨. 22) 잡혀 가지고

"이북에 올려도 아무도 없고 내 몸은 부려야 하니까, 내려가야 부모도 있고 하니까, 여기 자리도 없고 하니까, 사정을 봐달라고 군인한테 사정을 했지.

"그랬더니 군인이 '우리도 눈물 있는 사람인데 아지매가 아저씨하고 가다가 만일 잡혀가[지고] 우리가 용서해주고 내려왔다 카면 그때는 나도 죽고 당신도 죽으니까 내가 자신이 놔줄 거니까 가다가 잡히더라도 용서해줬다 카지 마라.' [그래서] 안 잡히고 넘어왔다.

&

"내려와서 [부산에서] 한 육 개월인가 살고 있는데, 고향 사람들이 와 가지고 내가 왜놈들한테 갔다카는 그게 알아져 가지고. 그 사람은 소문을 낸 게 아니고 남해 고향 진씨라꼬. 그 사람은 내 갈 때 건너편 동네에서 자기 장개 가서 살았어. 자기가 [이야기]하고 싶어서 한 게 아니고 옛날에 고생 누누이[23] 했다, 누이 했다. 나올 때 누구누구 나왔다 하니까 이름이 나왔지. 소문이 커질 지도 모르고…

"남편이라 카는 사람이 그 입에 담을 욕 다 못하지. 잡년이라고 하고 갈보라 하고, 그래 가꼬 거기서 나왔잖아.

"나도 몰랐지, 헤어질 때는. 아들은 거기서 배 가지고 나와서 있으니까, 입덧이 나가지고. 그래가지고 마산 쪽에서 넘의 식모로 있으니까. 남은 이제 삼 천 원씩 받을 때 나는 삼 백 원씩 받고 있다가, 애 놓을 달 다 돼 가지고 배가 자꾸 불러오니까 못 나오게 해 가지고. 거기에서 나

---

23) 누구누구

와가지고 거리의 정말, 걸배이처럼 살았어. 애를 겨우 진영 멍텅구리라 카는 데 그 근방에 가 가지고 낳아 가지고. 내 손으로 못에 가 가지고 기저귀 빨고 그래 가지고 이것을 근근히 근근히 얻어 먹이면서 키웠어. 키웠더니 즈그 아바이가 알고 자기 자식이 없고 하니까 뺏뜨러 간 거야.

"네 살 먹어서 자기가 델꼬 가가지고는, 스물 두 살에 지(아들)가 소문을 듣고 어마이가 따로 있다는 걸 알고 찾아왔더라고. 즈그 고모하고 찾아와 가지고 그래 여기에 있다가. 내가 안 키우고 지도 내 밑에서 안 크고 하니까, 인정이 없는 기라. 인정이 없고 내가 무슨 옳은 말을 해도 반발을 하고 말이지. 이래싸서 지가 상선 탄다고 가 가꼬, 돈 쪼개 벌어 오면 다방 여자들한테 다 때려여코.[24]

"나한테 와서 돈 달라고 그라다가 '나는 너 같은 자식은 놓은 적이 없다, 절대 오지 마라.' 해 가지고 그 길로 외국 갔어. 그래 가 가꼬 통 소식이 없어.

"애 떼고[25] 나서 사람들이 '이렇게 살면 뭐 하노? 자식이 있나? 자식은 낳아야 될 거 아니가? 좋은 데 있으면 가라.' 그래서 참봉 아들한테 갔지.

"그때가—그런 서른 세 살에 만났어, 서른 세 살에 만나 가지고 바로 일 년 만난 지 바로 애가 있었어.

"소개로, 거기는[26] 상처한 자리고.

_____

24) 쓰고 25) 아들 뺏기고 26) 그쪽은. 두 번째 남편을 지칭함.

"남편이 그렇게 따뜻했거든. 그때는 가문을 따졌어. 좋은 가문 따지고, 그전 같으면 그런 데 갈 수 있어? 택도 없지. 내가 위안부로 간 거 모르고, 자기가 내 모습 보고 옛날엔 키 큰 건 껍데기라고, 그래 나를 좋아했다 캐요.

"내 혼인신고를 할라 카니까 먼저 여자, 하나 데꼬 살던 여자가 호적을 안 파고 갔어. 요새 같으면 자연 뭐가 되는데 옛날에는 그 사람이 죽었다 카는 거, 안 파가고 그러니까 딴 사람이 혼인신고가 안 돼서. 있다가 혼인신고 할라 캤는데 소문이 돌아가지고, 그 소문을 듣고 집안에서 딱 반대했어. 그때 애 배가²⁷⁾ 나왔거든. 그런데 너무나 내한테는 외롭고 내가 어떻게 해서도 키워야되겠다 [했거든].

"우리 따님은? 알지. 딸은 내가 얘기했지, 딸이니까. 얘기하니까 울기도 많이 했지. 올해 얘기해줬다꼬. 내가 얘기를 해줄까 말아볼까 하다가, 올해 내가 얘기를 했어.

"내가 가만히 생각해보니까, 이렇게 왜놈들한테 이렇게 당한 거 지금 생각해보니까, 억울하고 그래서 내가 면에 찾아갔다고. 거기 가가지고 복지계 이순희라고 있었어. 그 사람을 내가 나오라고 했어.

"'할머니, 와요?'

"'내가 너무너무 억울해서, 이런 일이 내가 지금 있는데 어떠냐?'고 그러니까 '할머니 진작 얘기를 안 하고. 지금이라도 되는데 할머니, 지

---

27) 두 번째 아이 임신해서

금은 늦습니다.' 이라는 기라.

"그래서 내가 그 사람한테 얘기를 했더니만, 그 사람이 군청 사람을 데려왔더만. 얘기를 하라고 그래서 쭉 다 얘기를 했지. 물에 빠진 것 까정, 극장 같은 데 가가꼬 사람 모아 가지고 밥 타다 먹은 것 까정, 물에 빠진 것 전부 다 얘길 다 했지.

"그래 이게 정부로 올라간가 부더라고. 내 탄 게 얼마 안됐어. 작년[28]에, 작년 사월 달부터. 일 년 좀 넘었지. 내가 한 달에 지금 오십만 원씩 타고 있거든. 타고 있는데 그거 지금 내 약값도 모자라요. 저기 그것도 안 되는 거야, 혜택. 약도 좋은 거, 진찰도 이래 좀 세밀하게 받고 이러는 건 혜택이 안 되네. 좋은 약을 먹을려고 하면 돈 줘야 하고.

"내가 자식도 자식같이 한번 못 낳아보고 남편도 남편같이 한번 만내가 못 살아보고. 이 세상을 내가 짓밟히고 살아온 걸 생각하면 분해서, 분해서 못 살겠십더. 지금도 부르르 떨리고, 그 말 나오면 속이 떨리고. 옛날에 우리 남편이 그래가지고 날 내쫓고, 그 동네에 가면 소문이 남아 있으니 사람들이 날 꺼린다구요.

"그래 그 많은 걸 어떻게, 어떻게 내가 풀 수 있겠어? 보상이라 카는 게 삼천오백만 원 나온 거 그거 받고, 우리는 몇 억이 나와도 청춘은 보상받을 수 없어요. 살 수도 없다꼬여."

---

28) 실제로 정부 등록한 것은 1997년임.

우리가 보고 듣고 이해한 김창연

김연희*

김창연을 처음 만나러 간 것은 1999년 8월 20일이었다. 8월 초부터 군청직원과 여러 번 통화를 했었지만 태풍상륙으로 비가 억수로 쏟아졌기 때문에 방문이 연기되었다. 그 과정에서 군청직원과 할머니에게 매번 연락을 해야했는데, 할머니는 우리의 연락에 귀찮다는 반응을 보였다. 그리고 사투리 섞인 말투에서 할머니가 굉장히 까다로울 것이며, 할머니를 만나러 그 먼, 부산까지 갔다가 허탕 칠지도 모른다는 생각에 불안한 마음도 없지 않았다.

첫 번째 방문에 군청직원이 동행했다. 어렵사리 찾아간 군청에서는 할머니의 신상기록을 제공해주었고, 차를 타고 가는 길에도 할머니에 대해 이야기를 해주었기 때문에 할머니에 대해 어느 정도 알고 가는 셈이었다. 군청직원이 제공한 자료에 의하면, 할머니의 상태가 어떤지 매달 방문과 면담을 통해 기록하고 있는 것 같았다. 그녀는 할머니가 워낙 까다로운 분이며, 하루라도 정부보조금 지급이 늦어지거나 신문에 위안부에 관한 기사가 나오면 당장에 군청에 어찌된 일이냐고 전화를 한다고 했다.

할머니는 군청에서 조금 떨어진 주택가의 아파트에서 혼자 살고 있었다. 집에 들어가서 우선 집이 정말로 깨끗하다는 데 놀랐다. 공공근

---

* 증언을 듣고, 녹취를 푸는 과정은 이혜영(강릉 원주대 사학과 강사)과 함께했다.

로가 와서 청소도 해주고 여러 가지 살림을 도와준다고는 해도 할머니 자신이 깔끔한 것 같았다. 그런데 이상하게도 넓은 방들에 비해 집에 가구는 거의 없었다. 새 집에 이사와서 정돈이 채 되지 않은 느낌이었는데, 할머니는 "이 집에 내 물건 별로 없어요. 다 저기 일영에서 민박치는 딸 거예요."라고 했다. 할머니는 가진 것도 없고 정부보조금만 가지고 생활하여 너무 힘들다고도 덧붙였다.

인터뷰를 시작하자 분위기가 사뭇 달라졌다. 우리에게 경계심을 가진 것 같지도 않았고, 우리의 기대 이상으로 적극적으로 이야기를 시작한 것이다. 군청직원이 "할머니 어떻게 위안부로 갔는지부터 말씀해보소." 했더니 "내가 알아서 다 얘기할게요."라고 할 정도였다.

할머니는 묘사력이 아주 뛰어났다. 남양군도로 가는 도중 배가 어뢰에 걸려 난파되었을 때 상황을 묘사하는 것은 대단했다. 영화 속의 한 장면처럼 머리 속에 그려졌다. 할머니는 A4 한 장에서 두 장을 넘는 분량을 질문 없이 쭉 이어나갈 정도로 언어구사가 뛰어났다. 그런데 그것은 그녀의 모습을 보고 들었던 사람들에게는 이해 가능한 것이었지만 경험을 하지 않은 이들이 글로 접할 때는 이해하기 어려운 부분도 있었다. 이 편집의 관건은 어떻게 이야기를 나누어서 이해를 용이하게 하는가였다.

편집을 함께 한 사람들 사이에서 그녀는 '타이타닉 할머니'로 통했다. 영화 타이타닉을 방불케 하는 경험과 그 경험을 우리에게 들려줄 때의 묘사력과 기억력이란! 그것은 다른 한편으로는 삶에서 '그 경험'이라고 하는 것이 얼마나 가슴속에 깊이 박혀 있는지를 보여주는 것이기도 했다. 현재까지도 "주변 사람들이 자기를 꺼리고 욕한다고 생각하면 사람들을 대하는 게 주저거리고 편치 않다."는 말이 그 상황을 가장 잘 드러내고 있는 것 같다. 이렇게 세밀하게 가슴속에 꽉찬 기억을 밖으로 표출하지 못하고 살아왔으니 얼마나 힘들었을까?

김창연의 이야기에서 가장 두드러진 부분은 물과 연관된 죽음의 공포, 즉 난파 경험과 임신 상황에서 해주강을 건너온 것이었다. 그녀가 남양군도로 가는 과정은 죽을 지도 모르는 급박한 상황임에도 불구하고 그녀의 묘사는 웃음이 나오게 한다. 반면 임신한 후 강을 건너오는 모습은 남양군도 섬으로 가는 과정과는 사뭇 다르다. 살얼음을 헤치고 강을 건너왔기 때문에 임신했던 아이가 유산될 수밖에 없었다고 체념한 듯 이야기한다. 이것은, 난파는 삶의 의미를, 해주강을 건넌 것은 유산이라고 하는 죽음의 의미가 더 강했기 때문인 것 같다.

이 두 개의 에피소드에서 나타나는 죽음의 공포 이면에는 죽음이 아니라, 오히려 살아야한다거나 살고자 하는 욕망이 들어 있을지도 모른다는 생각이 들었다. 유난히 그녀는 먹는 것에 대한 기억이 많았다. 일본 생활에서 접시 하나만큼 주는 밥을 먹고는 늘 배가 고팠다거나, 배가 부서져 죽어가는 상황에서도 하늘에서 귤을 던져주고, 물고기 말린 것을 먹으라고 던져주었던 것을 기억한다.

김창연은 서른 네 살 이후 자신의 삶을 전혀 설명하지 않았다. 비록 남편과 헤어졌지만 그때 생긴 딸을 키워 현재까지도 왕래하고 있고, 위안부였음을 딸에게 알리는 과정에서만 할머니의 현재 생활을 드러낸 것이나 다름없었다. 마치 서른 네 살로 삶의 종지부를 찍은 것처럼 그 이후 살아온 과정에 대해서는 아무런 대화가 없었다.

첫 번째 방문을 마치고 다시 오겠다고 하니 할머니는 왜 자꾸 찾아오냐 하였고, 찾아갔을 때에도 어서 이야기를 끝내고 돌아갔으면 하는 눈치를 주었다. 또 집 앞에서 우리를 배웅하면서 이야기를 할 때 주변에 우리 목소리가 들리지 않게 주의를 주었다. 그렇지만 밥도 먹고 가라고, 여름에 피서 오라고 하는 이야기도 했다.

김창연 할머니에게 증언집에 인터뷰가 편집되어 실린다는 이야기도 전하고 허락을 받기 위해 전화를 했을 때 그녀는 대뜸 당신 이름과 사는 곳이 들어가면 동네사람들이 알까봐 두렵다고 하여, 가명으로 싣기로 했다. 주위 사람들의 눈에 띄지 않고자 하고 처음 보는 사람을 경계하는 것, 그것을 통해 이제까지 그녀가 얼마나 많이 사람들로부터 상처를 받아왔는지를 어렴풋이 짐작할 뿐이었다. 그녀가 자신의 목소리로, 자신의 모습을 드러내서, 자신의 삶을 이야기할 수 있는 날이 언제일까… 이 증언이 그녀 스스로 삶을 부정적인 것이 아니라고 느끼게 하고, 삶의 중심은 외부와 조화하며 살아가는 자신임을 아는 계기가 되었으면 좋겠다.

한옥선

1919년 11월 13일	충청남도 조치원에서 출생
1926년(7세)	인천으로 이사
1937년(18세)	서울 직업소개소에 속아서 감
1938년 4월(19세)	위안부로 연행,
	중국 길림성 경유 → 태원 →
	오수이징
1941년(23세)	하가쇼이 군의장교와 만남
1942년(24세)	하가쇼이와의 사이에서
	첫째 딸 하가 출산
1943년(25세)	하가쇼이와의 사이에서
	둘째 딸 순자 출산
1945년(27세)	해방 직전 하가쇼이 군의장교
	전사 추정
1946년 4월(28세)	둘째 딸과 한국 입국
1946~1947년	민씨와의 사이에서
(28~29세)	첫째 아이 출산, 3개월 만에 사망
1951년(33세)	1.4 후퇴 시 민씨와의 사이에서
	생긴 둘째 아이 사망
1983년(65세)	민씨 사망, 그 직후 위안부로 등록
2000년(82세)	부평의 둘째 딸의 집에서 투병
2009년(91세)	1월 20일 별세

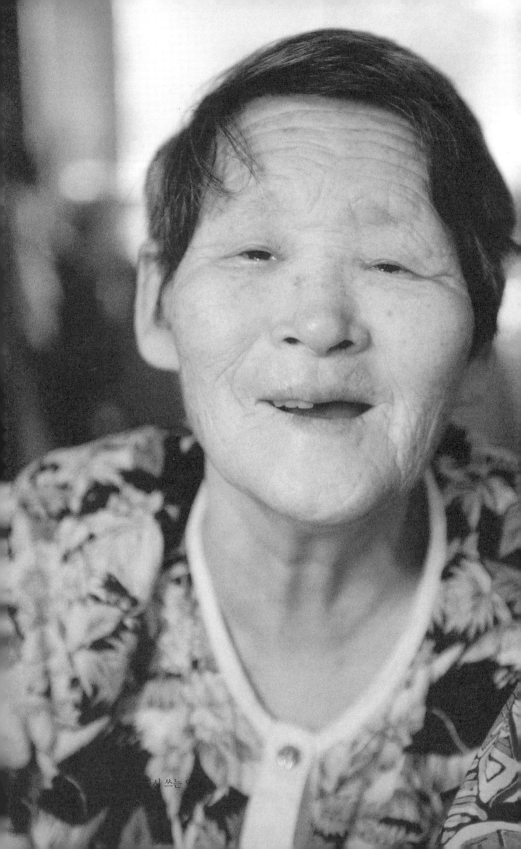

"근데 난 신부전이라구 해가지구 놀랬다구. 도대체 내가 신부전 앓을 이유가 없는데. 이날 이때꺼지 밥 잘 먹구 붓는 것도 몰르고 애를 몇 씩이나 낳[았]어도 붓는 것도 몰라요. 그랬는데 그것도 신부전이라구 병명이 났다 그래가지구, 입원시키라 그래서 입원시켜서 그래서 못간 거야, 집이를. 그래 인제 병원에서 가만히 들으니께 어떤 이가 무료 환자가 있더라구. 그래서 나도 간호사 보고 물었지.

"'어떻게 돼서 저런 사람 무료 환자냐?' 그랬더니 저 뭐야,

"사실은 내가 이런저런 사람인데, 부끄럽지만도 내 돈 내고, 한 달에 한 오십만 원씩 들어가잖어. 그래서 그냥 나도 어렵게 살아봤지만, 어느 자손이 딸자식도 아니고 메느리 자식이 한 달에 오십만 원씩 낸다면 좋은 사람이 어딨수? 장래에 아가씨들도 시어른 모시고 살지 모르지만 누가 좋대겄어. 그래서 그 생각도 허구, 너무 정말 저거 해지면, 챙피한 소리지만두 그런 사정 얘기를 했다구. 간호사 보구 그랬더니 그런 일은 아직 병원에 없대.

"위안부 갔던 사람은 무료 환자 되는 게 여기 없다구.

"나는 아무 데 살다가 중앙병원에 무료 환자로, 일부러 병원에서 데려다가 진찰해가지구 전기찜질기도 서비스로 하나 주고, 그리구 무료로다가 일 년이나 넘도록 댕겼는데, 여기서는 안되느냐구 그랬더니, 위안부는 아직 그런 일이 없었다구 그래.

"그러냐구, 어떻게 하면 그럼 무료로 받겠느냐고 그랬더니, 내가 사정이 사실 딱하다구. 뭐 내가 낳은 아들도 별다르지 않지만 어느 자부가 시어머니 병원비 한 달에 오십만 원씩 대는 거 누가 대겠느냐고, 여기서 입원을 하게 됐기 때문에, 여기서 입원을 한 거니께 그래서 그렇

다구. 사정 얘기를 했더니,

"그러면 할머니가 혼자 사시는 거로 수속을 밟으시라구 그러시더라구.

"그래서 수속을 밟았다구.

&

"서울 영등포로 이사가서 서울 남대문 시장 안에, 이휴~ 신장동에 쪼끄마한 중학이 있었어요. 거기 입학해서 좀 댕기다가 어무이 돌아가시는 바람에, 거기 일본 집[1]에 가 있다가 그 영감한테 걸려서 내가 팔려갔었지, 뭐야. 팔려갔을 거야, 분명히.

"직업소개소에서 갔다가 다까사 쇼땡이라는 데[를] 소개해줘서 갔었예여. 그래서 거기서 몇 달 있었는데, 그 이듬해 사월 십칠일 날이 우리 엄니 제사였거든여. 그래서 거길[2] 댕길러 왔다 [다시 다까사 쇼땡에] 가니께, 어떤 모르는 손님이 와 있어요, 나이 먹은 영감님이. 그래서 인사를 시켜주니께 인사를 하구서는.

"'돈 벌래면 가자구, 돈벌 데 좋다고 가자구.' 그래서, 그 영감한테 속아서 간 거예요.

"어느 여인숙에 가가지구 보니께, 여자가 일곱이 있는데, 그 여자들은 뭐, 아주 뭐, 명랑허지 뭐. 누가 거 뭐 알기나 알어? 그래서 그런가 보다 하구 있었는데. 그 여자들은 팔려온 여잔지, 그건 몰랐는데.

"그거야 나중에 알았지, 뭐 육백 원을 줬느니, 무슨 뭐 팔백 원을 줬느니, 뭐 천원 미만이더라구, 거진 다. 그때 돈 육백 원, 팔백 원이었다

---

1) 다까사 쇼땡 2) 어머니 제사

면 큰 돈이었다구. 그랬는데 뭐 시골서 무슨 뭐 못 살아서 뭐 팔려왔대는 이도 있구, 뭐. 응, 집안 어머니 아버지가 팔아먹었대는 이두 있구, 자기네가 뭐 정말 연애걸다 타락해서 왔대는 이두 있구, 그렇더라구. 대강 다 그래, 그냥 그렇구 그렇구.

"그러니깐 만으룬 열여덟이니까, 열아홉이었나, 아마 갈 적에는. 저기 중국 갈 때는.

"어느 날, 기찰 타구 이제 떠나는데, 선천인가 어딘가 들리드라구. 잠깐 들렸다가 그 다음에 또 인제 기찰 탔는데 봉천으로 해서 신의주로 해가지구 길림성을 간 거야, 곧장. 그래 길림성으로 가니께, 포장 전부 그냥 쳐 놓구는, 집이 없이 벌판에, 한 짝에 그냥 높은 산이구, 벌판에다 그냥 포장을 쳐 놓고는 그냥, 칸칸이 여자들을 그냥 하나씩 그냥 주구는, 그냥 막 대[야]들 들구는 들락날락, 들락날락거리구, 막 그냥, 꿩장해. 그리두 그때까지도 날 보구는 강요를 못했어요.

"짐작은 했지. 그래두 강요는 못 허구. 내가 뭐 완강히 뭐 부인하구, 아닌 말마따나 정말 뭐 팔려갔으믄 몰르지만두, 돈 버는 게 좋다 그러니께 따라온 거 뿐인데. 누가 뭐, 응, 위안분지, 그것도 몰르구 그래서 그냥 있다가.

"난 멋도 모르고 따라간 거라, 말도 안들으니께, 막 그냥 '기사마야로[3]'하면서 막 욕도 하고, 주먹으로다가 때려도 보고, 얼러도 보고 그래도 내가 말 안들었거든요. 그랬더니 거기서는 며칠 안 갔나봐요. 일선이라 그러더니. 얼만가 있다가 달 수는 잊어버렸는데, 인제 나이 팔십하나니까 생각 안 나지만도, 기차 태워가지고 또 어디로 가더라구

---

3) 일본 욕설

요. 그래서 따라갔는데 태원인가봐요.

"강제로는 일본놈 붙여줄라 그랬는데 내가 받아야 말이지. 그러니께 창고에 갇히지, 왜 갇혀, 매는 왜 맞구. 내가 돈 벌을라구 암만 그랬어두, 돈 받았으믄 뭐, 매는 왜 맞구. [일본놈] 받지 뭐, 뭐하러 매 맞어. 그냥 가둬 놓고 굶기는 거야, 굶겨. 굶기구는 그냥 불러내 가지구는 또, 그냥 받을래 안 받을래 다짐 받구, 또 두드려주고, 또 그냥 그러고 그랬지, 뭐. 그렇게 세월을 보낸 거지, 뭐.

"태원선 마지막 떠날 무렵에서야 내가 할 수 없어서. 매 맞기도 억울하구, 머나먼 삼천리 바깥에, 몇 만리 바깥에 와서 하소연할 사람도 없구. 그러니께 그냥 할 수 없어서 받았던 거지, 뭐.

"태원에 있을 제는 뭐, 억지루 정말 뭐, 할 수 없어서 정말 뭐, 내가 그런 데 간 저걸루다가, 몇 명, 몸은 저기 저, 뺏긴 거니께, 매 맞아가면서두 받았지만두, 몇 명이래는 건, 뭐, 숫잔, 안 머리에 안 뒀어.

"그랬다가 거기서는, 거기서두 뭐, 해는 안 바꼈어. 거기서는 아마 서너달 되는지. 하도 오래 돼서 잊어버렸어, 그것두.

"그러다가, (울음을 터트리며) 그러다가, 또 얼만가 있더니 거기서부터 기차 타고 한참 가더라구요. 가더니 오수이징이라는 동네[에] 가 또 도착을 했어요. 그래서 거기 도착을 했는데, 거기도 가서 역시 집을 하나 얻었는지 방마다 그냥 여자들 전부, 전부 하나씩 주고. 저도 정말 방을 하나 얻어 갖고 할 수 없어서, 거기서는 정말 어차피 몸은 버린 몸이고 그래서 그냥 군인 상대를 하다가, (울며) 다른 여자들은 뭐, 그냥 뭐, 부지런히 그냥 뭐 불나게 드나들고 야단을 해도, 저는 어떻게든지 그냥 몸사리고 안 저거 할라고 애도 무척 썼어요. 그래도 그게 임의대로 안 되니께.

"그래서 거기서 얼만가 또 있더니 오래이강이라는 데를 또 갔어요. 한국말로는 흑룡강인가? 오수이징에서는 신체검사를 하던가? 안했던가? 하도 오래돼서 그것도 잊어버렸는데. 오래이강에서는 확실히 신체검사 한 걸 알아요, 지가. 그러더니 신체검사를 하는데, 이제 야전병원이요. 거길 데리고 가서 신체검사를 하는데, 하가쇼이래는 군의관이 장교예요. 군의관이 검사를 하고는 어떻게 내가 좀 몸이 깨끗한 여잔지, 처녀가 어떻게 된 건지 그걸 알았나봐요. 며칠날 저녁에 찾아왔어요. 찾아와선 날 찾아요. 그래서 나가니께, 그 하가 군인장교가, 군의장교가 찾아왔어요. 그래서 불르드라구요. 그래서 뭐, 몸은 버린 몸이니께 할 수 없어서 그냥 정말 대접을 하고 보냈더니. 그 사람이 정말 군의장교라 너무 많이 지가 덕을 본 거예요. 그때부터 난 그냥 무리로, 정말 애쓰고, 그냥 돈 벌을라고 안 했어요.

"(아주 작은 목소리로) 누가 왔어요? 가만 있어봐. 우리 사우가 잠시 들어왔나?

"신체검사는 오리, 오리 주뎅이같은 걸루다, 이렇게 이렇게 저 병실에 이렇게 침대에 이렇게 드러누믄은 포장 앞에 치구, 저짝에서 의사가 오리주뎅이같은 걸루다 아래 넣어서 이렇게 벌기면은 이렇게 열구 이렇게 닫구 그래. 이렇게 열구는 들여다보구. 환자는, 병 있는 환자는 일주일, 날마다 댕기면서 치료받으라구 그러구선, 그냥 거기다가 오리주뎅이같은 거 벌리구서 저 뭐야, 뭐더라, *구레도*로 *세께*라구 있거던,

구레도로 *세께*, 구레도로 *세껭*. 물 타면 기냥 막 거품 막−다 나. 거길 루다가 막−씻어주구, 매일매일 치료 댕기라 그러구.

"주말이라구 많이 오는 게 아니야. 저 노는 날은 아무케도 좀 많구. 그 사람들두 뭐뭐 일요일이믄 놀잖아, 놀기두 하구. 거진 다 그 일선에, 최고 일선에 나가 있지, 본부에는 몇 명 없었어. 응, 근데 내무반에 몇 명 있구, 뭐, 하사, 중사, 무슨 뭐 장교. 대대장이[니], 분대 본부, 뭐, 연대장이니 그런 사람들은 오수이징 있을 제만 봤지, 연회하느라구. 오래이강에는 연대본부가 아니구 대대본부였거든. 대대본부에 일개 소대가 기대 부대가

저−짝 의무실 끝에 하나 있었구, 우리 이짝 동네 아오께 부대에 바로 위에 있었구 그랬었어. 아오께 부대에는 부대장은 더러 나한테 면회 왔었어두, 우리 영감님[4]드나든 부팀은 내가 맘대루는, 내 맘에 있는 사람만 받았지. 주인네가 요구를 하거나 말거나 뭐뭐, 우리 애아부지가 그래도 있으니께 배짱으로 나두 그냥.

"오래이강에서 (침묵), 몰라. 많이 받은 날은 아마 여닐곱장씩, 여나무 장씩 받을 거야.

"쪼금 받으면 뭐, 어떤 때는 하루 두 명도 있구, 뭐, 세 명도 있구. 또 외출하는 날은 아주 없는 날두 있구. 난 부득이 뭐, 정말 오래이강에서 는 군의관이 알기 땜에 처음에는 할 수 없이 그냥 오는대로 받았지만 두, [내가] 군의관 알고부터는 정말 내 맘대로 받았지, 난.

"오래이강서 그러니까 어디로 갔냐면 오보쟁이라는 데로 갈려갔어 요. 그래서 거기서 나중에 찾아가 가지고는, [하가쇼이가] 오래서 가가지

---

4) 하가쇼이 군의관

고는. 방을 하나 얻어주더라구요. 아, 첨에는 방을 못얻구, 아는 식당. 한편으로는 식당을 하고, 한편으로는 여자들 몸파는 여자들 있고 그래요. 거기다가 주인한테 얘기를 해가지고 저 구석에다 방 하날 얻어주더라구요. 그래서 그 방에 가 있으면서 그 하가 군인상만 드나들다가…

"지가 애가 있었거든요. 지금 애 말고, 하나는 (울먹이며) 일본 갔어요. 둘 다 기를 수가 없어서 양딸을 줬거든요.
　"그래서 큰 애를 가졌는데, 오보이징에 있었을 적에 큰 애를 가져서, 낳게 됐는데…

"하루는 하현이래는 데를 가서 어느 식당에다 또 말을 해놓고 왔나봐요. 그래서 따라나갔더니, 하현 대중 식당인데 두 영감 노친네만 있더군요. 그래서 거기에서 차 대접하면서 세월을 보냈는데. 배가 점점 불러가고 그러니께, 그 영감 노친네가, '우리 집에는 여급을 둘 수 없는 형편이다. 그러니께 우리가 좋은 데를 말해 줄께 글루 가라.' 그래서, 거기서 조끔 떨어진 덴데 얼마 안 떨어졌어요.
　"그래서 몸을 풀게 됐는데, 그때 어디로 일선으로 출장을 갔었거든, 지 언내 아부지[5]가.

---

5) 어린애 아버지, 하가쇼이 군의관

"그래서 낳게 됐는데, 주인 마누라가 그 앞집이가 쪼그만 잡화상이 었어요. 그 집을 가더니 뭐 휴지니 애 낳으면 깔 거를 사왔나봐요.

"그러니 그 집 옥상[6]보고, '우리 집의 아무개가 애 날려고 그러는데 어떻하면 좋냐?'고, 몰르니께, 애를 안 나봐서, 물어봤나 봐여. 그이가 따라왔어요. 근데 허는 말이 '아휴~ 금새 낳는 줄 아느냐구, 며칠 고생 해야 한다.'고 그래요. 배는 틀어서 자꾸 아프구. 그냥 변소를 몇 번이나 드나들었는데도 안 나오는 애는 안 나오고, 두 번째 변소 가서도 안 나 오구. 변소가 무―척 깊었어요. 그래 거기서 혹시 낳아서 빠질까봐 무 서워서 방에 들어와서 우는데, 그냥 무이 툭―터지드라구요. 모래집 물이 터지나봐요. 그래서 그이가 그 얘기 하고 문지방 나갈라고 그러는 데 모래집 물이 터지는지. 어휴, 그이 이름이 현, 현옥이던가 그런데,

"'어휴, 아무개 엄마 나 뭐가 터졌다.'고 그랬더니,

"'어매, 그럼 애기 나올라 그러나봐요.' 그러면서 그래.

"그래서 무슨 이부자리 덮고 있던 거, 내 손으로 그냥 두르르르 말아 서 발치에다 놓구는 거기 가서 엎드렸어. 그랬더니 주인 마누라가 기냥 사온, 기냥 뭐 뭐, 그, 그 누런 이렇게 밀가루 푸대 같은 거, 그거랑 휴 지랑 모두 깔아주구 그랬는데, 아, 여기다 깔았는데, 애기는 저기 (손으 로 가리키며) 가서 뚝 떨어졌지, 뭐야. (웃음)

"그래서 낳아서 데리고 있다가 또 얼만가 있다가 걔가 벌써 저거 할 라 그랬는지 백일 전에 아우를 봤어요. 백일도 아니야, 그러니까 올 정 월에 낳고 그 이듬해 양력 삼월에 낳거든여, 연년생으로.

"그래서 낳는데 그 집이서 인제 운성으로 이사를 하게 됐어요. 운성

<hr />

6) 부인

의 히사고래는 식당을 사가지고 왔나봐요. 근데 히사고 식당하고 그 집 주인하고 좀 아는 사이더라구요. 그래서 히사고 식당에서 또 작은 애를 또, 지금 딸 아이를 낳게 되었었어요. 그 집에서도 또 그냥 정말 애가 없으니께 큰 애를 욕심을 내는 거예요. 그래서 정말 우리 영감님은 일선으로 가 있고, 걔 아부지는. 챙피하게 영감님 소리를. 그래서 일선으로 가 있으니께, 애 둘다 다 낳을 적에는 못 봤어요. 첫 아이도 그래서 그렇게 낳고, 둘째 아일 적에는 집이 부대 멀리 가 있어서 못 봤는데.

"세 살도 안 돼서지 뭐. 애 들었기 때문에 할 수 없이 낳게 되긴 했지. 그래 기냥 그렇다구 자기네 또 사정 애길하구. '데리구 댕길려면 고생헐 테니께, 큰 애는 우리한테 양녀로 줬으면 좋지 않느냐?'구. 그 집이 자식이 없었기 땜에 나두 줬지, 자식이 있었으믄 달래지두 않았겠지만. 영감은 그때 마흔 일곱이구, 여자는 서른 일곱이구 그랬었어. 근데 쯧, 앨 하나두 못 낳아봤더라구.

"자꾸 애는 낳게 됐는데, 자꾸 그냥 주인이 큰 애를 자기네한테다가 양자를 줬으면 좋겠다고 자꾸 그러는 걸, 대답도 못하고 그냥 있다가는 이럭저럭 그냥 정말 몇 해를 지났는데. 하~, 둘다 다 데리고 그 집에 있기도 그렇고 해서 그냥 할 수 없어서, 그냥 승낙을 했어요.

"하가아끼야로 지었었어. 자기 아부지 이름따서 지었었는데, 주인네가 바꿨더라구.

"작은 딸 일본 이름…(잠시 생각)

"아이, 뭘로 지었었더라. 지금… 일본 이름, 그거야, 순자.

"한국 이름은 순할 순자는 많아요. 근데 쟤는 순 자가 적어요, 실사변에 순직할 순 자. 큰 애 이름은 주인이 다시 진거구. 애 이름은 그냥 내가 지었나봐, 아마. 내 생각에 그냥.

"방화[7]로 지었었지, 애들 모르게. 지금 아무도 모르니께, 일본 사람 자식인지도 몰라, 아무도.

"아이, 생각나믄 뭘 허우. (굉장히 작은 목소리로) 재갈 안했대믄 모를까.
"뭐, 재가 해가지구 이제 몇 십 년 살다가 지금 하가 생각나믄 뭘 하구, 또 죽었갔지, 뭐. 아, '무슨 부대 전멸했다, 무슨 부대 전멸했다.' 하는 바람에 울기도 내가 뭐 얼마나 뭐 얼마나 울구. [하가쇼이] 고향[8]에 두 못 찾아간 이유가 그래서 못 찾아갔지, 뭐, 달래 못 찾아갔나, 뭐.

"(굉장히 작은 목소리로) 바깥에 누가 있나부다. 방으로 들어갔나? 문여는 소리가 난 거 것드니, 조용해~

"나보다 여섯 살 위야, 그때, 첨에 만났을 적에. 아마 그랬을 걸.
"오래이강에서 만났으니께, 스무 살 되던 핸가? 스물하나 먹던, 아냐, 오수이징이서 스물이구, 오래이강 가서는 스물하나였나봐. 오래이 강에 스물둘에 갔나, 스물하나에 갔나? 스물하나 먹던 막막, 마지막에 갔는지, 추울 때 갔지, 아마. 추울 때 갔나봐.
"아니야, 뭐, 잘 생기지두 않았구 못 생기지두 않았어. 근데 키가 작

어. 아주 키가 작어서 말두 젤 큰 말루다가 타구 댕겼었어, 일선에 나갈래믄. 근데 전방에 저기 저저, 남양군도 갈 제는 거기는 최고 최후의 일선에는 병원이 젤 먼저 간대요. 여기서 있을 제는, 그 거시기, 이 오래 이강에 있을 제는 제일 뒤에 말 타구 따라갔는데. 거기는 맨 나무 벌판이구, 응, 벌판 길에는 전부 야전병원이 앞선대는데. 그래서 제일 위험허대. 그렇다는 소릴 몇 번 들었다구, 나두.

"뭐, 밤낮 뭐 앉으면 그냥 뭐뭐, 저 술먹구 노는 얘기두 하구, 그저. 난 술 안 먹었었거던. 근데 그냥 키는 쪼끄마니께 그냥 나를 가로 눕히구서는 그냥, 내가 술 취하면 쪼끔 울어. 고향 생각이 나구 그러니께. 그냥 울지 말라구 달래면서 그냥 응, 암 때구 내가, 그때는 주근깨가 많았었어, 집에 가면 주근깨두 빼주구 그런다구 나한테 그러구.

"'요시요시' 하면서 '자장자장', '요시요시' 이렇게 두들기면서 '요시요시' 하면서 달래주구.

"술 못 먹었었는데 하두 밤낮 집에 놀러오면 술 사가지구 와가지구서는, 여기 슈퍼 모냥으로 군대 저거 있었거던, 거기서 인제 사가지구 와가지구서는 술 같이 먹구. 겨란 후라이같은 것두 다 자기가 해서. 일본서 부쳐온 오징어, 옛날엔 오징어가 일본서 부쳐온 거는 구워서 이렇게 찢으믄

참ㅡ연해. 깡통에 다 집어넣구 메칠 몇 날 먹어두 꺼낼 때두 말랑~말랑해, 그렇게 구워서 넣어놔. 그럼 그거 구워서 찢어주면서 먹으라구 주구, 겨란 후라이두 자기가 해서 먹구, 먹으라구 주구. 겨란은 거 팔아. 중국 사람들한테 가서 사다가 먹구.

"그리구 뭐뭐, 돼지 같은 거 잡아두, 중국 사람들이 잡으믄은 선사"루 그냥 갈비, 그냥 한 짝씩 들여보내구 그랬었어. 중국 사람들두 거기

병원에 저거 댕기거덩. 진찰 댕기구 그랬었어. 그렇게 들여오대, 주인네가. [거기서] 셋방 얻어 있었는데.

"아우, 그 방 있을 제두 그냥 방이 이렇게 앞에 들어가는 뜰이 있구, 중국 사람은 다 그래, 뜰이 있구, 그 집이는 또 칸이 커서 뒤에 또 이렇게 허전이 있었어, 허전. 거기 그냥 가땡만¹⁰⁾ 열면 그냥 베룩이 그냥 막 툭탁툭탁툭탁 몸에 기냥 새카맣게 덤벼들었어. 그랬었어. 그러면 그냥 막 (팔을 훑으며) 이렇게 그냥 훑어. 훑으다시피 그냥 막 떨어버리곤 가땡이를 닫아버르믄 그냥 저거하구. 약 갖다줘서 발라 뿌리고 밤낮 그랬었었어.

"외출? 거긴 외출할 데가 없어. 오래이강은 아무 데도 외출할 데가 없어. 그저 일주일에 한 번씩 저 의무실에 가서 검사맡는 거. 그러구는 어쩌다 연회 나오래믄 대대본부 사무실, 그 부대 안에, 거기 불려가서 놀다오는 것 뿐이구. 그리구는 뭐, 우리 애아부지 알고부팀은 그저 연회가며는 대장들이 놀려대고 밤낮 그랬는데. 아, 날보고 또 대장이 또 안마해 달래면 또 안마해주구 그르믄,

" '아주 부럽다.' 그러면서 '*하가쇼이*' 놀려. 이렇게

" '*하가쇼이, 하가쇼이*' 그러믄서.

" '*고래와 와까와 도기와*' '젊었을 제는 나도 그런 일이 있었다.' 이러면서 얘기하면서

" '*가시고이네, 하가노다까*' 이러면서 영리하다구, 날보구. 그러면서 놀리구 그랬다구. 참 연회도 많이 불려댕겼는데.

"연회가면 그래도 뭐, 어짜피 뭐, 내논 간판인데, 뭐, 부끄러워도 할

---

9) 선물 10) 커튼

수 있어? 그래두 뭐, 노래 불르래면 노래불르구, 뭐.

"시나노요루요 나노사끼 단와야 강유래떼 요깡 유래떼 요깡 유래떼. 또 일본 긴소리 한 번. 노자끼리마이리와 야카타우내내마이로 또찌오 모이떼모까나 장까리이기 나이가사냐 조조우가도마루. 이리 가도 저리 가도, 응, 히가사 양산 나비가 와서 앉는다, 그런 노래야. 노자끼마이리는 노자끼, 노자끼, 노자끼마이리와 야카다. 밤중에 배, 배 타고 논 대는 그런 의미야. 아휴, 시나노요루를, 내가 참 십팔번이었는데. 유래떼, 으음 음~~~ 아아아~~~ 야루자나이이이이이~

"다 잊어버렸다. 언젠가 외고, 찾아, 찾아 외어봐야겠다, 그거.

"그리군 뭐, 일본갔을 적에, 휴가갔을 적에 두 번 다 그냥 옷감 떠서 보내구. 뭐, 하여간 실패꺼징 그냥 가지각색 말아서 그냥 골에다 그냥 손톱 안 들어가게 해서 그냥 이만한 골에 두 번 다 해갖구 와서, 내 손으루 정말 일본 여자들한테, 히사고, 먼저 식당 주인이 저짝 육군 병원 앞에 이사 가 살았었거던, 그때 식당[에서 일] 안하구, 그래서 그 집이 가서 바느질 배워서 일본 옷두 내가 해입구. 날 보구 '이렇게 참-눈썰미 좋다.' 소릴 내가 다 듣구 그랬는데.

❧

"그랬다가 둘째 아이 낳고 돌도 못 됐는데, 남양군도로 가게 됐다고 기별이 왔더라구요, 애 아부지가. 그래서 남양군도로 가게 됐다고 기별이 왔는데, 갈 수도 없고. 또 남양군도는 뭐 여자들 절대 못 데리고 댕기나봐요. 그래서 있는데,

"'가가지고 기별할 게, 자리 잡으면 기별할게, 뒤로 오라.'고 그리고

갔거던요.

"'가는 날 시간이 있으면 운성에 들르고 시간이 없으면 못들리고 떠난다.'고 그러고 떠나드라구요. 그래서 애를 업고는, 가볼라고 업었는데, 어린내 보는 중국 여자를 뒤줬었는데, 그 여자가,

"'타이타이타이캉캉캉'. 그래.

"'왜 그러냐?'고, 어린내를 보니까 어린내가 경끼를 해요, 지금 애가. 경끼를 해서 데리고 병원을 쫓아가서 주사를 맞고 고쳐가지고 왔는데, 그래서 인제 그 애아부지 가는 것도 못보고는. 가서 자리잡으면 연락한다고 그랬거든요. 그래서 가는 것도 못 보고는, 어린내 경끼하는 바람에 그냥 집으로 도루 들어왔는데.

"해방이 되기 전에 가는 중간에서 편지가 왔더라구요, 엽서가. 항구라든가 향안인가 어딘가, 기별이 왔어요. 아직 가는 중간이라고.

"엽서가 두 번 왔는데, 뭐 한참 있다가는 그냥 그짝에서 전멸됐다고 막 부대로 연락이 오고, 그 뭐, 일선이니 전멸되기가 쉽지 뭐예요. 그래서 그냥 막 못 피우는 담배도 두 개 펴보고. 그래도 막 기침만 나오고도 친구들이 그냥 막 친구가 그냥 울지말고 담배 펴보라고 펴보라고 그래도. 담배도 펴보고 별짓 다 해도 맘이 안 잡혀.

"이래가지고 그냥 울고 세월을 보내다가…

"그러다가 그럭저럭 십 년이 된 거예요, 거진. 뭐, 예를 들어가지고 스물여덟에 나왔으니 십 년이지, 뭐. 해방이 그렇게 됐으니께.

"해방이 됐으니 뭐 갈 데가 있어? 그래서 있다가는. 인제 못 나가게

했거든요, 해방되구두. 그 이듬해 사월에 나왔어요, 지가. 해방되고 그 이듬해 사월에, 음력 사월에. 양력은 잊어버렸어요. 잘 모르겠어요. 그 것도, 사월도 잊어버릴 건데, 사월이 우리 아버지 생신이었다구요. 그 래 중간에 일년 있다가 사월에 나오게 됐는데.

"그 인제 일 년인가 있다가 '한국 사람 가라.' 그래가지구선 떠난 거예 요. 그래서 떠나서 오는데, 거기가 어디야, 우리 배 탔던 데가 어딘가 모 르겠네. 배를 탔는데 천 명에서 하나 빠지는 배[11]예요. 근데 거기서 사진 을 하나도 못 가져오게 해. 다 뺏는다고. 사진 같은 거 있는 사람 다 태워 버리고 가라고 그러더라구요. 그래서 수용소에서 떠나면서 뭐, 빈 몸뎅 이죠, 뭐. 옷 하나 못가져오고, 뭐 몸뎅이, 그냥 딸하고 저하고 그냥.

"[중국에서 돌아와서] 을만가 있다가 내가 집이서 어려우니께, 어머니 아버지 어렵고 보기 저거허니께, 정말 십 년만에 와 있어야 빈 몸으로 오고 그지처럼 와가꾸 그지처럼 얻어먹기도 그렇구 그런데, 동생네 집 이로 왔어요, 제가. 동생네 집이루 왔더니, 동생의 남편이 소화정공이 란 데를 댕겼는데, 거기서 합숙을 하는 거를 [소개해]줬어요. 그래서 합 숙소에 가서 있었는데.

"아궁지 앞이 깊-었여. 거기서 머릴 감는데 가믄서 일본말로다, '마대기마쓰요.' 그래. 그리서 밤낮 오는 사람이니께, 뭐 밤낮 온다는 소린줄 알고, '도소' 그랬는데. 그랬드니 술이 취해가지구, 머리끝까지

---

11) 아주 큰 배였다는 의미

취해가지구, 내가 문 잠그는 것까지 다 해놓고 있었는데. 첫 잠이 들었나본데, 그 문 잠그고 자는 걸 어떻게 그냥 억지로 그냥 열구 들와서 그냥, 이름 성명도 윫이, 이유 조건도 없이 강탈당하다시피 내가 강탈당한 거야, 지금 영감님헌테.

"글쎄, 지금 나 얻었던 영감님은 민씨거든요.

"그냥 증말 한 번 뺏긴 몸이니께, 응, 이러지도 못허구 저러지도 못허구. 그냥 이유 조건도 윫이 뺏긴 몸으로 있었는데. 그날 저녁에 자고 갔는데 벌써 애가 있었든가봐. 그래가지구 애 낳긴, 이 몸에도, 둘 났어요. 근데 다 죽었지. 그러다가 낳아서 걔가 말마따나 백일 전에 홍역을 했어요. 그래, 홍역을 해서 뭐 어떻게 묻을 수도 없고 그래서 그냥 내가 혼자 부대에서[12] 갖다논 나무로 관을 짜가지구는, 애기를 묻을라구 그러니께. 영―손이 떨리고 가슴이 미어져서 못허것길래, 그냥 그 집이 같이 세들어 사는 남자가 김씨라구, 그이허구 우리 영감님허구 같은 부대댕기는 이가,[13] 둘이 쫓아와서 관을 마저 짜가지구는 걜 데리고는 둑에다 갖다 묻었에요.

"그러다간 을만가 석달도 안돼서, 둘째 애가 있었는지. 집이서 작은아버지하고, 오라버니가 왔드라구요. 와서 '어느 동네 의사가 홀애빈데 선보러 가자.'구 왔드라구요. 그러니 뱃속에 애가 있는데 어떻게 선을 봐요. 또, 그래서 할 수 없어서, 부대 댕길 때니께, 내가 부대가서 장교 보고 얘길 해서 김기랍을 열 개를 얻어서 김기랍을 먹었었에요. 김기랍이라구, 그 전에는 이 감기 들며는 아주 쓰―고 독한 약 있었에요. 그거 먹으면 애 떨어지거든요. 그거 먹구 애 띨라구, 챙피도 하구, 동네

---

12) 미군부대에 다니며 **빨래** 받아서 세탁하는 일을 했음.　13) 당시 민씨는 미군 부대에 다니고 있었음.

부끄럽기두 하구 그러니께, 기양, 배 띠를 해서 챙챙—매고 댕겨서 동네선 누가 애 있는지 몰랐어요. 댕기다가는 애 아버지를 찾아가지고는 유산을 시킨다니께 막 야단을 치는 거예요.

"'그따 소리가 어딨느냐?'고. '조선의 여성으로서 어차피 애 아버지가 옰으면 모를까 내가 엄연히 살아 있는데, 왜 유산을 시키느냐?'구, '그냥 기다려 보라.'구, '내가 옰으면 밤낮 옰이 사느냐?'구 그래요. 그래서 할 수 없어서 있었는데 앞 부대가 철퇴를 하드라구요. 그래서 부대 그만두고서는 놀 적에 낳았는데.

"동짓달 피난가다가 죽었어, 일사후퇴 때. 그랬는데 그때도 젖이 옰어서 얼어죽었에요.

"난 애 업고, 노인네[14]는 다리병이 나서서, 겨우겨우 그냥 걸음마 배우듯이 배워가지구 지팽이 짚고 억지로 [피난 길을] 나가셨는데, 이건 마당에 폭탄 떨어져서 꽝꽝 하는 바람에 할 수 없이 갔는데, 영감님 먼저 가시고. 시흥까지 갔는데 해가 똑 떨어져요. 그래 가다가 중간에 내가 막 개울물 흘러가는데 가가꾸, 우리 아들[15] 시켜서 가지구는 쌀을 씻혀 가지구는 시흥역에서 밥을 해서 먹는데, 영등포 쪽에서 폭탄이 마악 떨어지는데 저 쪽에서 기차가, 객차가 들어오더라구요. 그래 언내[16]를 업고 쫓아가서 보니까 미군 장교가 하나 있더라구. 그래서 미국말 반, 일본말 반 지꺌였더니, '컴온.' 오래, '허이 컴온.' 오래. 그랬드니

---

14) 시어머니 15) 민씨의 첫째 부인이 낳은 자식 16) 어린 아이, 민씨와의 둘째 아이

그 군인이 기저귀 보따리 이큰 걸 짊어지고 들어가니까 이 군인이 이 자식이 뭐냐구 발길로 걷어차서, 기저귀 보따리를 버린거야. 몸만 실어줬지. 그러니 기저귀가 있어야 기저귈 갈아주지. 그래서 결국 평택서 말짱했는데, 뭐, 우윳병에 우유 재서 멕이고, 그냥 군인들 저거 하는 데 가서 데워 멕이고, 다짜고짜 장사꾼들한테 가서 물 좀 얻어서 데워서 데워 멕이고 그랬는데. 팥죽 장사, 뭐 그런 할머니들한테, 더운물 좀 얻어 가지고 젖을 데워 먹이고, 먹이고 그랬는데. 젖병이 터져가지고는 나중에 맥주병을 얻어가지고 거기다 젖꼭지를 느서[17] 멕이고 그랬는데. 말짱하던 애가 평택에 가더니 그냥 얼어죽었어.

"그래서 할 수 없어서 [죽은 아이를] 무르팍에다 이렇게 가로뉘고 있었는데 날이 밝으니까 기차가 떠나더라고. 그래서 '옳다꾸나, 이제 살았구나.' 내가 고향이 조치원이예요, 충청도. 거기 외가가 계시니께. 거기 가서 묻고라도 갈라고, 가아[18]를 이렇게 놓고 있었는데. [내가] 졸았는지 어떻게 됐는지 깜짝 놀라가지구 이렇게 보니까 죽은 언내지만도 떨어졌나봐.[19] 그러니까 밑에서 이게 기찻길에 얽어서 짐 싣고 오는 사람이 막 올려다보고 욕을 해요. 그래서 그냥 깜깜한 밤중에 기어 내려가 가지구 그걸 도로 그냥 둘둘 말아가지고 겨드랑이에 끼고 한 손에 기차를 붙들고 있었는데, 날이 새니까 떠나드라구.

"그래서 날이 새서 떠났는데, 그때서야 낮이라 정신이 났는지,

"'새끼 버리고 가면 죄 받는다!' 노인네가 그래요, 우리 시어머니가.

"그래서 '정신이 없어서 그러시나보다.' 하구 그냥 참고 있다가 전동까지 갔는데. 뭐 겨울이니, 뭐 어디 [땅을] 팔 게 있어? [땅을] 팔 수가 있

17) 넣어서 18) 그 죽은 아이 19) 기차 지붕 위에서 죽은 아이를 안고 오다가 아이가 떨어진 상황

어? 그래서 그냥 죽은 거나마도 거기다, 저만치 떨어져서 가서 그냥 밭에다 놓고 갔어요. 그래서 그런지 자식, 기냥 묵은 밭 지나서 뭐, 버리면 못 낳는대나 어쩐대나. 그래서 그랬는지 또 못낳드라구. 아휴~

"아휴, 피난갈 때도 참 고생도 너무 했구, 피난가다가도 육이오 피난 댕길 때는 영감님이 있었어도 노인네 노망 떠는 바람에 참 고생도 무척 허구, 구멍탄 맨들어 때느라고 참 고생도 많이 허구, 배도 많이 곯고. 어쩌다가 증말 참 이유 조건 읎이 몸 뺏긴 죄루다가 새끼는 들고 해서 할 수 없어서 들어가 살림은 했어두, 어휴, 삼사십 년 살았어두 고생도 많이 했구.

"에, 피난 댕길 적에 그렇게 하다가는 집에 들어와서 인제 또 살림이라구 하는데, 그 밑에, 저 뭐야, 밭에 지금 그 왜 애호박에 첨에 나는 거 시퍼런 거 있잖아. 그게 이만큼씩 한 게, 늙은 게 그냥 막 벌판에 자빠졌었어. 가보면 뭐, 피, 군인들이 죽어서 피가 모두 묻었구. 그걸 한광주리씩 여다가 그냥 몇 끼를 쪄먹으니께, 나중엔 이젠 발이 그냥 푹푹 빠져. 아무 데고 그냥 빠지는 거 겉애. 그런 걸 기냥 며칠을 그냥 그러다가. 또 하루는 또 보리밥에다가 당신네 식구들은 보리밥에다가, 나는 비지를 쪄먹었어. 비지를 쪄서 나하구 딸하구는 비지를. 난 [시]어른 모시구 계실 적에 밥을 정말 많이 못 먹어서, 식성은 좋은데, 밥을 못먹어서. 식구들 다 퍼주구 나면, 그냥 주걱으로 그냥 이렇게 훑어가지구 들어가야 먹지, 먹을 게 없다구. 그래 비질 삶아가지구 들어가서 딸하구 나하구 비질 먹구.

"우리 딸이 참 약했어요. 그래, 그렇게 자주 앓았어. 물만 먹어도 토하고 그랬거든. 근데 그게 왜 그러냐면, 부끄런 소리지만, 우리 영감님이 하두 바람을 펴서, 이웃집 여자하고 바람이 나가지고 또, 그 여자한테 너무 친절히 대했는데, 우리 딸이 그냥 속상하니께 약을 먹었었어, 약을 먹었어, 그러구는 벽장에 가서 유서를 써놓고. 앓다가 드뤄누워서 앓던 애가 없어져서 어디 갔나 하고 찾어보니께, 동네없네, 친구네도. 우리 영감 연애걸었던 여자한테 가서 우리 순자 어디로 가고 없다 그랬더니, 그 여자하고 나하고 둘이 가서 찾는데 벽장에 가서 문을 떼서 이렇게 세워 놓고는 요대기를 깔고 드러눠서 유서를 요대기 밑에다 써놓고는 약을 먹었드라구. 그래서 속을 버렸나봐, 아마.

"어휴, 내가 정말 어쩌다가 이유 조건 없이 몸 뺏긴 죄로다가 그냥 영감이라구 얻어 살았는데 영감이라구, 하두 가는 데마다 애구, 가-한 번 갔다 하면 애야. 내가 알게만 해도 일곱 개야. 일곱 개. 나하고 그 담에 또 얻은 여자들하고 중간에 얻은 여자들하고 해서 일곱 갠데.

"피난가다가 그렇게 당했는데. 거기 가서 살다가, 거기 가서도 역시 또 영감님이 허~ 우리 가기 전에 바람이 났던지, 수영 동생[20]이라고 하나 따라댕겼어요. 동짓달 피난을 갔는데, 가보니께 그 여자를 방을 얻어주려 댕기면서 대구에서 대구고녀 여학생이 있는 집을 얻었나봐요. 대구고녀 졸업생인데, 그 여자를 어떻게 또 굴굴거려가지구 또 새긴거야. 그래가지구 그 여자가 애기까정 있었다구.

"이거 지금 녹음해요? 아, 그런 걸 뭘 녹음해? 챙피허게. 아까 그 중국갔던 거만 하지.

✿

"아휴~ 고생한 얘긴 뭐뭐, 책으로 내면 몇 개를 내도 모자라요. 몇날 며칠 밤을 새가며 얘길해도 모자라는데, 그저 위안부로 갔던 죄로다가 더더군다나.

"그것도 영감님은 알았는데, 어떻게 알았냐 하믄, 그 오보이징 가서 식당 안방을 얻었을 적에 그 집이 드나들다가 만났어, 한국군[21]이야. 근데 그 사람이 영등포 와서 우리 영감님을 알았나봐. [우리 영감님] 부대에 참, [같이] 있었대나봐. 그래 가지고 내 얘길 해서, [중국에서] 그 방 얻어가지고 있었으니 유곽으로 있었는지 알구. 그 남자는 내가 방 얻어가지고 따로 있는지 몰르구, 그 식당에 나갔는지 몰르구, 거기 있었다는 얘길 했나봐. 그래서 [우리 영감님은] 어리밋하게만 알았지. 확실히 위안부로 있었는지 몰랐구, 중국에 가서 이렇게 오래 갔다가 온 거는 알어, 알았었어.

"근데 애들한테는 일절 기냥 비밀로 했기 땜에 통 몰르구. 여길 와서까지두, 증말 그런 죄루다 내가 영감허구 아이들하구 살믄서두 큰 소리 한 번 못하구. 혹시나, 혹시나 애들이 알면 어떡허나, 어떡허나 허구, 근심도 많이 허구. 인제는 배짱이야. 팔십 넘었는데, 뭐 누가 뭐뭐, 응, 안다고 뭐뭐, 정말, 잡아갈 테야, 뭐 죽일 테야. 죽여두 할 수 없는 거

---

21) 일본 군속으로 추정되는 한국인

구. 잡아가두 할 수 없는 거구. 그때는 뭐 '어떻게든지 그저 살아만 있으믄, 응 아무 때 가도 내 고향 다 가지.' 이렇게 생각했던 건데. 어떡허다 어떡허다가 십 년의 세월이 흘렀지.

"그냥 그러구는 며칠 몇 날을 그렇게 살다가는 일사후퇴 때 피난을 가게 되서 가는데, 어저께 다 얘기했잖아, 접 때…

"근데 [피난]가다가들 들어왔드라구, 얼른 오랜다구. 그래서 난 만삭이라 안갈라구, 이까짓 거 죽으믄 죽구, 살믄 살지. 시어머니가 하두-, 시집[살이]하는 거 무서워서 그냥 죽을라고, 나는 비행기 오믄 그냥 따라만 댕겼어, 그냥.

"그래서 내가, '에이, 엔장, 저누무 비행기 폭탄 눈깔 멀었나부다.'

그 소리꺼정 했다구. 그러면서 기냥 요 오믄 이쪽 판장에 가서 매달려서 내다보구, 저짝에 오믄 저짝 판장에 가서 매달려 보구. 그러니께 [애를 들여보내서] 그냥 얼른 나오랜다구, 엄마 빨리 나오셔야지, 아, 한 집에서 죽어도 죽고, 살아도 살아야지, 왜 안나오느냐구, 얼른 오시랜다구.

"육이오 중에 내가 따로 댕기다가 죽은 송장도 많이 보고, 뚝 넘어루 장사댕기면서두, 그냥 송장두 무척 보구. 그랬다가 육이오 피난 갔다와서 내가 장사했거던. 장교가 붙여주는 담요를 가지구는 뚝 넘어댕기면서 농촌에 가서 시래기 바꿔다 먹구 그럴라구 댕겼어. 그랬는데 영감님이 하루는 따라나왔어. 따라나와서 저 뚝 밑에 논에, 논 가운데 가 앉았구. 나는 동네 들어가 팔다가 어느 집에 들어갔더니 아주 그냥 밥을 기냥 더운 밥을, 시골서야 낮에 더운 밥 해 먹잖어. 더운 밥을 한 상 하구 오이깍두기, 이만큼씩하게 썰어놓은 깍두기로 해서 한 상 채려다 주구, 먹으라구. 응, 이렇게 고생하고 댕기면서 얼마나 저거하다 그러면서, 채려다줘. 내가 먹다가, 논 가운데 영감님을 앉혀뒀으니께 가슴에 걸려서 못 먹구는 싸가지구 나올래니께.

"'아이, 왜 싸가지구 가냐?' 그래.

"'아이, 우리 주인이 저기 있는데, 목이 걸려서 안넘어간다.'구.

"'아유, 걱정말구 다 먹으라구, 다 먹으라.'구. '또 싸주면 되지 않느냐?'구 그래, 준 밥을 다 먹구, 오이깍두기 한 사발하구 밥 한 그릇하구, 또 싸줘서 갖다가 줬드니 영감님도 뭐, 곯든 배라 얼마나 잘 먹어.

"그래서 몇 해를 그럭저럭 지내다가 (침묵) 얘기가 뒤죽박죽 되네.

(웃으며) 하도 오래된 얘기라.

"아니야~ 아침에 에미가 바쁜지 밥을 못 해 놓고 나갔더라구. 그래서 엊지녁에, 어지께 밥 해놨던 거, 그거. 이가 이러니께 병원에서는 뭐 고기도 먹어야 허고, 뭐, 뭐도 먹어야 하고, 뭣도 못 먹고 뭣도 못 먹고 이러라고 다 주는데. 설명도 일주일에 한 번씩 하고 그러는데. 못 먹어, 이 – 이가, 이가 끼고 하면 아프구, 빼고 먹으면 씹질 못하니께.

"그것도 막 피갈아 넣는 거, 나도 알았으면 안 했어.

"나 지금 팔십이나 살았으면 죽으면 고만이지.

"왜 이걸 시켜놓고 고생을 허는지 몰라. 아주 괴로워, 증말."

우리가 보고 듣고 이해한 한옥선

나진녀*

우리가 그녀를 만난 곳(2000년 당시)은 그녀의 딸 집이었다. 그 집은 그녀가 정부로부터 받은 보조금을 몽땅 털어 빚더미에서 건져준 곳이다. 딸과 사위가 지은 이 이층집의 아랫층은 월세를 놓고 있는 '월매보신탕'이라는 가게이고, 윗층은 그녀가 투병 중인, 딸의 살림집이다. 그 이층집 현관문 앞에서 그녀는 얼굴이 땅에 가 닿을 정도로 굽은 허리를 곧추 세우려 안간힘을 다하는 모습으로 얼굴을 바짝 들어 우리를 바라보고 있었다. 왜소한 체격을 가진 그녀의 그 힘겹게 위로 바라보고 있는 눈가에는 약속 시간의 늦음에 대한 걱정과 전화로 목소리만 들어본 생판 모르는 사람과의 첫 대면에 대한 약간의 긴장감마저 어려서 거실에는 찰나의 정적이 드리워졌었다.

마치 그 정적을 깨려는 듯 그녀는 찻상을 보고 커피물을 끓이느라 분주해했다. 우리도 그러한 그녀의 몸짓에 어우러지려고 그녀의 공간으로 다가갔다. 씻어야 할 그릇들이 하나 가득 담겨져 있는 싱크대와 작은 냉장고, 그리고 가스레인지가 전부인 거실과 닿아 있는 부엌으로.

사실, 우리가 도착하는 시간이 늦어졌던 만큼, 그녀는 기다리는 시간 동안 준비해 두어서 실제로는 커피물만 다시 데우면 되는 정도였다. 그녀는 자신의 몸을 가누는 것조차도 힘든 몸으로 우리를 맞이하는 준비를

---

* 증언을 듣고 녹취를 푸는 과정은 이선형과 함께했다.

했다는 것을 은근하게 드러냈다. 우리가 가져간 몇 가지 과일이 그녀가 준비한 과일 옆에 나란히 담겨져 작은 찻상을 빼꼭이 메웠다. 그 작은 찻상을 그녀가 투병하고 있는 방으로 옮기는 것은 물론 우리에게 떨어진 몫이었다.

그녀는 자신이 기거하고 있는 방문을 힘겹게 열며, 우리를 자신의 실제 투병 공간으로 이끌었다. 어두운 방안으로부터 순간 확—느껴져오는 그녀의 내음과 병고의 내음들….

크다고 할 수 없는 그녀의 공간은 자신이 아파서 딸의 집으로 옮겨와서 통원치료를 받게 되자 딸과 사위가 내준, 사실은, 그 집에서 가장 큰 안방이었다. 처음에는 손주와 함께 쓰다가 지금은 자신의 차지가 된 방. 그 방이 크다고 느껴지지 않은 것은, 그곳이 온갖 잡동사니의 집합 장소이기 때문이었다. 방 한 켠에 수북히, 하지만 가지런히 쌓여 있는 옷가지들과 이불들. 이내 눈을 들어 옷장의 유무를 확인해 보건대 벽 한 면을 가득 메우는 커다란 옷장과 이불장이 위풍당당하게 서 있었다. 또 그 옆 공간에 수북히 쌓여 있는 커튼과 장식장 받침대들. 다시 눈을 들어 창가를 올려다보았지만, 어김없이 깔끔하고도 예쁘장하게 걸려 있는 커튼. 그 커튼의 아래 단을 가리우는 수납장 위에도 온갖 짐들이 가득 메워져 있었고, 그 사이를 비집고 할머니의 또 다른 친구인 낡고 오래된 작은 텔레비전 한 대가 놓여져 있었다. 그리고 옷장과 맞은 편에 있는 화장대. 딸이 이 방을 사용할 때는 제법 가지런히 놓여 있었을 법한 화장품들은 간데없고 각종 약들, 그녀의 안경, 전화 정도가 그 공간을 점유하고 있었다.

여기서 그녀의 실제 생활 공간은, 늘 깔려 있다는 것을 미루어 짐작할 수 있는 전기요와 층을 이루고 있는 몇 겹의 이부자리였다. 일주일에 네 번, 병원에 나갈 때를 제외하고는 늘 누워계신다는 그 자리. 그리고 그 정리정돈된 다른 물건들 사이를 휘젓고 돌아다니는 그녀의 약봉지들. 그 꽉 들어찬 공간 안에서 그녀는 이부자리를 한 겹 걷어젖혀 자신의 자리에 힘겹게 앉는다. 그리고는 눈을 들어 웃어보이며 앉으라고 우리를 끌어앉힌다.

드디어 그녀의 이부자리 공간 앞에 과일과 커피로 수북한 찻상, 그 옆에 놓여진 자그마한 소형 녹음기, 그리고 우리가 비집고 들어가 그녀와 마주하고 앉았다. 추적추적 내리는 빗소리와 함께….

김영자

1923년 겨울	전라북도 전주에서 출생
	2녀 3남 중 첫째 딸
1938년(16세)	영등포 광목공장에 취업,
	두 달 후 고향 전주로 내려옴
1938년(16세)	위안부로 연행, 만주 동령
연도 미상	위안부 시절 아이 출산, 이후 사망
1946년 봄(24세)	고향 전주로 돌아옴
1947년경(25세)	서울로 올라옴
1950년(28세)	미아리, 동두천 등지에서 장사
연도 미상	어머니 사망
1960년경(38세)	충청북도 영동에서 살림을 차림
	농사짓고 삼
1984년(62세)	동거하던 할아버지 사망
2000년(78세)	영동에서 손자와 생활
2005년(83세)	4월 20일 별세

"아가씨들을 보면, 그렇게 예식장에서 하는 것 보면 괜히 눈물이 나와. 그게 원해서. 그렇거 본께 부러워서 그거를 못하고. 그래서 여기서 [결혼식] 해준다고 하더니 안 해주고, 이 집에 와서 고상도 많이 하고, 산에 댕김서 나무해서 할머니 할아버지[1] 불 때주고, 그래서 내가 곯았어.

"지금도 처녀 몸으로 이러고 있는 거지. 그래서 갖은 병은 다 나고.

"(눈물을 글썽이며) 나 처녀 몸이여. 늙은 처녀 시집 못 간 그게 원통 혀서, 그게 후회해서 그렇지.

&

"그때는 서른 여덟인가 아홉인가. 그래 머리 얹어준다 그래서. 누가 소개 해줘서. 남자 소개 해줘서. 의정부서 이렇게 혼자 있지 말고 시집을 가라 그래서, 머리 좀 올리고 싶어서 여기(영동) 온 거지. 근데 머리도 안 얹어 주고.

"본처가 자숙이 여섯 있었잖아. 인자 그거 기르고, 여 온 지가 이십팔구 년 됐어.[2] 그래서 인자 남자도 죽고, 다 죽고, 나 혼자 있고.

"여기 속아서 와 가지고 한 토락[3]으로 실어 가지고[4] 여기로 왔지. 아유 이제 얘기 할 것도 없어. 여그 전기도 없었어. 초롱불 키고 살았어. 완전히 촌이구. 그래 지금 후회하고, 인자 나이가 먹응께 후회하고 인자.

"모두들 그런다, '아이고 저이가 와서 농사짓고 사나?'

"그때는, 올 때는 인물도 이쁘고 그래서. '아이고 저 이쁜 사람이 와

---

1) 동거하던 할아버지의 부모 2) 증언 정황으로 봐서는 영동에서 산 지 삼십팔구 년쯤 된 것으로 추정됨.
3) 트럭 4) 가구 및 가재도구를 한 트럭 싣고 왔다는 의미

서 살겠냐?'고. '내 팔자려니.' 하고 속으로 끓여가며 살았지.

"어떠케서 머스마를[5] 저 아버지[6] 있을 적에, 저 엄마가 두 살 먹고 떼 놓고 가버렸어. 저 할아버지도 있고 다 있었는데 그때는. 긍께 어떡해, 누가 길러? 그래서 할아버지도 죽고, 저 아버지도 죽고, 저 엄마는 어디가 있는지 소식도 없고. 큰아버지도 있고 다 지, 여 윗집에 살아, 그리 가라도 안 가네.

"부모가 없는 거 불쌍하다고 오냐오냐 길러논께, 내가 이렇게 혼자 있으믄 핵교 갔다오믄 지 큰집이 여기 있어, 농사도 많이 짓고. 가서 거들어 주믄 얼마나 좋아 좀. 나는 인자 다리가 아파서 못 거들어 줘. 이집 와서 고상도 많-이 허고, 눈물도 많이 흘려서 시상이 구찮애.

"그러는데 이 아 보고 '나는 죽으믄 고만, 너는 큰집 밖에 없어. 거기 가서 일도 해줘라.' 죽어라고 안 허네. 뭐라근지 알아?

"'할머니 생일날도 뭐 해준 거 있어? 머드러[7] 가 내가, 안 가, 할머니만 오래 살어, 내가 벌어서 생일 떡도 해주고 다 해주께.'

"두 살부터 길렀응께. 지금 열여섯 살이야 지금.

"전주에 있어 가지고 그때 열여섯 살 먹어서 공장을 뽑아 갔었지. 어디로 갔냐면 영등포 광목공장으로 갔지. 공장에 갔다가 내가 나쁜디 들[어]가가지고 목구멍서 피가 나오고, 병들어 가지고 병원에, 공장 안에 병원이 있어, 진찰하구.

---

5) 현재 같이 살고 있는 손자 6) 전처의 둘째 아들 7) 뭣하러

"그 담을 요러케 넘어가지고 자빠진 사람도 있고, 다리 분지른 사람도 있고 밸 사람 다 있어, 공장에서 도망 갈라고. 그걸 바깥으로 또 못 나가게 해, 순갱들이. 하나씩 문 앞에 다 있어. 그 순갱도 일본 사람이다 섯네. 그런 고상도 해보고 밸 고상 다 해봤어.

"한번은 모집을 하는 사람이 있어, 한국 사람.⁸⁾ 그 아가씨 붙잡고 나집에 내려가야 한다고 막 울고 그랬었어.

"[그렇게 해서] 집에 [내려]가 있어가지고, 아부지가, 그때는 뭐 나이가 어리고 내가 정말 자랑하는 게 아니라 인물도 이쁘고, 그래가지고 우리 아부지 보고 그날 순갱이 막 때렸어, 내놓으라고. 숨었지 난, 안 갈라고. 내놓으라고 [아버지] 코에다가 주전자 물 넣고, 막 내놓으라고.

"처녀들 집집마다 댕기면서 일본 군인들, 순갱들이 조사해가지고 그렇게 간 거지. 돈 보내준다고 데리고 가가지고. 돈은 무슨 돈.

"그래가지고 고향에서 인자 아부지 나는 간다고. 그래, 가고 나서 매칠 안 항께 아버지가 죽었다고 그러잖아, 병원에 입원하고 두드러 맞고 그래서. 아부지 죽은 것도 못 가보고. 거그 갔응께 못 갔지. 붙잡아 갔응께.

"그게 나쁜이 아녀, 옛날에는. 그때는 나이가 어렸어도 무조건 시집들을 보내고 우리는 그런 거를 몰르고, 무조건 붙잡아 가는 것만 거시기 하고, 그래가지고 그렇게 고상을 많이 했지.

"전주서도 많이 갔고, 목포 뭐 저런데도 많이 갔고, 그 전라도 사람들 옛날 굶었던 사람도 많잖아. 남의 집 살고, 몸만 헤어지고.⁹⁾

"그때는 몰랐지. 돈 벌어 줄께 가라고. 그래 뭣도 모르고, 암 것도 모

8) 자신을 광목공장으로 데리고 갔던 사람 9) 흩어지고

김영자 125

릉께 따라 댕기고 그렇게 했지.

&

"만주 동령이라고 있어. 로사[10] 있는데 거기여 바로. 여기 로사땅, 쪼끔만 가먼 로사땅이고, 이 짝은 중국 만주고.

"가정집을 해 가지고 핸 거야.[11] 집을 얻어 가지고 방마다 하나씩 다 집어 넣었지. 손님 받는데, 유곽 식으로.

"몰랐지, 그거는 몰랐는데, 인제 데리고 가서 군인들 상대하라고, 안 한다고 그때는 뚜드려 맞았지 뭐, 말 안 듣는다고.

"일본 여자들 있고, 중국 여자는 없고. 일본 여자들 그렇게 많지도 않았어. 한 열 명도 있었고, 다섯 명 있었을 때도 있었고.

"일본 여자들은 술 팔고 저 일본 군인들한테 술도 팔고, 또 거시기 하는 사람도 있고, 뻴 여자 다 있었지.

"근데 이쁜 아가씨만 보믄 뽑히고 나가고, 그 사람들이 몇 사람 받는 가, 몇 사람 받는가 다 적고 그래. 아가씨 이쁜 사람 있으면 그 사람한 테 가고, 좀 덜 이쁘면 몇 개 못 받고 그래.

"표 같은 거 내는 것 보단 그 일본 여자가 그거 몇 사람 몇 사람 적기만 했지. 나는 돈이라고는 뭐 귀경도 못 했고. 밥 주면 밥 먹고….

"일 하는 데 따로 있어. 군대 가서 바느질 허고, 장갑도 꼬매고 다 했지. 지금 일허는 사람 있잖아, 목장갑. (손가락으로 바느질하는 흉내를 내며) 이렇게 꼬매라 갈쳐 주지. 이렇게 실 이짝으로 이렇게 하고 옆으로 요

---

10) 러시아 11) 만든 거야

렇게 하고, 그렇게 꼬매라고 해. 헐지 모릉께 갈쳐 주먼 들어야지 어떡해. 같이들 한패는 그런 거 꼬매고, 한패는 손님 받으라 그러고 이렇게 했지.

 ✿

"병원에 가서 일본 의사한테 주사도 맞고, 일주일에 한 번씩 병원에 치료받으러 댕겨. 뭐 밸 주사도 다 맞았지, 병 거시기 할까 봐서. 바이도쿠.¹²⁾ 임질 이런 거. 그래서 병원에서 진찰하고 다 깨끗하게 해서 나오고.

"검진은 일주일에 한 번씩, 언제든지 일주일에 한 번씩이야. 그래 가지고 인자 오징어 똥글똥글한 거 있잖아, 오징어 발 말야 발, 그거 바이도쿠 병 그거여. 오징어에서 그런 똥글똥글헌 그런 병이 있다구, 남자한테 옮으면. 그걸 한번 내가 옮았던가. 뭐 행팬 없었지. 걸음도 못 걷고. 여그다 향을 피워보고 밸 약 다해보고…

"지금도 가끔가다 아래가 아파. 어떤 때는 내가 병원에 가서 주사 맞고 그래. 뭐 챙피해서 내가 아가씨헌테 그런 얘기를, 내가 말을 못 혀 정말.

"그래도 나는 그냥 이렇게 높은 사람들만 상대해 가지고, 그 사람하고 내가, 정말 높은 사람하고 지내서. 그때는 뭐 나이가 어리고 참 거시기 했었지. (오른쪽 팔에 문신을 보여주며) 이름도 있지, 여기 다 있어.

"일본글 미따까(ミタカ)라고.

---

12) 매독

"누구 못 받게 할려고, 그래서 그 사람이 거시기 해 가지고서. 일본시대 해방 돼가지고, 만나 가지고 일본으로 결혼해서 가자고 했잖아. 그래가지고 어떻게 내가 산으로 피난, 산속에 이러고 들어가 있고, 비행기는 막 떨어지고, 그렇게 어떻게 해서 그 사람도 죽고. 나만 살고 나왔지 뭐(한숨).

"그리고 같이 마음은 일본까지 갈라고 했었어. 그래선 결혼까지 다 허기로…. 그렇게 뭐 나는 산으로 가 숨으라 하고 자기는 총 가지고 댕기는 거고. 내려올 때 [미따까는] 죽었지.

🌼

"어린애 하나 있었지. 조금 커 가지고 남을 주었지, 내가 못 기릉께.

"줘 가지고 죽었다고 기별이 왔대.

"생각나도 할 수 없지 뭐. 지금 만주에서 거기 있으니까 거기다 묻어 놓고 나왔으니까. 아이고 속상할 것도 없어. 내가 뭐 재수가 없으니까 일본 사람한테 당해 가지고 이렇게 고상했다. 다 잊어 부렀어, 머리 속에다 안 넣고 댕깅께. 벌써 몇 년이야, 아이구. 그런 생각 없어 인자, 다 잊어 불고.

"(배 수술자국을 보여주며) 내 여그 수술도 했잖아, 일본 시대에. 일본 사람이 구찌 선생이라고 있어요, 일본 의사, 그 이가 수술 해 줬어.

"수술로 낳고 그 다음부터는 인자 애 못 낳게 하지.[13]

---

13) 제왕절개로 아이를 낳은 것으로 추정됨. 이 수술을 한 후 불임이 된 듯함.

"피란을 가라고 하는 거야. 그래 산속에 가서, 여럿이, 나 혼자는 무서워서 못 있응께, 여럿이 가서 산속에 있었지.[14] 난 몸만 살아가지고 어떠케 그 산속에서 모기 뜯어 먹고, 배도 많이 곯고, 참말 울기도 많이 울었어. 인제는 고향도 다 가고 부모도 못 만나 보고 그러나 보다고. 중국 사람들이 너희들이 일본놈들 하고 한팬[15] 해먹었다고 그래 가지고 많이들 죽였지.

"동령이라고 있어. 로사땅이 있는데, 아주 끝에여 로사땅이. 거기서 나오면서 산속에서 숨어가면서, 그 동네가 아주 시골이었거든. 거기서 나오면서 목단으로 나온 거야. 목단으로 나와서 걸어서 청진으로 나와가지고, 거기서 인자 어떻게 목숨을 살려고 청진으로 나와 가지고 무령이라고 있어. 거기서 기차가 이남으로 못 가게 해. 걸어서 나와 가지고 다리가 이렇게 붓고, 배는 고프지, 그래가지고 강물이 있어, 만주 이남 쪽 거시기. 거기서 물을 건너서 [오려고 하는데] 총각이 어디 가시냐고 해.

"고향으로 가고 싶다고.

"로사 사람들이 총을 막 쏘고 못 나가게 해. 그래 가지고 그 사람이 건널 때 (목을 가리키며) 물이 이렇게 닿아서, 내 손을 잡으라는 거여, 수영도 자알 쳐. 그러다 어떻게 수영 쳐 가지고 이남으로 이렇게 산 쪽으로 이렇게 넘어 가지고 [온 거야].

"배는 고프지, 물이나 먹고 그래서 이남을 넘어 온 거야. 그 사람(총각)이 돈 내 놓으라고 웃네. 건네줌서, 산속으로, 깊이 강이 있어 가지

---

14) 일본의 패전 이후 무질서한 상황을 묘사하는 것 같음. 15) 한편

고 그래 거기로 넘어오는 데, 남자가 이제 돈을 달라고 그러네, 젊은 사람이.

"그래, '아저씨 장개 갔어요?'

"그러니까 장개 갔대. 그래 남의 집, 빈 집에 가서 옷을 몇 벌을 줏어 왔어, 새 거. 치마 저고리 옛날 저고리.

"아저씨, 나 이만저만해서 이렇게 만주서 정말 일본놈들에게 붙잡혀서 이렇게 돼서 나오는데, 아저씨 장개 갔어요? 이거 치마 저고리 새 거 안 입었응께 이거 마누라 주라고. 그런데 그것을 주니까 좋단[16] 말이야. 돈은 없고 어떡해, 돈 없으면 못 건너 왔어.

"그래 그걸 줘서 건너 옹께, 이짝 우리 땅에 이렇게 나왔는데, 맨 밥 장사 떡 장사해서 막 그것을 사먹으려고 하는데 돈이 있어? 없었지. 참 갖은 고생도 다 해본거야. 건너 옹께 거기 밥도 많이 팔고 벨 거 다 팔대. 배는 고프지, 돈은 없지, 죽겄어. 근데 어떤 남자 하나가,

"'아줌마 어디 가세요?'

"'우리 고향 전주데 거기 갈라고 해요.' 어머니나 한번 보고 죽었으면 좋겠다고. '아저씨 나 좀 밥 좀 사 주겄어요?' 하니까,

"아이고 그러라고 그 아저씨가 밥을 사줬어. 그거 먹고 거기서 기차 타고 청량리에서 내려가지고 서울로 걸어가지고 오는 거야. 신발도 없고 맨발 벗고. 갖은 고상도 다 했어.

"(눈물을 글썽이며) 그래 가지고 인자 [어떤] 아저씨가 어디서 나왔냐고.

"'아이고 아가씨 신발도 없네.' '신도 없어요.' 맨발 벗고 옹께 이렇게 부어오고 발은 아프지, 걸음 걷는 게. 청량리 쪽에서 기차 거기서 내린

---

16) 좋아하더란

거야, 밤에.

"그래 가지고 거기서 내려 가지고, 어디 가냐고 그래서 이만저만해서 고향으로 간다고. 어떡해[17] 할아버지가 불러 나를. 아가씨 이리 오라고. '네?' 무수워서 사람 오는 것도 싫고 그래서 왜 그러냐고 하니까, 어디 가냐고 해. 고향으로 간다고, 서울 역전 앞에서 거기 차 타고, 기차 타고 간다고.

"그 할아버지가 고향 간당께 신 한 켤레 주대. 그거 신고 내려가라고. 그때는 옷이 뭐 있어? 떨어진 거 입고. 그러니께 옷을 한 벌 주고 치마 한 벌 주고.

"그리고 '배고프지?' 그래. 그래서,

"'배고파도 뭐 헐 수 없지요, 고향 가서 먹지요.'

"내가 그랬더니, 그러지 말고 우리 집에 오라고. 그래, 데꼬 가서 밥을 한 상 차려 주대. 어–떠케 눈물 흘리는데, 배는 고픈데 눈물이 나서 뱁이 넘어가야지. 그래가지고 인자 고향 간다니까, 여기서 걸어가면 실컷 간다고. 종로 5가에서 고무신 한 켤레 준 거 신고 역전 앞으로 옹께, 피난 사람들 교회를 오라고 그러대. 그렇께 거기 가서 주먹밥을 하나 받아 가지고 '아이고 하나 더 주세요.' 그래도 하나밖에 안 줘.

"인자 돈 좀 거시기 항께 은혜를 갚으려고 [하는데], 어디가 있는지를 몰라. 종로 5가에 거기 거시기 했는데, 인자 못 찾겠어.

---

17) 어떤

"그래 기차 타고 전주로 가서 어머니 있던 데를 찾아갔지. 어디로 이 사를 가면 못 찾지, 어디가 있능가. 그런데 마침 고향 거기에 계셔서. 처음 나올 적에 있던 집에 그대로 계셨어. 전주 수돗골이라고 있어.

"가니까 어머니 혼자 계시고, 동생은 육이오 사변 붙잡혀 가가지고 군대 거시기로 나가고 없고, 하나는 김포 비행 공군 거기가[고 없고]. 기 집애가 하나 동생이 하나 있는데 시집가서 살고. 어머니가 거기 가보자 고 그래. 시집가서 아들 낳고 살아.

"[가니까] '아이고 언니 왔냐!'고 반갑게 그래.

"'그래 나 목숨 살아서 왔다. 어떠케서 하나님이 도와줘서 내가 살아 서 왔다.'

"그래 가지고 이제 동생이 밥을 거시기 하고. 그래서 [여동생이] 아들 둘 낳고 어떠케서 병이 나가지고 죽었지. 형제간에는 나하고 남동생하 고 둘밖에 안 남았지.

"어머니 또 장사해서, 시장에서 생선장사하고 그래서 어머니랑 같이 있으려니까 속이 상해서 못 있었어. 그래 서울 가서…

"피난은 안 갔지. 미아리에서 있다가 동네 시골 동네에 처 박혀 있다 가 이북 놈들이 나오라고 하니까, 철도 다니는 데 소지[18] 하라고. 육이 오 사변 나서 죽다 또 살아 나가지고 이렇게 또 살았어. 그래가지고 저 서울서 미아리 쪽으로 가가지고 이렇게 살다가, 혼자 그렇게 살다가 인자 쌀장사도 해보고, 옷을 동대문 시장에 가서 싼 거를 사 가지고 그 걸 쌀하고 콩하고 바꿔서 먹고, 그런 고상도 해보고, 뭐 뭐 말할 것도 없지 뭐.

---

18) 청소

"서울 가서 어느 빠에 가서 심바람[19]이라도 하고 식모살이라도 한다고 빠에 가서 일을 하고, 인자 돈도 벌고 옷도 인자 새 거 갈아입고. 그래가지고 바람 핀 거야 인제. 춤추러 댕기고, 사교춤도 추고 밸거 다 했지 뭐. 조선 춤도 추고 저 장구도 추고, 밸거 다 했지. 그래 가지고 친구가 의정부 가자고, 돈 벌러 가자고. 미국[20]에서 인자 여자들, 춤추는 여자들 뽑아가서 돈 받고, 츄럭 타 가지고 돈 벌러 가는 거야, 인자. 그래 가지고 밤에 서울로 방 얻어 가지고 거기에 있었응께 데려다 주고. 그래 가지고 인자 물건을 막 그 부대 안에서 많이 사 가지고 춤도 추고 돈도 벌고 그랬었지. 밸 장난을 다 해봤어. 그래서 돈은 좀 벌었지. 혼자 있고, 친정에도 안 보내고, 옷 해 입고.

"의정부에 방 얻어 가지고 어머니가 가끔 왔다갔다 하고. 그런데 노인네가 인제 돌아가시고. [임종 때는] 못 가봤지. 돌아가셨다고 오라 그래서 그냥 갔지.

"그래 다 죽고 남자 동생 하나밖에 없지. 그래서 동생이 여기 몇 번 와 가지고 돈이 있는 줄 알고 돈 좀 달라고 해.

"'이눔아 내가 돈이 어디 있냐? 니가 나를 이렇게 고상시키면 하다 못해 전화라도 어떻게 지내냐고[해야지]. 내가 설움도 많이 받고, 눈물

19) 심부름 20) 미군부대

도 흘리고, 자식도 없고, 내가 이렇게 고상하는데, 돈을 달라고 해?'

"그러고부터 딱 끊어 버렸어. (몹시 격양된 목소리로) 그래 가지고 술에 취해 가지고 씹팔년, 개 같은 년이라고 욕하고.

"'응 좋다. 누님 하나 있는 것을 그렇게 욕을 하고 기분이 좋냐.' 그러면 동네 사람들이 다 그렇잖아. 아이고 누님이 하나 저렇게 불쌍한데, 저렇게 욕을 하냐고, 동생이 다 뭐냐고.

"전주에 나보다 집도 지어 가지고 잘 살아. '너 돈도 백만원 가져간서 가져와. 나도 써야겠다.' 그러니까 없다 그래. '그래 좋다. 먹고 잘 살아라.' 삼 백[만]원을 가져갔지. 달란 말도 안하고, 안 지내고, 차라리 잊어버리는 게 낫다, 나 혼자 있는 게 낫다.

"내가 정말 애가 기집애 같으면, 정말 시집도 보내고 내가 죽으면 이 집도 지가 찾고 이렇게 해야겠는데, 머슴아 새끼가 돼서 아주 정나미 뚝뚝 떨어지고.

"고향은 오래 돼도 가기가 싫어 인자. 누가 있어? 동생 하나가 또 그러케 항께 기분이…

"배급 타 먹고, 서울서 돈 좀 보내주는 거,[21] 내가 그거 조금 받아 가지고 먹고. 이 땅세 일 년에 나락 한 가마니를 내고, 터를 얻어 가지고 지은 거야, 이 집이. 그래서 이제 [마당에 고추 넘어지지 않게] 막대기 저녁 때 좀 꼽고, 그렇게라도 먹고 살라고 그러는데. 애(손자) 차비 보태줄

21) 정부에서 보조금이 나오고, 할머니는 생활보호대상자인 것 같음.

라고. 난 상관 없는데. 그래서 차비라도 보태주고 신발이라도 사고 옷도 사고, 공부는 그냥 갈키니까 나라에서. 용돈, 머리도 깎아야 되고, 용돈 때문에.

"'할머니 나 머리 깎게 [돈 좀 주세요].'

"'이눔아 내가 돈이 어디 있냐? 니가 나를 거시기 해다오.'

"(앞 마당 텃밭에 심어놓은 채소를 가리키며) 좀 심고, 일 좀 공휴일 날 하고, 막대기도 좀 꼽고 하자 해도, 뭐 친구들과 놀러가고 싶고, 어떻게 하고 싶고. 오늘도 그래, 핵교 일찍 갔다와서 우리집 마당 풀도 뽑고 다 허자 긍께, 어디 와? 친구들 만나면 가서 놀기만 허고.

"지금은 그런 시대라고 모두들 그래. 어른들도. 지금 한참 말썽잉께 속 끓이지 말고 거시기 하라고 자꾸 그러네. 그래서 내가 별로 거시기[22] 안 허는 거여 지금.

"내가 다리가 아프구 그런데 청주 케이비씨 와가지고 사진도 찍고,[23] 저짝 집에 있을 때 찍고, 또 할머니들 보호원에 한 분 계시대. 할머니 하나는 거 절에 댕기고. 그것도 다 나와 지금. 다 해났어.[24]

"[동네 사람들이] 자연히 알게 되지. 이렇게 거시기 한걸. 저 일본 시대에 붙잡아 간거 이런 거 다 알고 있지. 면에서 다 조사하고 다 써가지고 거시기 하니까 자연히 알게 되지. 그거 가고 싶어서 간 것도 아니고 강

---

22) 야단 23) 청주 KBS에서 촬영한, 충청북도 지역에 계시는 군위안부 세 분의 삶을 다룬 다큐멘터리를 의미함. 24) TV에 방송된 것을 녹화 해놓았다는 뜻

제로 끌고 갔는데, 동네 사람들은 다 알지.

"지금 이 동네 어떤 여자 하나가 그전에 저짝 집에 있을 때는 맨날 와서 커피도 얻어먹고 그랬는데 집 짓고 나서 안 와. 누가 귀띔했단 말야. 씹 팔아 가지고 집 지은 거라고, 더럽다고 안 온다구. 그런 사람도 있단 말이야, 지금. '강제로 끌고 갔지 뭐, 지 발로 간 것이여?' 이런 사람도 있고.

❦

"옥천에 한번 갔는데 저 [충청북도] 용산 할머니 하나가 자식도 있고 다 있는데도 자식이 안 봐. 그래서 저 회관[25]에서 밥도 해먹고 이래 산께, 불쌍하다고 누가 그런 [불쌍한] 사람 델로 댕게, 할머니를. 혼자 살아서 딱해서, [그 용산 할머니가] 나보고 또 언니 언니 허고 그래서 딱해서 몇 사람 옥천에 갔어. 바로 병원이 고 위고 바로 밑에 아주 진짜 잘 해 놨어. 방이, 할머니 방이 이만씩 혀. 화장대 하나 양복장 하나 이런 거 하나씩 다 들여놓고.[26] 인자 거길 갔다. 나보고 그러잖아 혼자 있으면 일로 들어오라고, 할머니 지금 한참 뽑는 거여.

"아이고 나는 못 가겠네. 왜 그러냐면 손자 하나 길르는 것도 있고, 집도 나라에서 [주었고]. 집 팔고 오면 된다고 이러믄서. 또 여기(영동) 사람들도 거 가면 마음대로 못 댕기고, 돈 맘대로 못 쓰니께, 여기서 있다가 쟈(손자)나 길르고, 또 인자 할머니 죽으믄 나라에서 돈도 많이 나오고 화장들도 다 냉께[27] 그대로 있으라고 자꾸 붙잡고 그래 지금.

---

25) 노인회관 26) 옥천에 있는 양로원을 말하는 듯함. 27) 해주니까

"그래서 내가 맘을 잡고, 그래 세월 보낼라고 띠 십 원에 화투치고, 어저께도 한 이백오십 원 잃었나? 그거 잃고 오고 어떤 때는 따고 오고, 어떤 때는 잃고 그래 지금.

"동네 아이들이 쪼만한 것들이 '할머니 할머니' 따라 댕기고 그래, 아조 애들. 그래서 저 과자도 사갖고 온거야, 저 애들 줄려고. 그 재미로 내가 지금 이러고 지내. (갑자기 일어서서 부엌으로 가며) 아이고 무슨 수박을 다 사와? 나도 그냥 있는 사람이 아니여. 지금 갈비 해가지고 지져서 먹으라고, 오면 밥 먹으라고 갈비도 지져났고 다 해놨어.

"밥 먹고들 가. 아이고 자고 가면 얼마나 좋아." 🪷

우리가 보고 듣고 이해한 김영자

최기자*

　1999년 6월 더위가 막 시작하려는 조금은 무더운 날, 김영자 할머니 증언을 듣기 위해 영동행 열차에 몸을 실었다. 책에서나 TV · 영화에서만 보고 들어왔던 군위안부를 직접 만난다는 것은 그 어떤 역사적 경험을 가진 사람을 만나는 것보다 초조하고 긴장되는 일이었다. 열차 안에서 몇 번이나 녹음기를 만지작거리며 테이프와 건전지를 확인해야 했고, 눈에 들어오지도 않는 기존의 증언집 책장을 수차례 넘겨야 했다.

　김영자 할머니 댁은 역에서 내려 산과 강이 어우러진 국도를 타고 한참 들어가는 곳에 있었는데, 탁 막힌 서울에서는 느낄 수 없었던 자연의 여유와 포근함이 첫 만남의 초조함을 달래주는 데 큰 몫을 했다. 자연은 어쩌면 내가 내면화해왔던 군위안부, (녹음기에 담아와야 하는) 과거에 '거기에 있던' 할머니 상(像)을 버리고, 귀와 마음으로 느껴야 하고 지금 여기에서 숨쉬고 있는 할머니를 만나게 될 것이라고 암시했는지도 모르겠다.

　현재 할머니는 일 년에 쌀 한 가마씩을 나라에 갚는 조건으로 작년에 터를 얻어 지은 1층 짜리 양옥집에서 손자와 둘이 사신다. 손자는 친손자가 아니고 할머니가 영동에 와서 동거했던 할아버지의 본처가 낳은 둘째 아들의 자식이다. 지금 중학생인 손자는 막 사춘기에 접어들어 할

---

* 증언을 듣고 녹취를 푸는 과정은 소현숙(한양대 사학과 박사과정 수료)과 함께했다.

머니 속을 태우지만, 할머니는 시설 좋은 양로원이나 나눔의 집에서 오라고 해도 손자녀석 때문에 가시지 않는다. 그리곤 우리에게 손자가 받은 상장들을 보여주면서 금새 자랑을 하신다. 할머니는 우리를 만날 때마다 머리 얹어준다는 말에 속아서 산골 오지 영동까지 왔지만 변변한 결혼식도 못 올린 채 시부모와 본처가 낳은 자식들 뒤치다거리만 하며 살아온 것이 가장 억울하다며 내가 왜 영동에다 집을 지었는지 모르겠다고 한탄하신다. 하지만 할머니가 돌아가시고 나면 손자는 같은 동네에 살고 있는 큰집으로 들어가야 하는데, 손자가 큰집에 아직 정을 두지 않기 때문에 큰집하고 조금이라도 더 가까이 있으면서 정을 붙이게 하기 위해 절대로 영동을 떠나지 않을 것이라는 것을 우리는 느낄 수가 있다. 할머니에게 손자는 '유일한 가족'을 넘어선 남은 인생의 '의미'로 새겨져 있는 듯하다.

내가 가지고 있던 군위안부상에 파문을 준 것은 할머니 댁 거실에 걸려 있는 액자이다. 할머니 댁 거실에는 큰 액자 두 개가 걸려 있다. 하나는 할머니 영정 사진으로 쓸 사진이고, 다른 하나는 동네 사람들과 함께 찍은 사진이다. 그 액자 밑에는 이렇게 쓰여 있다.

"이웃들이 있기에 할머니는 외롭지 않습니다."

개인화되고 독립적인 생활이 어느 정도 유지되는 도시가 아닌 시골 조용한 마을에서 자신이 군위안부였다는 사실을 커밍아웃(coming-out)하며 산다는 것을 어떻게 해석해야 하는 것일까. 대부분의 군위안부들이 어쩔 수 없는 이유들로 정부에 신고는 했지만, 그것은 썩 알리고 싶지 않은 경험임이 분명하다. 그것은 이 땅에서 '여성'으로 살아가는 데 있어서 떳떳하지 못하게 하고도 남는다. 하지만 김영자 할머니는 당신의 경험을 숨기지 않았고 오히려 그것을 통해 많은 인간관계를 형성하고 있었다.

할머니를 매일 병원에 데려다주시는 택시 운전사 아저씨는 할머니를 친어머니 이상으로 보살펴준다. 그리고 우리가 갈 때마다 그동안 할머니에게 있었던 일들, 언제 어디가 아프셨다는 이야기, 보일러가 고장 나서 얼마나 고생했는지 모른다는 이야기, 심지어 손자녀석이 속 썩인 이야기까지 말해준다. 그리고 늘 "저 양반 참 정(情)도 많은데 젊었을 때 너무 고생을 많이 해서… 그래서 저렇게 몸이 안 좋아."라는 말을 빠뜨리지 않는다.

두 번째 영동에 내려갔을 땐 할머니가 다니시는 병원에 함께 갔다가 병원 앞에 있는 시장에 갔었다. 시장에서 많은 사람들이 할머니를 알아보았고 "할머니 이 아가씨들 누구에요?" 라고 물어보았다. 그럴 때마다 할머니는 "우리 손녀딸이야." 하셨고, 그러면 또 시장 사람들은 "아이고 좋겠네! 방학이라고 손녀딸들이 놀러 왔나보네!"라며 맞장구를 쳐주었다. 할머니가 군위안부였다는 사실은 지역 방송을 통해 보도가 되어서 영동 시내에 있는 사람들도 많이들 할머니의 과거를 잘 알고 있는 듯했다.

할머니가 군위안부임을 숨기지 않음으로써 영동에 있는 이웃들도 할머니의 다정한 이웃이길 거부하지 않았고, 아무 연고도 없는 영동에서 할머니가 외롭지 않게 생활하도록 도와주고 있었다. 대부분의 군위안부들이 철저히 자신의 과거를 숨기거나, 반대로 자신의 과거를 개인의 과거라 생각지 않고 투쟁의 대열에 나서는 것과는 너무나 다른 인간관계를 김영자 할머니는 형성하고 있다.

하지만 할머니는 자신의 경험을 결코 쉽게 풀어놓지는 않는다. 단지 군위안부 경험을 오른쪽 팔뚝에 새겨진 문신 'ミタカ'와 배 수술 자국

을 보여주는 것으로 끝내고 만다. 아마도 눈으로 볼 수 있는 두 개의 상처가 당신의 과거를 보여주는 집약체라고 우리에게 말하고 싶으신 것 같았고, 당신 스스로도 그 이상의 과거는 생각하고 싶지도, 말하고 싶지도 않으신 듯하다. 이것은 편집본에서 여실히 느낄 수 있을 것이다. 군위안부 경험에 관한 증언은 한두 줄의 문장으로 끊어지고, 우리의 질문을 피해 다른 대답을 하고 있음을 알 수 있다. 반면에 해방 이후 7~8개월 동안을 구사일생으로 살아서 한국에 들어온 이야기는 아주 적극적으로 구술하고 있다. 때문에 할머니가 군위안부였음을 커밍아웃 했다 할지라도 그것이 자신의 기억의 전부까지 커밍아웃 한 것은 결코 아니었음을 알 수 있다.

가시적인 두 개의 상처와 비가시적인 셀 수 없는 마음의 상처들! 이번 증언 참여를 통해 할머니의 셀 수 없는 마음의 상처들까지 같이 아파하고, 같이 치유하고자 하였음에도 불구하고 우리는 아직 여기에서 머물고 있다. 그것은 할머니가 늘 말씀하신 것처럼 '시집도 안 간 젊은 처녀들'이라는 우리들의 정체성이 할머니와 동질감을 형성시키기 어려웠던 점도 있지만, 그보다는 당신 스스로가 내면화하고 있는 '부끄러움' 때문이 아닌가 생각된다.

이 편집본은 2000년 10월을 숨쉬고 있는 김영자 할머니의 증언이다. 하지만 할머니는 결코 2000년 10월에 정체되어 있지 않을 것이다. 아직 털어버리지 못한, 저 깊은 곳에 숨겨둔 기억의 전부를 커밍아웃 함으로써 '부끄러운 피해자'가 아닌 역사의 당당한 주체임을 이야기할 수 있는 날이 꼭 올 것이다. 그 날까지 할머니와 우리의 만남은 계속될 것이다.

최갑순

1919년 음력 1월 23일	전라남도 구례에서 출생
	4녀 2남 중 첫째
1933년(15세)	집에서 위안부로 연행
	중국 동안성
1945년(27세)	해방과 함께 장사를 하며
	남하 시작
1948년경(30세)	고향 구례로 돌아와서
	농사짓고 삼
1950년(32세)	양아들 들임
1960년(42세)	허씨와 결혼
1960년 후반 추정	서울로 식모살이 옴
	남편이 서울로 이주
1989년(71세)	남편 사망
2000년(82세)	성북동에서 양아들과 함께 생활
2011년 현재(93세)	노인요양병원에 장기 입원 중

"내가 그렇게 세상을 산 생각을 허며는, 잠이 안 와서 낮에도 요로콤 누워 있다가,

"'누구 하나 안 올까? 못 올까?' 아무도 안 오고 이러면, 잠이 슬그시 오며는, 한숨 살짝 자고 나면 저녁에는 인자 잠이 안 와서 그러며는, 그런 것이 다 생각이 나.

"우리 어매한테[서] 살아나온 일 생각하고, 그 일본 사람한테 당한 거. 만주서 나올 쩍에 두부장사하고, 기양 뭐 사다 팔고, 돈 만들러 두만강서 빠져 죽을 뻔한 거, 쭈욱 생각이 나서 낼 아침까지 잠이 하나두 안 와요.

"가난—하게 가난—하게, 쌀 한번 밥 한번을 못 먹고 세상에, 넘의 농사를 지어먹고 살았어요. 농사져서 갖다 바치고 나며는 평생 진척이 없어. 그러고 사는 시상에 내가 열한 살 먹어서인가 인자, 순사가 우리 아부지를 잡으러 왔어. 그렇게 잡아서 구국대를 보내려고 한 것을 우리 어매가 감춰버리고, 애기 아버지가 가며는 식구가 다 굶어 죽으니까.

"내가 그때 또 잡혀갈 때만 해도 열여섯 먹었는디, 열여섯 살 먹었을 때나 시방이나 키가 똑같은 겨벼. [엄마가] '이 아나 데리고 가시오.'

그러니께로,

"'요시.' 이러고는, 위 아래로 나를 훑어보고, 아 요로콤 얼굴을 가만히 훑어보고는, 헤헤헤헤 웃으면서 막 가자고 혀.

"'따라갈래?' 그런께로. 좋은 쌀밥에다가 인자 옷도 좋은 놈 준다고. [나는 어려서부터] 우리 아버지 헌 옷마—안 헌 옷마—안, 우리 아버지

주고 떨어진 놈만 기워서 입고 살았어. 열여섯 살 먹도록 고런 것만 치매[1]하나 제대로 못 입고. 우리 [명절] 설 오면 우리 동무들은 [지그 아버지가] 곰신[2]을 사다줘서 신으면, 나는 나막신 신고 다니고. 짚신 있으니겐 곰신처럼

물들이고, 왕골에다 물들여 가지고, 설 돌아오면 고런 신 삼아 준 놈, 고런 것만 신고, [어쩌다가] 친한 동무 신 한번 신어보면, 엄마가 막 뚜들겨 패고, 고러콤 곰신을 신고 싶은 걸 신고 싶은 그 참에, [그 사람이] '나 따라가면 곰신도 사주고 흐근[3] 쌀밥도 너 먹고 자픈 대로 먹고,' 이렇게로, 가자고 그냥.

"[그래서 나는] '실컨 쌀밥 먹을려면 갈라요, 쌀밥 줘요.' 그래가지고는 일본놈들 따라 갔어요.

"제일 처음이야 담양 읍내로 가가꼬 담양 읍내서 하루잠치 자고, 우리 집에서 죽마-안 죽마-안 먹고 있다가 거 강껜 쌀밥을 줘서, 내가 막 기앙 쌀밥에다가 옷도 좋은 놈 사주고, 그때 그냥 고무신도 한 켤레 안 신어보고 내가 컸는디, 고무신도 사서주고, 옷도 좋은 놈 사주고, 또 머리도 요짱시럽게 (손으로 단발머리 길이를 가리키며) 딱 짤라뿌려 가꼬, 고로코 나를, 일본 사람이 많이 묵으라고 많이 묵으라고, 긍께로 쌀밥을 묵응께로, 이 낯바닥이 막 짐짝마-안 하게 내가 얼굴이 헐가니[4] 그랬는가 봐, 이쁜 디는 없는디.

---

1) 치마 2) 고무신 3) 하얀 4) 훤하니

"그라고 얼마나 강께로는, 아 인제 담양 읍내에서 인제 또, 전라도 광주로 가자카니, 차 탈지도 몰랐는디 차를 타고 가자카니, 좋아서 졸졸졸 따라갔지. 전라도 광주가서 하루밤 잔께로는, 이놈의 가시내들이 열여섯 살 먹고 열일곱 살 먹고, 요런 것들을 하루에 세 개도 잡아오고, 어쩔 때는 다섯 개도 잡아오고, 광주서 다섯 밤을 잤는디. 고로콤 자꾸만 가시내들을 들여가꾸는 또 인자 광주서 전주로 가자캐.

"전주가 어디 붙었는지도 모른디, 전주로까지 따라 간께로는, 인자 삼십 명이나 되았어, 여자들 우리들이. 내가 그 중에서 가장 나이가 어리고. 거 전주서 인자 몇 밤 자고는 가시내들이 삼십 명이 되니께로는 인자, 밥 해주는 사람, 또 뭐 사무보는 사람, 그런 사람들 또 불 때주고 그런 사람들까지 해서 마흔 명이 되었어. 그 짝에 마흔 세 명이든가? 그 전주로 가서는 인자 일본놈도 배뀌고, 우리 데려간 놈이 아니고 배뀌고 다른 놈 헌테다 [우리들을] 인계를 허고, 일본놈들이 인자 고로고 가자고 혀가꼬 서울로 갔어.

"서울로 가가꼬 또 한 사십 명이나 된 사람 밥을 [해주는데], 아침에 한 아홉 시나 되야서 공기로 한 공기 딱 주고, 저녁 네 시에 공기로 한 공기 딱 주므는, 점심도 없으믄 배가 고파서 환장을 혀. [그러면서] 서울서 만주까지 가는 허가를 낼란디, 얼릉 안 내줘서 한 열흘이나 있었어요. 그동안 그 배가 고파서 죽겠어.

"다른 아그들은⁵⁾ 나가서, 뭐다⁶⁾ 눈썹을 요짱시럽게⁷⁾ 그리고, 날마다 뚝딱뚝딱 워쩌케 워쩌케 해 갖고는, 나갔다 들어오므는, '아 배불러, 아이 배불러.' 뭐 이런디, 아 나는 워쩌케 할 지도 모르고, 밥만 오기를

---

5) 다른 가시내들 6) 모두 다   7) 요상스럽게

기다리고 있다가, 밥이 오면은 기양 나갔다 들어온 것들은 배불러 죽겠다고 밥도 안 묵어, 그놈 내가 다 묵어도 배가 안 차. 허허 (크게 웃으며). 그래가 인자 그날 생각 해봉께, '내가 배부르게 밥 묵을라면 일을 혀야지.' 허구는, 그 밥그릇을 막 줏어가꾸 내가 안꾸, '내가 갖다 주께 내가 갖다 주께.' 정지에⁸⁾ 가 설거지 해. 아 그렇게, 그놈 그르구⁹⁾ 설거지 해주고 있으믄, '밥 더 먹고 잡소?' 그르믄, 더 먹고 잡다고 그르믄, 그놈을 한一그릇쓱 퍼서 그냥 양 대루 묵고 설거지 해주고, 한 열흘이나 있으니께로는 낯바닥이 또 보골보골 해지거든.

"설거지를 해주므는, 아 이놈의 옷이 흠뻑허니 안 버리요, 응. 시방 같으며는 그리[지] 않지만. 아 이놈의 일본놈은 둘인디, 한 놈이 기양 막 옷 머리가 그게 뭣이냐고, 뺨을 때리고, 기양 옷 버린다고, 비아지가¹⁰⁾ 커가 꼬는, 밥만 알고 저러코 일만 헐라고 그런다고 그르믄, 또 한 놈은 '그리 지 말[라]고, 크는 아그들인께로 묵어야 크지.' 요로고, 글고¹¹⁾ 왜 때리느냐고 말로 허지, 말로 혀라고 막 이러고, 막 둘이 싸움을 해, 인자.

"그러다 한 열흘이나 있다가, [만주에서] 허가가 나와 가꼬는 인자 가는디, 저녁 내내 차를 타고, 오후 점도록¹²⁾ 타고, 저녁 죄엥一일 타고 목단강이라는 데[로 갔어].

"거기 가서 한 세 군데 쬐껴¹³⁾ 다녔어요. 이제 어디루 쳐들어온다 하믄, 우리들을 차에다 싣고 가깄고는, [위안소를] 그냥 채려 놓구 인저 군

인들 막 [들어오지]. 만주두요, 첨에 들어갈 때는 동안성으로 들어 가가
꼬는, 또 동안성서 쬐껴서, 저~ 거기가 어디더라? 하튼 중국땅하고 러
시아땅하구, 그런데 거긴 산도 없어요, 그런 데는 들판이지, 어디 쪼금
만 올라간 데 있으면 고것이 산이에요. 저그 어디 고개만 넘어가두 소
련땅이랍디다.

"제일 첨에는 목단강 가서, 들판에 요로콤 채양 맹키로[14] (손으로 천막
을 치는 모습을 취하며) 쳐놓고, 밑에다 다다미 맹키로[15] 요로 코 깔고. 추
와도 담요가 있으니께 담요 깔고, 담요 덮고, 그 추운지도 몰라요.

"이리, 아, 함박[16] 맹기로 양[은] 솥단지도 걸어놓고, 물을 설설설설
낄여[17] 놓구는,

"기앙 뭐 할찌기 그때게는 양 헤따이들이[18] 여[기에] (팔뚝을 가리키며)
헝겊대기로, 별 맹기러[19] 붙인것들, 헤따기들, 여그서 말 허믄 일등병
들 그런 것들이, 기앙 아침 아홉 시부터 인자 받았어. 군인들이 앞에서
아홉 시부터 저기허므는, 여자들 방 문 앞에마다 쭈—욱, 질[20] – 앞에
서는 놈은 이 밑에 마껭[21] (정강이쪽을 가리키며) 여꺼정 감은 거 있어, 중
간에 군인들이 감는 거, 그걸 끌르구가꾸 섰으믄, 여여 (아랫도리의 지퍼
쪽을 가리키며) 여그만 끄르고는, 기앙 옛날에는 군인들이 여그다 뭐 헝
겊대기 감아 가꼬 댕깅께.[22] 그럼, 문 앞에 께루 쪽 서 가꼬는, 얼릉얼
릉 허구, '*하야꾸 하야꾸 하야구*.', 얼른 허구 나오라구. 그믄, 얼릉 허
구는 그놈 일어나구. 허—(한숨) 그냥 다 손님 받을 때 꺼장. 인자 또 여
섯 시가 되면 저녁밥 잠깐 삼십 분 동안 밥을 먹어요, 막 나래비[23] 섰으
니껜 사람들이. 그러믄 인잔 그거 한번 하구 가서는, 일본놈들 인제 둘

14) 모양으로 15) 처럼 16) 함지박 17) 끓여 18) 군인들 19) 만들어 20) 제일 21) 만큼
22) 일본 군인의 속옷 훈도시를 묘사하고 있음. 23) 줄

러쓴 것 코티메[24] 맹기로 둘러쓴 것, 고곳만 입고 날마다 입었다 벗었다, 고곳만 입고는, 가서 허고 가믄, 물을 찾아서 뒷물 허고. 그러고 또 어떤 사람들은 병이 나요. [그래서] 일주일마다 가서 또 검사를 혀. 아랫도리 검사를 해. 검사를 허고 인자 그날은 쉬거든, 그때게는 [군사]훈련 받제. 모래 주머니를 나무에다 요로코 (발목을 가리키며) 딱 묶어 놓고는, 저마一안치 갖다 놓고는, 여그서 저만치 마—악 뛰어가서, 그 창, 옛날에 창[을] '야ー!'허고 쑤시고, 그런 것도 해보고…

"아, 여자들만 삼십 명이 넘지요. 긍게 요로케 (복도가 중간에 있고 방이 서로 마주보고 있는 모양을 손으로 그려보임) 쪽 지어가꾸는, 요짝에도 방, 요짝에도 방, 고로케로 나래비로, 날마다, 눈이 오면 눈이 오는 대로, 비가 오면 비가 오는 대로, 하루도 뺄 새가 없어요.

"문 앞에서 돈 받은 놈이 있어. 우리 밥 주고 옷 입히고 또 우리 데리구 거까지 간 놈. [그놈이 우리한테] 우리 저어 데꾸간 거까지 떨어진 댓가, 차비 월매. 아, 그 그때 돈으로 한 냥 두 냥 쓸 땡께로 이천 원, 이십만 원 돈이 맥혔다구.[25] [그래서] 여자들 한 앞에 그리 벌어 갚으라고 고로콤 허래.

"그렇게 문 앞에서 돈을 오십 전쓱 얼릉얼릉얼릉 허구 가면, 오십 전쓱 주고 디리주고[26] 디리 오그덩[27], 우리한테로. 그러믄 몾 헌 사람들은 박어 놓구, 두 번씩 하는 사람들도 있어. 안 빼. 빼믄, 우리가 씻으러 나

---

24) 코트 25) 만주까지 데려간 비용을 당시 돈으로 이천 원으로 기억하고 그 당시 이천 원이면 요즈음 돈으로 이십만 원가량 될 것이라고 짐작하고 하는 말 26) 들어가게 하고 27) 들어오거든

가고 다른 사람이 또 들어오니께. 그 통에 사람이 그냥 죽어 기앙, (한숨을 크게 쉬며) 허이구.

"그냥 어떤 사람은 얼릉얼릉얼릉 허구 기앙, 막 치우면성 나가면성, 모 또 [다른 놈이] 들어오는 동안에, 그놈 일어나서 갈 동안에 [나는 뒤로] 돌아가서 뜨거운 물을 설설 한 솥 끓여 놓은게로, 뜨끈뜨끈한 물에다 소독혀 갖고, 짜악 아래 씻쳐 부리고, 인자 또 마른 수건 하나씩을 방마다 주거든, 그놈들이. 그럼 인자 마른 수건으로 싹 닦고 들어가면 가서 벌리고 들어 누웠으믄, 그 자리 또 하고. 그놈 일어나면, 또 가서 씻고 오믄 하고, 하아이 (한숨을 쉬며).

"저녁 내 허면서, 저의 맹기로냥[28] 저녁 내 엎어놓고 엎어져라, 뒤집어져라, 모 무릎 꿇어봐라, 뭐 똥귀녁에도 [하구], 또 (한숨을 쉬며) 하이유 사람 죽어죽어 아주…

"그것도 이 높은 놈들이 오믄 저녁에 인저 천 원씩 내므는 천 원씩을 가꾸 쬥일 자요. 인자 저녁 아홉 시, 열 시나 되어서 오믄 천 원씩만 내믄, 인자 내일 아침에 가요. 근데 그 사람들은, 가면성 불쌍하다구 오백 원씩 주구가, 불쌍하다구. 묵구 자픈[29] 거 묵으라고. 그때는 화장두 나는 안했어요. 화장할 줄도 몰라, 시방까장도. 요런거 (눈썹을 그리는 시늉을 하면서) 그리는 것 사서 하라고, 불쌍하다고 오백 원짜리 주믄, 나는 그런거 하나두 쓸 중도 모릉게, 준대로 '엊저녁에 자고 간 사람이 이러고 오백 원짜리 줍디다.' 하고 [돈 받는 사람한테] 갖다 바치고…

"이 – 나쁜 놈들은 기앙 몽둥이 같은 놈들이 (팔뚝만 하다는 동작을 하며) 하믄 아퍼서, 아프다고 내가 막 울면서, '아이구메 아구메 아구메 어이

---

28) 자기 마음대로 29) 먹고 싶은

구 어이구!' 이러므는, 기앙 막 더 지랄을 혀 놓구는, 안 허구 가.

"안 허구 가면서, 못 혔다구 돈 도루 찾아 갖고 가며는, 주인네가 인자 그때게는 손님이 많으니께로 나오란 말은 못 허구, 밥 묵으러 나가믄, 밥을 못먹게 혀, 딱. [내] 이름을 적어 놓았다가, '왜 돈 도루 찾아가게 했냐? 너 같은 것은 이제 죽어도 숭능도 없어. 남자들 싫다고 고럴라믄 죽어라.' 하고, 뒈지라고 막 발로 차고, 막 눈탱이도 찍고, 기앙 혁 −(숨을 들이쉬면서), 머리끄댕이를 땡겨다가 땅에 쳐박고, 시방도 그때 생각허며는, 머리가 어질어질헙니다. (한숨을 쉬며) 하이유, 막 이두 그때 다 빠지구, 막 뚜드려 패 싸서 그래, 일본놈들이. 이러구 뚜들겨 패, 울며는 운다구 뚜드려 패지, 영 울도 못 허구, 그냥 및 날 미칠을 밥도 못 묵어요, 붓어가꼬. 이가 에리여 에려, 낭중에는. 내가 이가 하나도 없어요. 서른 살 안짝에 다 없애[30] 버렸어요. 시방은 이 해 넣지도 못해요. 이 해 넣는 사람이[31] 빠진 지가 오래 되어서 안 된대요.

"검사를 받는 날, 인제 그 삼십 명 가이네들 중에서 [내가] 호창 하나씩 빨아 주는디. 이 요대기다 깔고 점도록 하므는 막 물이 묻었싸, 그믄 저녁에 높은 놈들이 오믄 또 그놈 안 깔락혀, 그러면 다른 놈 걷어 놓고, 그놈 빨아야 항께.

"그럼 삼십 명 그걸 호창을 쫙 걷어다가는 양잿물, 그때게는 양잿물이 있응게. 중국 사람 집에 가서, 인자 사장님 보구, 그 주인 보구 인자 사장님이라케, 우리들은 얼른 알아듣게. 양잿물 좀 사오락 하믄, '무엇 헐라냐,' 그러믄, 요거 하나 빠는 데 오십전씩 주니께, 내가 다 빨아서 돈 벌어서 내 몸값 벌어가 갚을란다구. 그러믄 어이구 '가와이데스네,

---

30) 없어져 31) 치과의사

가와이데스네.' 그러면서 양잿물을 한 쟁반을 쓱 사다줘요. 그럼 그걸 어느 정도 풀어 가지고, 거기다가 막 주물러서 푹푹 삶아서, 인저 막 맹물에다 푹푹 삶아서, 그 날로 그 날로 해줘야 낼 [가이네들이] 손님을 받지요. 내가 인자 빨아 주므는 하나 빨아서 깨끗이 혀서, 거 밥대기 먹고 남은 놈 푹푹 삶아 가꼬 주물러서, 헝겊대기다 싸서 주물러 가꼬, 그놈 인자 풀국 쪼깨 해가꼬 자강자강 볼바서[32] 파싹 몰라서[33] 주므는, 한 오십 전쓱 줘. 그렇게 해주면 돈이 솔찬케 생겨요. 이 [호청] 하나에 돈을 오십 전쓱 받응게. 서른 개면 얼마씩이여? 서른 개를 빨어서 줘.

"[그러면] 어떤 년들은 떼 먹고 안 주는 년들도 있고, 돈 없다고 안 준 년들도 있고, 저그 나중에 또 준 년도 있고. 요로콤 혀서 고놈들을 하나도 쓰덜 안 허고 고로콤 벌어서 주인한테 다 바치고 헝게로, 하, 고맙다고, 너는 마음씨가 옳은 게로 이리 병도 안나고 잘 허고 있응게로 좋다고 따뜻하게 대해주고…

"어떤 사람들은 병이 나요. 마, 날마다 쑤셔쌓게, 병이 나. [그래서] 일주일마다 가서 또 검사를 혀, 아랫도리 검사를 해. 나 그때 '요시마루'라고 불렀는디, [검사 받고나서] 전부다 이름을 써서, [문 앞에다] 병끼가 있는 사람은 삐런[34] 글씨로 딱지 집어 넣고, 이제 아무 병이 없는 사람은 꺼믄 글씨로 이름을 [써 놓아], 근디 (자신을 가리키며) 요런 사람은 팔자를 고로콤 타고 났는가, 병 한 번도 안 나고, 다른 여자들은 인저 견디다 못 견뎌서 병원에 데리구 가믄, 인저 막 요상스레 휘어진 사람도 있고, 또 (손으로 아래를 가리키며) 요상스레 병이 든 사람도 있어. 그런 사람은 영업 안 시키고 닝겨 버려요, 돈을 못 버니께.

---

32) 밟아서 33) 말려서 34) 빨간

"뭐-임신은, 그런 데 있다가 만일에 애기 배믄 못 허지. 그 사람들이 배가 뚱뚱한데 헐라고 허간? 아, 안돼, 긍게 어찌케 허냐믄, 검사할 때 게 인자 요로콤 벌리고 있으믄, 기계를 넣어 가꼬 벌려 보고는, 애기보를 어떻게 돌린는가봐. 긍게 애기가 안 생기지. 그러다가 어떤 여자 하나는 애기를 하나 뱄는디, 낳지 못허구 죽었어, 여자가 그냥 죽어 버렸어. 여자두 죽고 애기도 죽고, 애기 밴 채 그냥 죽어 버렸어. 어째서 그랬는지 인자 그것도 모릉게요, 우리들은. 갖다가 끄집어디 내뿌리고 쥐도 새도 모르고, 애기도 물어보지 못하고, 알아볼려고도 안 허고…

"또 그중에서 인자 견디다[35] 견디다 못해서, 애편 묵어가꼬 애편 중독자도 있고, 그중에서도 그것도 인자 난중에는[36] 애편질을 못허므는, 누가 오든지 말든지 허고, 가든지 말든지 그냥 그대로 울고 드러누웠응게로, 주인네가 돈이 안 들어옹게로, 와서 보믄 고 모냥 하고 있응게, 그냥 끄집어다가내뻐려, 그냥 밥도 안 주구. 그 사람들의 빌꼴[37]을 내가 다 지키구 살았어.

"그렇게 기앙 한 열일곱 살 먹도록 내가 좀 막 그러고 고상을 했어. 인자 열여덟 살 먹응게로는, 좀 큰 놈도 견디고, 작은 놈도 견디고 기앙, 그럭저럭 견디겄는디, 인자 허-, 견딜마-안 헝게로는, 스물여섯 살 먹어서는 해방이 되어서 기앙,[38] 느닷없이 막 온데간데없이 일본놈이 뚝 떨어지고 안 와.

35) 견디다 36) 나중에는 37) 별꼴을 38) 열다섯 살부터 스물여섯 살까지 약 십여 년간 위안부 생활을 했다는 이야기

"나중에는 인자 시내에서 불이 막 나가꼬는, 우리들 거기 있는 데서만 불이 안났는디, 시내에서 인자 군인들이 많이 있는 데서 불이 나가꼬는 훨훨훨훨 타고, 군인들은 쥐도 새도 모르게 없어져 버리고, 고로코 해방이 되었어요.

"같이 나온 사람은 없어, 없어. 뿔뿔이 헤어져 버리고 중국놈도 따라간 놈도 있고, 또 러시아놈도 따라간 놈도 있고, 또 러시아놈들한테 잽혀가꼬 또 죽은 놈도 있고, 러시아놈들은 기앙 '*마담 다와이 다와이*.' 허고 오믄, 기앙 막 미웁고 이쁘고 헌 것도 재리지[39] 않고, 막 강냉이밭이면 강냉이밭, 서숙밭이믄 서숙밭에 마 콩밭이면 콩밭에 막 끄꼬가서 막 허다가, 러시아놈은 좀 빌나.[40] 키도 크고 코도 콩게로 징그럽게 크고 아프대요, 그런 놈들 인자 [못] 견딘 놈들은 죽기도 허고, 여자들이 죽어 부리믄 뭐 개가 뜯어먹고, 그런 송장을, 만주는 개가 돼아지가 막 서로 송장을 뜯어 먹을라고 [해서], 송장을 퇴뼉이 밭에서 내뻐리며는 파묻도 안 해.

"거 중국 사람들이 해방 막 되고는 지들한테 쬐끔 함부로 헌 사람이면, 막 곡갱이를 가지고 와서, 저녁에 와서 그냥 콕콕 찍어 죽여 그냥, '*왕과 차오니 쌩라대 칭하 치세 호 뮤올라 씰라데 창*[41]' '니는 나한테 와[서] 우리를 함부로 말을 허고 함부로 썼으닝게, 너넨 인자 해방이 됐응게 죽어라.' 그 소리, 그러곤 그냥 도끼면 도끼, 뭐 낫이면 낫, 뭐 창이면 창, 뭐든 애기면 애기, 어른이면 어른, 뭣이던 콕콕 찔러죽여.

"인자 그 소리도 헐 중도 모르고 막 들어와서 이 삼 년 된 [한국]사람은 그런 사정 헐 중도 모르면, 그냥 이렇게 잡아댕기며 모강대기[42] 한번

---

39) 가리지 40) 별나 41) 중국말을 구사하는 부분은 들리는 대로 적은 것임. 42) 모가지

톡 떨어지면, 그냥 이놈의 눈이 톡 떨어져 가가꼬, 땅에가 터굴터굴터굴 막 돌아댕겨, 막 피가 피가 나온다구. 그러콤 쓰러져서 죽여 버리고, 그럼 인제 깨끗한 놈 옷 벗겨서 지가 다 해 입고, 거시기 벗겨가고 좋은 놈은 인자 집에도 빌어가고, 고로콤 죽은 사람 옷을 또 우리들 보고 갖고 가서 입으라고 [주기도 하고].

"'니내 자자호아 니내 자자호아, 니내 신세 자자호아 꺼우 창하 꺼우 창하.' 그러면 인자 그 소리는 '당신 마음씨가 좋아 갔고는 나 좀 살려 주시오, 우리 고향에가 죽을라요. 죽어도 우리 고향에 가 죽을라요.' 고로콤 사정을 한 사람은 '찡.' '알았어.' 그 소리야.

"혼자서 그렇게 그려가꼬 전라도 말만 하믄 나랑 함께 갑시다, 전라도 까정만 나 좀 데려다주쇼, 그래서 우리 고향에다만 데려다준다고 혀서 어디만치 가면 저그는 저그들끼리 가뿌리고, 또 다른 사람 전라도 말 하는 사람 있으믄 또 거기 붙어가고. 나중에는 강원도 사람을 만나 가꼬 내가 이렇게 살아나왔어요.

"강원도 사람 그이들은, 영감님은 다리 병신 쩔룩배기구, 마누래는 인제 아들이랑 살다 아들은 군대가서 죽어 뿌리구, 영감 할맨 살아가꾸 나온 참에, 내가 붙어 가꾸는, 그 할머니 하구 나 하구는 두만강에서 장사를 했는디, 저그네가 청주쌀을 서너되 이북 사람한테 팔아가꾸 만주땅으루 건너 오면서 고기를 가꾸와서 팔아요. 그러면 돈이 남아요. 그럼 그눔을 히야만 한국땅엘 오죠.

"[강원도 여자랑 나랑] 두만강을 건너는디, 뼁뼁뼁뼁 도는 물이 있데요. 거그 들어가믄 그만이래요. [그러니께 낮에] 와가꼬 구경을 해. 워디로 가믄 물이 안 차고, 워디로 가믄 물이 짚으고, 뭐 그것을 봐야만 밤에 가지요. [낮에는] 총들고 뭐 만주땅에서 조선땅으로 못 가게 지키는 사람이 있어요. 그래서 남자들은 [밤에] 건네 줄라믄 이렇게 잡고는, (손가락 사이로 손가락을 넣어 단단히 깎지 낀 모양을 하며) 안 건네 줄려고 해요. 미끄러져 저그들도 잡힐까봐, 자기들 죽으니께로, 그래서 즈그들이 우리 손목을 잡아요. 그렇게 해서 건너가야만 위험헐 때는 지그들이 팔을 놓아버려[야, 우리들은 죽어도 지그들은] 살 수 있으니께. 우리들 손목을 잡고 건너다 발이 미끄러져서 푹 빠지며는, 물을 묵고 쁜득쁜득 하믄 남자들은 저그들두 잡힐까봐, 자기들 죽응게로. [그런데 우리가 낮에] 옷허고 양석⁴³⁾을 머리 위에다 묶고, 물이 안 닿게 대가리만 내놓고 헤엄쳐서 건너강께, 시상에 아, 이 남자가 [낮이라] 안 건너 줄라케서, 우리 둘이 인자 건너겄는디, 둘 다 넘어져 버렸어, 그냥 땅이 미끄러워가꼬는. 그래가꼬는 저기서부터 여기까지 떠내려 오는디, 쪼개만~ 한 몇 발만 더 떠내려가면, 물이 뺑뺑뺑 돌아서 푹 들어간데를, 거기 들어가면 인제 나도 우리도 그만이지, 인자. 그러고 [있는디] 방촌에서 북본 사람들이, 저기 이북 사람들이 나와서는 건져다 줘. 귀 뒤로 머리끄다기를 끄집어내다가, 그래서 살아나오고…

"고로고 나오다가 두부장사도 허고, 그런 (두부집) 사람 한 번두 만나지도 못 혀. 그 사람두 좋은 사람이라 두부집에 가서 내 돈도 하나도 없응게 비지 쪼개 돌라고 형게, 첨에, 거친 비지를 주드니마는 [두부장사를 해 보라케]. 그때 서른 모가 한 머슴이여,⁴⁴⁾ 한 머슴을 그냥 돈 안 받고 주

---

43) 양식 44) 한 판이야

더니, 팔아가꼬 오므는 넘들은 한 모씩에다 5전씩 받는디 [댁은] 일전씩 덜 받고 4전쓱 받고 팔므는 한 냥쓱이 남웅게, 가꾸가서 팔아가꾸 오라 합디다. 그믄 '남는 놈은 당슨허고 본전은 내게 주고, 고로콤 장스를 허므는 차비를 벌 수가 있다.'고, 그거 두부집에서 자고 또 새벽에 그거 이고 가서 팔고 오믄, 아 대체로 넘들보담 얼릉얼릉 팔려요. 4전쓱 받으니께로. [두부장사 주인은] 기냥 나보구 불쌍허다구 하믄서 '그랬어라우? 저랬으라우?' 전라도 사람 승을⁴⁵⁾ 내믄서 웃어싸. 고로코 살아나왔이.

"말도 못혀, 나오면성 사 년을 걸려 나오면성, 눈밭에서 죽으면 눈에 파묻혀서 죽고, 여름에는 그냥 쐬때기 밭에서, 돼아지고 개고 그냥 뜯어먹고 죽으면, 그런 꼴을 보고 와 갔고는 여기 온 게로는, 또 육이오 사변이 난게롱, 그거 난리보다 더 무서[워], 또 여기는 그냥.

"저 그 육이오 사변에 난리 속에 [내가 고향에] 들어왔거든. 스물아홉 먹어서 들어옹게로, 막 산사람⁴⁶⁾이 생기고, 순사들이 잡으러 댕기고 순사들을 잡아다 죽이고, 산사람도 잡아다 죽이고 인자 그리고. 울 아버지는 죽어 부리고 우리 엄마가 살아 있는디, 저 큰 동생이 산사람 편이여, 간난형께. 나 만주[에서] 나오기 전부터서 우리 큰 동생이 산사람 편이었어. 내 밑으로 딸이 싯이고, 네 개째가 아들 낳는디, 넘의 집을 살았어. 그 넘의 집 산 주인이 반란군인디 그냥 그 물이 들어 부렀어, 주인한테. 주인한테 물이 들어가꼬, 기앙 산으로 도망을 가가꼬, 산에

---

45) 흉내를 46) 빨치산

있응께, 집 지어가꼬 사는디. 우리 어매보고 난리 속에서 그 [순사들이] 아들 내놓으라고 헝게로, 그런 [고생한] 얘기도 못허고, 넘이 부끄러워서도 누구보고 얘기도 못허고 내 속에다만 내 놓고 살다가…

"애편 벌어 갖고 두 번 해가꼬, 한 번 거시기 팔고 인자 두 번째 가서는 논 닷 마지기 사고…[47]

"논을 사 갖구 와서 삼성,[48] 저녁마당[49] 마 시집가라고 사람들이 와요. 누가 만일에 시집 가라고 허며는, '난 안가, 시집 절대루 안 가. 시집 가라고 하려믄 우리집에 오지도 마.' 내가 막 이러구 팔팔 뛰고 막 이러고…

"그러다가 인저 내가 농사져 먹고 사는디, [나중에 내가 결혼한] 집의 고모가, '[집이는] 몇십 년 살아놔서 나이두 인자 애기두 못 낳구 그렁께로, 우리 조카 데려다가 양자 삼아서 살믄, 낭중에 늙어서 집이가[50] 살 때게 좀 생각해서 데꾸 살라.'고, 찾아갈 사람 없응게 글라고, 그래가꾸 아이구 또 딱 달라 붙어요, 노인네가.

"일곱 살 먹은 것 보고, 쇠죽 쓰라 하고, 깔부리 하라 하고 그러니껜, [아이가] 고모가 비기가 싫은 게롱, 참, [아이가 나한테] 어매라고 하고, 뭐라고 허면 기양 딱딱 잘 혀고, 눈쌀미가 있어가꼬는…

"지(아이) 엄마 아부지가 인제 하루저녁에 어떻게 죽었냐며는,

"우리 괴향[51] 사람들이, 여기만치나 넓은 동네가 저 탄광리라고, 저

---

47) 두메산골과 도회지를 오가며 아편을 운반하는 위험한 일을 하여, 논을 살 정도의 돈을 마련한 상황을 말하는 것임. 48) 살면서 49) 저녁마다 50) 댁이 또는 당신이 51) 고향

지리산 밑에 있었어요. 그런데 순사들이 밤 돌아오면 그 [빨치산] 놈들이 나온게, 빠져가꼬 죽으라고, 그 [동네] 네 간듸,⁵²⁾ 네 구석 듸기로 그냥 깊으당하게 파 가꼬는, 밤나무를 그물 지기로⁵³⁾ 살랑 덮어 놨어. [그리고] 대창을 쫙쫙 깍은 놈을 요로콤 꼭꼭꼭 꽂아 놨는듸, 그날 저녁에 [빨치산] 선발대들이 쭉 –, 앞에 높은 놈들이랑 나오다가, 푹 – 몇 놈들이 빠지닝게로는 하나도 안 죽고 빠져나가 [가]지고는, 이놈들이 그냥, '니가 오늘 우릴 죽이려고 했지마는, 너는 내일 저녁에 죽어봐라, 내일 저녁에 대항을 해보자.' 그러곤, 뭐 '인민공화국 만세!' 그러곤 그냥 그날 저녁엔 갔어. 인자 그러고는 아니랄까, 그 이튿날 저녁에 이 [빨치산] 놈 [잡을려고] 그 팔개⁵⁴⁾ 부락 사람들이 다 나서서 못 잡고, [그러니까] 그 동네(탄광리) 가상에다가,⁵⁵⁾ 그냥 지구지 지름⁵⁶⁾이던가 뭣이던가, 지름 갖다가 졸졸졸졸졸 붓어 놓고는, 불을 막 질러 버리니게로, [사람이] 나오면 또 죽이고, 나오면 쑤셔 죽이고, 그냥 이 머슴애는 지 고모집에 그날 저녁에 심부름 가가꼬 살고 살아났어. 읍내[에]가 자기 집 고모집이 살았거든. 근데 어매 아부지가 다 하루저녁에 고로콤 죽어 버리고, 여러 부락 사람들이 그날 저녁에 죽은 송장을 밤낮으로 열 대를⁵⁷⁾ 파묻었어. 그냥 그 낮에는 못 파묻고, 밤에만 밤에만 파묻어 가꼬, 시방도 그 구례 저 지리산 밑에 가면, 그날 저녁에만 죽은 묏이⁵⁸⁾ 그 공동산보다 더 커, 그냥 크 – 게 있어. 애기 낳다가 뒈져서 애기 배에 속에 들었다가 죽은 사람도 있고, 낳다가 죽은 사람도 있고, 아궁녘에 들어가서 살려고 아궁녘에 들어간 놈도 죽고. 저것 하나가 살아 가꼬는, 지 그 고모하고 인자 어떻게 우리 동네 사람들이 알아가꼬는, 내가 인자

---

52) 군데 53) 모양으로 54) 동네 이름인지, 8개라는 뜻인지 불분명 55) 가장자리 56) 기름
57) 시체 10구 58) 묘가

한참 그리고 산계로 아들 삼아서 살으라고…

　"[양자를 들여서] 한 해 [같이] 살구, 이듬 해 살고, 스물두 살 먹어 가꼬, 군대를 가가꼬, 시상에 지하고 나하고 둘이 요로콤 살다가 군대를 간게로는, 나 하나 나 하나 풀 붙일 때가 없어. 그래가꼬 고자 영감이 있다고 혀서 얻었지.

🐌

　"고자들은 또 끙끙끙끙 물어 뜯고 더 할려고 헌더믄성? 그리고 만일에 그러면 나와 버리지 뭣하러 살려냐고, 아뭇 소리도 말고 그거 성가스러면 나와 버리면 될 것 아니냐고 [생각을 했어].

　"지그 어매는 삼월 그믐날 죽고, 그래서 인제 시어매라고, 그저 서방이라고 얻으며는, 시어매 된께롱 밥을 해놔야지, 흐흐.[59] 내한테가 돈 있는 놈 갖고, [시장에] 가서 꼬막 좀 사고, 또 콩나물 좀 사고, 시금치 좀 사고, 이래가꼬는, 쌀은 지그집에 있으니께로, 옆에서 많이 [도와]준 사람하고 인제 둘이서 시장에서 [집으로] 온 게롱, 나락도 지가 다 먹고, 퍽석퍽석한 놈, 나락 두 가마니만 있고는, 쌀은 한 테가리도 없어, 지그 어매 죽은 지가 한 달이 다 되어가는데, 밥을 안 해 먹고 주막에 가서 술만 먹고 지내놔서.

　"그런게롱 지금 지그(남편의) 사촌집이 있다믄, 양자 낳아준 집의 사촌집에서[60] 쌀 한 말을 준 것[을 가지고] 저녁에 밥해 놓고, '우리들이랑 같이 먹고 그러자.'고, 인제 [돌아가신] 시어매라고 내가 절을 허고, 아 –

---

59) 돌아가신 시어머님께 밥을 올렸다는 이야기　60) 남편과 양자간은 먼 친척 관계임.

그러니게, 허가네들 집이 열두 집입디다, 열두 집이야. 그 동네서 윗 동네는 허가들만 살고, 밑에는 조카들만 살고 그런디, 조카들 집에 허가들집 마당에들 [모여서], 그때만도 마흔두 살 먹었으니게롱 내가 각시여, 그때만 해도, 무슨 각시가 와서, 아 시어매 밥해 놓고, (웃으며) 허허 -, 그리고 막 절을 허고 그런다고, 막 각시 보러 온다고 왔씨요.

"그런디 [고자 영감은] 어디 갔다가 틸룽틸룽틸룽 와서는, 어디서 마누라가 살려고 왔다고 한게롱, 반갑다고도 안 허고, 웃도 안 허고, 빙 한쪽에 앉아서 담배만 물고 앉았어. 밥 준게 밥 먹고, 물 준게 물 먹고, 저녁에 열두 시까지 앉아서 모두들 놀다가 갔는디, 아이구, 지그 어매가 죽어 논게롱, 방 돛대기도 초석, 옛날에는 대로 맨든 초석이여. 고놈을 갖다가 딱 걷어다가 꼬슬라⁶¹⁾ 버리고, 이불이 있을까 지우래가 있을까 몽침이⁶²⁾ 있을까, 뭐 옷 싸멘 옷 궤짝, 시구 궤짝, 고거 하나밖엔 없어, 방에가. 그러고 가마니짝을 둘르르 폈사면 널쩍 안 혀요, 질고. 고놈 두 개 깔아 놓고, 홀애비라 고로콤 자고 있어. 아무것도 없고 그런디서, 이불도 없고 아무것도 없는 디서 내가 요로콤 오구리고 (팔 다리를 움켜진 자세를 취하며) 자고 있는디, 자기도 인자 '성이 무언가?' 말을 헌가, 뭐 '몇 살 먹었는가?' 말을 헌가, '워뗗게 왔냐?'는 말을 헌가, 말도 말도 안 허고, 저녁 내-내, 이 얘기도 안 허고, 담배만 묵고 한디, 잘 때기도 그냥 오그리고 그러고, 자기 몽침, 그 나무로 한 것 몽침 고것만 딱 소그리고, 고놈을 베고 그러고 자. 나도 한쪽에서 인자 그 자리도 없는 디서 자고.

"그 이튿날 인제 벼락장이라고 있어요, 순천 가며는. 거기 가서 내가

---

61) 불태워 62) 베개

내 한테 있는 돈으로 자리 사고 물통도 하나 사고, 흐흣흐, 물통 길러 먹을 물 줘박지도⁶³⁾ 없어요. 또 물도 가까운 디면, 우리집으로[부터] 물 길도 고로곰 멀어요, 우리가 높은 디 산께 그 집이. 그런게 [시장에서] 물 줘박지 하나 사고 들고, 저벅저벅 들고 올라 오고, 또 뭐 바께스, 끈 있는 바께스 하나 사고 요래가꼬 (장 바구니를 머리에 얹은 모양을 하며) 장도 좀 보고, 아침에 방앳집에 가서 쌀 갈아 불고, 길쌈할려고 인자 삼 한 꼭지 받고, 그라고 삼 한 꼭지 받아 가꼬 인자, 그놈 장바닥에 베를 내야, 돌아오는 장에 팔고, 또 한 필 혀 가꼬, 돌아오는 장에 팔고, 또 그놈 팔어다, 팔고 남은 짜투리는 영감 옷 혀주고, 그러고 산게로는…

"인자 저녁에면, 일 헌 사람들이 우리 마당에 하나씩 오네. 어디서 죽은 지 어매가 이른(이런) 마누래를 지어다가 줘갔고, 저거 호강스럽게 산다고, 일만 알고 밥만 알고 그러고 산다고. 아ー유 시상에, 오는 사람마다, 하루저녁 와서 가버리고, 사흘 저녁 와서 가버리고, 하도 여편네가 간 게로는, 애기 키워주면 애기나 보고 살으라고, 애기 딸린 저기 [여편네를] 얻어주며는, 그냥 애기만 키워서 가버리고, [그렇게] 일곱 마누래들이 가버렸는디, 저 할머니는 갈 생각도 않고 산다고, 모두 다 칭찬들을 한게롱.

"고자라는 것은 자지가 힘이 없으니게롱, 힘도 못써, 통. 일도 안 혀. 자기 신세가 그렇게 된게. '내가 일해서 뭘 혀?' 그러고. 그런게롱 일 허란 말도 못 허고, 그저 목숨만 살아가꼬, 그냥 술이나 한 잔씩 먹고, 밥 주면 밥 먹고, 그저 죽 주면 죽 먹고, 타박도 안 허고, 짜단 말도 안 허고 싱겁다는 말도 안 허고, 그러고 산 영감이여.

---

63) 바가지

"[사람들이] '에이구 고자 영감 허구 어찌케 살어, 젊은 세상을?', 이러구 삐죽거리기나 하구, 그러면 그런가부다 하고 살았어. 아유 그러고, [나는 고자 영감이] 성가스럽지 않으니께로, 주는 대로 묵고 있으니껜, 고로코롬 좋을 수가 없어요.

"인자 우리 동생이 장사한다고, 그때 돈으로 쌀 두가마니 값을 돌래요, 돈으로 주던지 쌀로 주던지 두 가마니 값을. 누님이 저런 병신하고 살믄서, 왜 살므는 좋은 놈 똑똑한 놈 부자 놈 얻어 갖고 살지, 왜 가난하고 저거 아무 것도 없는 놈하고 살면서 벌어 먹이냐고. 저거 벌어 먹이려면 나도 좀 살리라고 이러고, 그러고는 와서는 졸라대서 두 가마니를 얻어서 줬어. 아 이듬해는 흉년이 되어서 못 갚으니, 세 가마니가 되요. 한 가마니당 닷 말씩 줘요, 쌀 한 가마니 먹으면 닷 말씩, 두 가마니게롱, 세 가마니가 안, 돼요~, 세 가마니가.[64] 인자, 그 이듬해 또 흉년이 드니까, 또 인자 못 갚지.

"아휴, 그리고 이 양아들이 장가 가갖고, 큰 딸래미를 낳아가꼬는, 지 그 고모집에 가서 내가 그러고 산다는 소리를 듣고 찾아왔어요. 찾아와서는 석 달 열흘 묵고, 며느리가 그냥 식은 밥도 안 먹어요, 그때는. 시방은 애기 낳고 지가 살림살이 허면서 어쩐가는 몰라도, 하루도 하루 밥해서 한 끼 먹고는, 남은 것을 어디다가 없애 버리고 또 쌀 떠다 폭 삶아서 삼시씩 밥을 해 먹고, 아유 한 달에 쌀 한 가마니씩을 다 먹어

---

64) 두 가마니에 붙은 이자가 한 가마니가 된다는 이야기

요, 열 말을 다 먹어, 한 달에. 석 달이면 세 가마니여. 석 달 있다 가믄 성, 인자 어디 가서 돈 벌어다 갚는다고 인자 또 차비 돌라네. 서울 가서 벌어다가 갚는다고.

"아, 글쎄 또 그리고, 나는 밥만 알고 일만 알고 한게롱, 누가 말만 하면 돈을 줘, 돈도 주고 쌀도 주고 그냥. 허허허. 벌어 갚으라고 혀, 부지런한게롱 벌어서 갚을 것이라고, 날 보고. 아휴—, 또 농사를 지으면서 내가 베 짜주고, 베야, 하나 더 짜주면 하루 더 농사한 것으로 해주기로 하고. 또 품막금을[65] 혀.

"나는 네 가마니를, 동생 것 두 가마니[랑 아들 것을] 얻어줬지. 아, 연흉년이 삼 년 들어버렸지, 고놈 농사 지어서 다 갚아 버리면, 탈탈 털어 버리면, 또 빚 얻어서야 농사짓지, 또 그냥 농사지은 놈[에]서도 갈아먹고, 우리 지어먹으면, 고놈 가지고 딱 빚 갚아 버리고, 또 다른 데서 얻어 가지고 빚 갚아 버리고, 먼저 집, 이자 갚아 버리고, 아, 고놈이 또 이자 짓지.

"아휴 또 못 살겠길래, 서울로 그냥 아무래도 안 되겠다고. 동생도 한 번 가더니, 벌어준다고 그러더니 주도 않지, 아들도 서울 와서 살면서, 들여다보지도 안 허지. 요러 나만 빚만 지어 놓고 다들 가 버렸어.

"그래서 영감보고 내가, '식모살이 살면 일 년이면 한 달에 쌀 한 가마니씩 번다요.' 그때 돈으로 한 달이면 한 가마니씩이니께, 일 년이면 열 두 가마니 안 되겠어?

"'내가 그놈 가지고 와서 빚 다 갚아 버리고 우리 서울 가서 삽시다.'

"[그랬더니] 나 죽이고 가지 혼차는 못 간대요. 자기를 죽이고 가지. '나

---

(65) 품으로 막음.

는 인제 당신 없으면, 고스라니 앉아서 들어누어 죽는다.'고, 허허허.

"그래두 영감을 내두고 서울에 와 성북동에 살면서 공장에서 밥해주고 있을 띤디, 그 이듬해 영감이 인자 좇아 왔어. 서로 만나가꼬는 서로 울고 그랬는디.

"우리 동생이 영감한테 와서 막 띵깡을 놓아요, 자기네 등골만 빼먹고 있다고. [그래서 내가 영감한테] '우리 동생 보면, 내가 막 뺨 한다귀 때려 줄텐게, 서러워 말고, 당신 죽으면 내가 팍팍 묻어 놓고 내가 시집을 가도 그럴(갈) 텐게…'

"요로코롬 살다가 영감 죽을 때까지도 행여나 저 버리고 갈까봐 못잊어 못잊어 그려.

❦

"아, 이렇게 가난하게 산 게로 구청에서 알고 돈을 줘. [그런데] 구청에가 기록을 해 논 것을 봐야 돈을 내주지. 잉 뭐 기양 말만 잘 헌다고 돈 주나? 안 줘. 인자 배급 줄랑게로는, 고자 할아버지 고향에 가서 호적 띠고, 내 고향에 가서 인자 이 영감한테로 올리라고 호적 띠고, 인자 요거 합해갔고, 인제 둘이 동거 생활로 있다가 호적을 맨들어서 동회에서 띠어 준 게로는.

"배급 준다고 해가꼬, 없는 사람들 배급 준다고 해가꼬는, [공무원들이] 많이 중간에서 막 차뜨기로 띠어먹고, [정작 배급받을 사람들한테는] 쬐금씩밖에 안 주고, 둘이서 되로 한 말씩은 줘야하는디, 되도 한 말 못돼게 주고, 왜 그렇게 띠어먹은 게롱, 이제 조사를 해. 얼마씩 받았냐고 허면 되로 한 말씩 받았다고 씌여 있고, 그러면성 주거덩, 그러면 '예,

예.' 대답을 했지. 그러는디 그것이 인자 조사가 워떻게 잘못 되어 갔고, 시물떡 들켜 갔고는, 인자 쌀로 안주고, 인자 돈으로 통장을 맨들어 가지고, 통장에다 넣어 줘서 돈으로 찾어, 시방.

"돈을 구청에서 [나한테] 내주믄, 친아들이 아니고 이렇게로는, [양아들은] 이렇게 아숩다고 갖다가 노름이나 해뿔고, 술 묵고, 집이나 살믄 뭐 하지마는, 집도 장만 안 허고, 나는 오백짜리 살므는, 아들은 백오십짜리 살아 방이, 돈이 없어서. 노동일은 [돈이] 없는 게로 무슬(무엇을) 벌어서 묵고, 딸래미 둘은 가르치고, 뭐이냐 딸 둘은 고것들은 저 고등학교 까정은 못 가르쳤어.

"아들보구 말을 어치케 해, 내가 그렇게 살았다는 소리를. 딸 같으믄 내가 이 얘기 다 허지, 딸 같으믄.

"들은 걔 [있나]봐, '뭔 얘기를 엄마는, 뭔 얘기를 했어?'

" '나는 뭔 얘기를 할려면 눈물이 나옹게로, 안해.'

" '울려면 허지마, 허지마.' 울려면 허지 말래.

"그렇게 할려믄 내가 기양 팍 해가꼬 눈물이 나옹게로, 이러구 이러구 옥자[66] 만나 가꾸, 옥자 보고 그랬는디, 저런 저런 소리 형께, 옥자가 그냥 인제 [위안부 등록] 신청을 해가꼬는, 또 구청에서 아짐마가 조사를 허고, 그려가서 히와 가꼬 [구청에서 돈이 나와]. 보호자 아줌마들 오므는, 뭐 빨래 같은 거 내가 인정까정은[67] 내가 그런 거 할만 허고,

---

66) 식모살이할 때부터 알던 친한 사람 67) 아직까지는

여름 빨래는 손으로 주물러서 해 입지마는, 그런 거(세탁기) 쓰므는 전기 많이 나오니께로. 와서 디리다 보고 가고, 그리고 보호자들이 오믄 잘 해주고.

"또 여그 아들두 자다가두, 내가 밥 묵고 어쩔 째믄 막 숨도 못쉬게 아플 때가 있어요, 그럼 인제 전활 꼭꼭꼭꼭 눌러놓고 인자 소릴 받으 므는, 내가 말두 못허구 있으믄, 쫓아 내려와서 약 사다주구, 뚜들겨 주고, 주물러 주고, 또 살아나고 고로고 살아, 인자.

"구청에서 나온 돈으로 뭐 요놈도 사고 그런 게로, 저것도 주고 (장롱 위에 쌓인 두루마리 화장지를 가리키며), 고저 인자는 안 사. 사 놔받자 나 죽 으면 못 혀. 밥통도 그래서 가서 하나 사고, 누가, 저런 뻘건 밥통을 [사 라고]. '할매, 쩨깐[68] 솥단지에다 밥 거기다 해 놓고 있으면, 밥 안쳐지면 지글지글 된다.'고 혀서. 나 이런거 쓸 중 알아. 하하하, 가르켜준께.

"나 열네 살, 열세 살 먹어서 양학에를[69] 밤에만 헝께로, 동무 따라서 하루저녁 갔다 와서, 이런 데가 피가 찍찍나게 때려, 우리 할아버지가. 대빡다귀로 막 그런 데를 때려가꼬는, '또 갈래 안 갈래?' 허면서, 그러 면 '안 갈렵니다, 안 갈렵니다.' 하고 빌어가꼬는, 그 하루저녁에 가가 꼬는 기억, 니은, 미음, 시옷, 백, 쌍이응, 고런 것밖에 몰라. 그런겡, '막 이게 뭔자여?' 허면 '7자, 8자, 9자 허고 6자' 허고는, 그 내가 9자 허고 6자 허고는 워떻게 밤나, 흐흐흐, 서서머져.[70]

"내가 우리 아들 공부를 못 가르켜 가꼬는, 애돌아[71] 죽겄서, 증말. 우리 아들 그래 일곱 살 먹어서, 뭐 내한테 와 가꼬,

_____

(68) 조그만 (69) 야학 70) 헷갈려 71) 애가 타서

"거 공부를 안 갈켜서는, 시방은 뭐 딱지가⁷²⁾ 오믄 나는 모르는디, 저는 보고 '돈 나왔네.' 또 전화 같은 거 시방 전기불 돈 나온 거 시방 나온 거 있어요, 적께는.

"그러면 '어매는 공짜네, 전화비도 공짜네.' 이러고

"그면 '워쩌케 알아?'

"'어깨 너머로 배웠지 뭐.' 혀.

"거기꺼지 혀가꼬 시방 살아요. 그러고 편할 수가 없어요, 시방은.

"내, 열닷 살 먹어가꼬 거 가서 그짓을 그런 짓꺼리를 혀 가꼬는 스물여섯 살에 해방될 때까지 그러고 살았어. 고향에 돌아와서 우리 엄매는 봤지. [그동안 어떻게 살았다고 엄마한테] 말도 못했어. 그때게는 울 엄매는 우째 저기냐 하믄, (갑자기 목이 메인 채) 내가 그리구, 그런 소리 할라믄 눈물이 나오께로 시방은 말 안해, 내가 말 안해.

"우리 할매가 할아버지가 애당초에 가난하게 살아가꼬, 우리 어매우리 아버지 낳을 때게부터서 가난혔다여. 그 가난한 집에 내가 또 태어났어요. 그렇게 가난한 집에서 애들은 우굴우굴허지.

"우리 아버지가 저그 넘의 까치뫼 가서, 소나무 한 재 나무를 하나 비어다가 팔아 가꼬, 일본놈한테 가서 지고 가서, 시방은 구루마라도 있고 차도 있어, 지게에다 짊어지고 가서 팔아가꼬 오며는, 서죽쌀이 여그 되로 허면 두 되여, 고놈 팔아가꼬 돌아오는 장터막까지, [온 식구가] 묵어야 허여. 응, 그때게 얼마나 배가 고팠겄소.

"옆에 집에는 장도 치렁치렁 담아 놓고 잘 살고, 우리집에는 쪼끄마한 항아리 새끼하고 두 개밖에 없어, 가난한께. 그런디 장을 못 담아 먹어. 메주를 써놓으면 배가 고프니껜 메주를 다 뜯어 먹어, 다 깎아 먹어 버리고.

"우리 어매가 한번은 이 옆 [집] 부직이네 장고방에서 우리 엄마가 장한 그릇만 퍼다 놓으래, 한 그릇만. 욕심쟁이 [내]가 한 그릇만 떠다 놓았으면 할 것인데, 또 한 그릇 떠다 다른 데다 부어 놓고, 또 놀다가는 '나 똥 마려운께 똥 좀 싸고 올게~.' 살짜기 가서 또 한 그릇 떠다 또부어 놓고, 그러다 마지막 떠다 오다 들켰어 인자.

"시상에 동네 사람들이, 우리 어매는 놔두고 우리 아부지를, 저기 당산제도 지내고 그러는 정자나무가 있는디, 거기다가 우리 아부지를 불러다 놓고, 나 잘못 가르쳤다고 자식을 잘못 가르쳐서, '넘의 장고방에 가서 장 퍼다가, 그런 도둑놈이 어디가 있어요?' [그러면서] 우리 아버지를 덥석 머리를 치켜요. 그런 일을 생각허면 속이 그냥 이렇게 쓰려. (울먹이며) 우리 아부지를 덮대기에다 막 몰아 놓고는 작대기로 막 뚜들고, 흑흑… (숨을 가다듬으며) 그럴 적에 우리 어매 우리 아버지는 둘째 문제고, 우리 할매 할아버지가 얼매나 그 자식이 그러고 있으니게로 가슴이 맺히었겄소? 시방에 그런 생각을 허면, 자다가도 마음이… 내가 그냥 시상이 우리 아버지를… '내가 한 그릇만 퍼다 놓았으면 괜찮았을 것인디…' 못된 년이 뭔 염병할 단지로 하나를 채워 놓고는, 우리 아버지를, 그냥, 그러콘 그랬다, 싶으면…

"여섯 살 먹어서, 우리 저그 내 친구 이름이 판순이라고 있어요, 판순이. '판순아, 놀게 이리와.' 우리 동생 업구 그러구 가믄, 그 집에 가믄,

흘근 쌀밥에다 굵은 콩을 드문드문 놔가꼬, 밥을 혀가꼬 떠 묵으믄, 그놈 한 숟가락 얻어 묵고 싶은데, 안 줘, 안 떠 넣[어]줘, 한번도. 옛날에는 대투가리 거기에다 점심을 흩어서 솥때기[에]다 인자, [식구들] 낮에 와서 밥 묵어라고 담어 놔요. 나하고 동갑대기하고 고곳(판순이) 허고, 마당에서 독줍기를 하고 놀다가는,

"내 맘속으로 '아이구 니 솥단지에는 낮에 묵을라고 그 아침에 헐건 쌀밥이 있겄다. 아이구 저놈을 어떻게 가서 묵어 볼까?' 이렇게 곰곰히 생각을 허다,

"[내가 판순이한테] '오줌 좀 싸고 올게 여기 있어 잉~, 둘이서 우리 동생 데리고 여기서 놀아. 나 오줌 싸고 올께.'

"오줌 싸러 간다고 요로콤 하고는 [부엌으로 가서] 솥단지 싹 조끔 열어 놓고는, 사로강에⁷³⁾ 가서 수저를 하나 갖다가는, 한 번 떠먹는디, 어떻게 그러기 맛난 것이며, 아이고 시방 그때가, 아이구 그렇게도 맛나끼도, 그런 놈의 것을 한 숟가락 떠먹고, 또 그놈을 가만히 덮어 넣고는, 가서 놀고는, 이놈이 또 먹고 싶으니, (웃으며) 세 번을 가서 덜어 먹고, 인자 점심 때가 되었어요. 어매 – 인자 그때는 잘 놀았죠. 내가 배가 부른게로, 밥을 큰 놈 세 숟가락을 내가 먹었으니깐. 점심 때가 되어서 인자 우리 동생 데리고 와서, 집에 와서 인자 어매가 올 때가 되고, 저도 지그 어매가 올 때가 되어서 집안 딱 치워 놓고 인는디 인자,

"우리 친정 어매가 한주댁이여 댁호가, 한주에서 시집을 와가꼬. 판순이 어매가 '한주댁, 한주댁!' 내려 오라고 내려 오라고, 우리 어매 보고 뭐라고 뭐라고 하더니, 우리 어매가, 아, 눈이 막 둥글둥글 해가꼬

---

73) 찬장

는, 그러냐고 그러냐고 하더니, 난 밥 돌라 먹은 건 꿈에도 안 꾸곤, 인제 우리 어매가 뭐 치랜 것만,[74] 시방 뭐 벌석하고[75] 있는디, 어매[를] 얼른 쳐다 보니껜, 눈이 막 둥글둥글 해 가꼬는 막 얼굴이 노래져 가꼬는, [판순이 엄마가] 우리 어매 보고, 쌀을 도라고, 집의 딸이 내 우리 밥을 돌라 먹었으니게롱. 쌀을 내놓으라고, 낮에 밥을 해 먹어야 일을 간다고, 쌀 내놓으라고 허니,

"[우리 어매가] 갑자기 내 발을 팍 요로콤 포개서, 꽉 한 겹으로 쪼이게 해 놓고는 '작대기, 지게 짊어지고 다니는 작대기 없어?' [이러면서] 고놈을 댓 개를 가져다가 여기다 갖다 놓고는 고로콤 나를 묶어 놓고는 (댕기로 손발이 묶이는 시늉을 하며) '음마아! 아유아유매에! 아이구!' 어매 소리나 혀? 우리 동생 여섯 살 먹은 것이 똥 싸서 뭉쳐 놓으면, 그 똥 누렇게 묻은 똥걸레를 갖다가, 내 입에다가 그냥 막 들여 틀어 막어 가꼬는, 소리도 못 지르고 '으으윽 으으윽.' 허고, 그래도 우리 어매 분이 안 풀려져 가꼬는, [내] 머리 끄랭이를 막 끌어 다가는, 땅에다 쳐박고 그냥 막 발로 짓밟고도 [내가] 안 죽고 '이이이잉.' 소리만 나, 입을 탁 틀어 막어서, 소리를 못 지르니껜. 이 말을, 내가, 거짓말 허면 하늘에서 모진 벼락을 때릴 거여. 그러다 저러다 인자 내가 안 뒈지니께로, [우리 어매가] 부치기[76]에다 나를 발로 막 쳐넣으면, 막 나는 안 들어가려고 허고, 우리 어매가 부짓기에 불을 넣으려고 하니껜, 우리 아버지가 방에서 바로 와가꼬는, 우리 어매 머리 끄랭이를 잡았는가, 뒷덜미를 잡았는가, 우리 어매를 끄집어다 나무더미에다 튕겨 버리고, 나를 인자 끄집어내서 낫을 갖다가 인제 대님을 척척 베어 버리고 끌러줘.

---

74) 치우라고 한 것 75) 법석하고 76) 아궁이

"얼매나 우리 어매가 속이 상혔것어. 그 여자가 쌀 내놓으라고 졸르니껜 쌀이 어디가 있겄어? 속이 상하지. 그래서 내가 세상에, 여섯 살 먹어서 뭔 밥 세 숟가락 돌라 먹고, 우리 엄마한테 그렇고롬 맞고, 그러니 일본놈이 쌀밥 줄께 가자 허니 내가 안 따라 가것어?"

우리가 보고 듣고 이해한 최갑순

부가청*

여든 살이 넘은 그녀의 얼굴은 헤아릴 수 없이 많은 주름들로 가득하
다. 그녀가 개구쟁이처럼 해맑게 웃고 있을 때면, 그녀의 주름들은 하
회탈처럼 살아 움직인다.

처음에, 그녀를 담당하고 있는 구청 직원은 그녀의 건강 상태 등을
염려하며, 우리에게 무리하게 인터뷰하지 말라는 주의를 주었다. 그러
나 그것은 큰 오산이었다. 친구도 별로 없고 말 한마디 안 하고 지내는
날도 많다는 그녀는 등을 꼿꼿이 세우고 앉은 채, 몇 시간 동안 쉴 새
없이 이야기를 풀어내었다. 우리에 대한 소개도 제대로 하지 못하고 녹
음 준비도 하기 전에, 우리는 이미 그녀의 이야기 속으로 빠져들고 말
았다. 그녀는 자신의 아픈 과거인 위안부 생활을 친구들이나 다른 사람
에게 이야기하면, 들으려고 하지도 않으면서 '위안부 갔다 온 할매'라
고 흉만 본다며, 그럴 때마다 무척 마음이 아프다고 했다. 그러나 이제
와서 들어주고 믿어줄 사람이 생겨서 속이 다 시원하다면서, 이 진실을
알아줄 누군가를 만나면 꼭 이야기해주려고 고이 간직하고 있었던 것
처럼 너무나도 생생하게 증언을 해주었다.

우리가 그녀를 처음 찾아가던 날, 문 앞에서 그녀를 불렀을 때, 아무
런 대답이 없었다. 혹시 오늘의 약속을 잊고 어디로 가신 게 아닐까 걱

---

* 증언을 듣고 녹취를 푸는 과정은 장미원(숙명여대 여성학협동과정 석사과정 수료)과 함께했다.

정을 하고 있는데, 어디선가 드르륵 문을 여는 소리가 났다. "누구시여~?" 조그만 미닫이 문 사이로 얼굴을 내밀고 그녀는 밝은 햇살에 눈을 제대로 뜨지도 못하고 우리를 맞이했다.

한줄기 빛마저 들 수 없도록 만든 방, 자세히 보니 대문을 막고 마당을 수리해서 만든 방이었다. 부엌의 싱크대와 냉장고가 방 안의 한 벽을 차지하고, 창문이 하나도 없어 한낮에도 희미한 형광등을 켜야 했다. 특히 매케한 곰팡이 냄새가 온통 방안을 감싸며 돌고 있어서 우리는 계속 재치기를 하고 매운 눈을 깜빡일 수밖에 없었다.

'어린 시절부터 주어진 어떠한 상황에서도 부지런히 일하며 정직하게 살아온 그녀가 살고 있는 집이 이런 곳이어야 하는가?' 이것은 나의 생각이었다. 하지만, 그녀는 아무 일도 못하는 늙은이한테 구청에서 돈을 주어 귀하게 쓰고 있다며, 어떻게 이 빚을 갚고 죽어야 할 지 고민이라고 말했다.

다시 그녀를 만나는 날, 그녀는 방안에서 잠을 자고 있었는데 몸이 매우 불편해 보였다. 그녀는 며칠 동안 비가 와서 거동을 못했고 설사로 고생을 하고 있었다. 그녀의 손은 며칠 전에 맞은 영양제 주사로 퉁퉁 부어올라 있었다. 몸도 좋지 못한 데다 심기도 불편했는지 우리가 안부를 물어보기도 전에 어제 며느리가 와서 한 행동을 이야기하며 서운함을 감추지 못한 채 눈물을 비쳤다. 우리는 "그동안 새마을 공공근로해서 번 돈, 구청에서 나오는 돈, 그리고 그동안 모아왔던 돈을 한푼도 안 쓰시고 힘들게 모아 두셨다가, 며느리나 양아들 그리고 손자 손녀들에게 쓰셨지만, 이제는 할머니만을 위해서 쓰세요. 드시고 싶은 것 사다가 드시고 다른 동네 할머니들과 어울려서 놀러 다니세요."라고 말했다. 그녀는 고개를 끄덕이며 "그래, 그려야지."라고 웃었다.

그날 그녀는 베적삼 저고리를 입고 있었는데, 수놓은 모양이 정교하고 예뻐서 어떤 옷이냐고 물어보았더니 손수 길쌈을 해서 만들어 입었다고 했다. 교회에서 집사님이 옷을 가져다 주면 조금 떨어진 부분을 기워서 장롱에 쌓아둔 채 아까워서 못 입고 있다며, 옷가지들을 보여주었다.

그녀는 일주일에 세 번, 집 앞의 교회에 빠짐없이 나간다. 그곳에 가면 친구들도 많고, 점심도 주고, 좋은 소리를 낳이 듣기 때문이었다. 교회에서 계절에 한 번씩 가는 야유회에 꼭 참석하는 그녀는 여든이 넘은 나이에 이처럼 자유롭게 돌아다닐 수 있어서 즐거워한다.

일 년이 지난 후 그녀의 사진을 찍기 위해 다시 찾아갔을 때, 그녀에게는 많은 변화가 있었다. 우선 그 어두컴컴하고 곰팡이 냄새가 나던 방에서 바로 옆 양아들이 살고 있는 방으로 이사를 했다. 예전 집은 화장실이 먼 곳에 있어 겨울에 눈이 오거나 비가 오면 미끄러질까봐 두려웠는데 이젠 그런 걱정이 없어졌다.

그러나 더욱 외로워 보이고 기력이 많이 쇠약해진 것 같았다. 일 년 사이에 많이 늙어서 기력이 쇠약해진 걸까, 아니면 예전에 그녀의 이러한 모습을 우리가 보지 못했었는가? 예전에는 교회에 가서 찬송가도 따라 부르고 기도를 하면 마음이 편안했는데, 요즈음은 아무것도 재미가 없고 심지어 좋아하는 연속극조차 별 흥이 안 난다고 했다. 며칠 전 동네 노인정에 나가 화투를 쳤는데, 이백오십 원을 잃어 무척 속상하다며, 다른 할머니들이 술 마시고 떠드는 게 듣기 싫어서 요즈음은 노인정에도 안 나간다고 했다.

그리고는 어제 본 사람도 가물가물해서 잘 못 알아본다며, 다음에 만났을 때 당신이 우리를 알아보지 못해도 서운해하지 말라며 다시 한번 웃었다. 하지만, 칠십여 년이 지난 일들을 마치 어제 일처럼 이야기하던 그녀가 아니던가. 아직도 잠자리에 누우면 15살에 끌려갈 당시부터 30살이 다 되어 고향에 돌아올 때까지의 기억들이 생생히 되살아난다고, 그래서 거의 해방되던 시기까지로 생각이 흘러오면 어스름하게 동이 튼다고 하던 그녀의 말처럼, 그녀는 지금까지 살아온 경험을 매일 자신의 머릿속에 되새겨 놓고 있다.

사진 촬영을 하는데 갑자기 "고것을(카메라) 그르케 얼굴 가까이 대고 화-악 찍으면, 내 얼골이 크게 나오는 것 아니여?"라는 그녀의 말에 우리는 모두 웃었다. 그녀의 웃음이 그립다. 그 주름들 속에는 조금도 손상되지 않은 순수한 표정이 살아 숨쉬고 있다. 극심한 가난과 목숨이 왔다갔다했던 그 위급한 상황들, 그 많은 인간들의 배신이 지나간 긴 시간 속에 그녀는 어떻게 그토록 순수한 영혼을 간직하고 있을까. 그것은 하나의 불가사의다.

정윤홍

"알려줘도 되지. 돼. 부끄럽지 않아, 난. 난 안 부끄러워. 세상에 알려져도 괜찮고 내가 이런 과거 얘기를 일본 사람들 있으면 서서 쳐다보고 하고 싶어. 하고 죽고 싶어.

"과거에 내가 이렇게 했던 사람이다. 그래서 나 얼굴 아는 사람도 있을 거다.

✿

"아버지가 한 살 때 돌아가셨어. 형제 하나도 없어.

"저 선산핵교 교장이라고 하는 이가 일본 사람인디 그 집에 가서 어린애 봐주고 그 집에 가서 심부름을 해줬어, 내가. 그래서 어린애 봐 줄 적에 한 번 갔다왔어, 같이. 일본. 그러카고 그 뒤로 [그 집을] 자꾸 왔다 갔다 하니께 자기네들이 신청을 해서 [위안부로] 데려갈라고 했던 모양이여. 그때는 일본 사람들이 커다란 지지배들은 다 데리고 간다고 허니께 얼른 시집을 보냈던 거야. 시집을 보내야 못 데려간다 그러고 열다섯 먹은 거를 가마 태[워]서 시집보냈어.

"결혼할 때 [남편이] 스물네 살인가? 스물넷이면 늙은 총각이야, 아주. 내가 열다섯에 시집갔는데 [당진에서] 한 오 년, [인천에서 이 년 해서] 칠 년인가 살았어.

"방아 찧고 뭣 하는 걸 열댓 살 됐는데 뭘 알겠어? 그러니까 남편네인 줄도 몰랐어.

"'저 사람이 총각인데 왜 나 있는 데를 오나? 나 있는 데를 와서 왜 자나?' 그렇게 생각을 했었어.

"그러니까 방에서 안 자고 자꾸 할머니 있는 방에 가 자고. 무서워서.

"내가 원체 늦됐어. 늦다는 게 나이 먹어봐야 알지 그런 걸 몰랐었단 말이지. 남편네하고 같이 통례하는 걸 모르고.

"그렇게 하다가 열 대 여섯 열일곱 그렇게 먹으니께, 그 집 식구 중에는 그 사람(남편)이 그중 내게 잘해주고 그렇게 덮어나가는 것 같아서 그 사람 말을 잘 듣고.

"그 사람이 원체 점잖았어. 핵교 선생이여, 소핵교. 그때는 소핵교 선생이면 지금 국회의원 자격된다고 할 때거든. 그랬으니께 원체 어리니까 그런 게다, 하고 자기가 더 이해를 하고 덮어나갔어.

"그런데 열여덟 먹던 해 첫 애가 생겼어. 딸은 열여덟에 낳고 아들은 스물한 살에 낳았지.

"시할머니 하나가 나를 이뻐하고 그러는디, 시누니 시아버지니 보통 시집살이가 그렇게 어려워. 밭 메고 방아찧는 거 못 한다고 그냥 내쫓고, 부엌에 들어와선 밥 푸려고 하면 막대기로 후려 갈기고.

"그렇게 해가면서 살았는디, 그러니껜 그 사람이 핵교 선생을 그만두고서 사람 하나 구해야겠다고 인천으로 [함께] 가서 있었어.[1]

"만석동 팽이고리기계제작소.

"그때 거길 댕기는디, [남편을] 모집해 간 거여, 군인들을. 원체 원통한 때니까 기억이 나지. 새벽차, 새벽차로 떠나는디, 그때는 저 무슨 뭐를 하느냐 하면, 거기에 군인 가는데 나가서 *코우코꾸신민노세이시 와레라와 코우코꾸신민*[2] 그렇게 기원들만 하고 그랬어. 서울역에서 기차로 갔지. 무슨 일을 한다는 소리는 없었어. 젊은 사람 자꾸 감추니까 그

---

1) 부인을 시집의 핍박으로부터 벗어나게 해주겠다는 의미 2) 황국신민의 서사(誓詞) 우리들은 황국신민

렇지, 다 데려갔는데, 뭐.

"남양군도, 사십이 년. 거기 간 게 서른 살에, 군인들을 거기서 모집해가고서.

"[우리 가족이] 인천 와서 이태 만에. [남편이] 다른 병으로나 죽었나, 폐병으로 [죽었다고 통보가 왔어]. 폐병은 지금은 고치기도 쉽다며? 그렇게 잡아갔으니, 기침 콜록콜록 하는 사람을 잡아갔으니, 그런 데다 갖다 놓고서 그 사람이 제대로 살겄어? 하얀 글씨 쓰는 거 자꾸 마시면 폐병으로 죽는 겨. 가난해서 잘 먹지도 못하고.

"그냥 데려다가 그냥 죽인 거지, 뭐. 생사람.

"그래서 거기서 살면서 남편네를 데려갔는데, 쪼그만 애 둘이 있으니 살 수가 있어야지. 인천서 시골로 내려갔지. 친정이 저 당진, 충청도 당진인디 [남편이] 죽은 뒤에 한 이 년 있었지.

"친정에 있다가 그때가 한참 대동아전쟁기라 심부름하는 사람들이 일본서 돈 나왔으니께 준다고. 남편네 죽은 보답을 준다니께, 다른 사람[에게] 안 주고 나를 준다니께 내가 거길 갔던 거지. 한국 사람 하나, 일본 사람 하나, 둘이 왔더구만. [애들은] 친정 어머니가 데리고 있었지. 그래서 그 돈 주면 그것들 데리고 나는 살겄구나 하고 갔던 건데…

"인천서 서울역까지 간 거거든. 서울역서 떨어졌는데 여관에서 하룻밤 잤는데. 돈 이제나 주나, 저제나 주나 했더니 안 주고서 나를 또 차를 태우는디, 청진 가고 목단강서 쉬고서 차 태워 거기 와서 다른 사람이 받아갔어, 나를. 차 정거장 와 서서 쳐다보고, 나 하나하고 젊은 여자 하나하고 둘을 싣고 가는디, 거기까지 가야 한다고 준다고 그러니께, 목단강으로 가면 준다고. 그래서 목단강까지 가서 거기서 나흘 밤인가 잤어. 어찌 그렇게 긴지. 거기서 그렇게 한-참 수속 뭘 잘못했는지, 우리 고향으로 호적초본을 떼 오고 야단을 하대. 그러더니 나흘 밤인가 자고서…

"지금은 인저 가나"도 몰르고 일본말도 잘 못해. 그때는 인저 일본말은 대강 했잖어.

"그랬는디 '이게 어딘디 어디다 쓸려냐?' 허니께, 그때부텀 윽지르고, 걱정말라고 그래가면서. 그래서 갔는디, 인저 그땐 울어 가며 갔지.

"갔는디 워찌 거길 잊어버리겠어? 그 목단강이란 데를, 워째 거 동안성이란 데를. 거 늙은이가 팔십, 죽을 때까지 그걸 잊어버리겠어?

"가보니까 동안성이여, 동안성이라구 불르더라구 거길.

"거기가 엥아이쇼부대라고 하면 그 사람들은 알아, 대장이름인진 몰라도.

"그런데 참 멀찌감치 떨어져서는 이렇게 움막 치구 사는 사람두 더러 있구. 거기는 나무두 별루 없구. 갈나무 그런 것뱆이 없어. 산도 안 높고. 그런디 거기서는 로시아가 가깝디야. 거기서는 로시아가 가깝다구 그러더라구. 지들끼리 허는 소릴 내가 들었구.

---

3) かな. 일본문자

"이렇게 지금 저 [비닐]하우스 짓듯이 그렇게 쭉 가운데 요렇게 넘기고, 양쪽으로 방 요렇게 스무 개면 스무 개, 서른 개면 서른 개 그렇게 지어놨더라구. 그때 방이 아니고 집을 지어 놓고 여자들을 넣는 거야.

"'그렇게 가면 사람을 죽이진 않겠지, 내가 죄도 없는디.' [했지]. 워디 월급쟁이로 가는 지 알았지, 그런, 그런, 내가 늦돼서 그런 것까지도 몰랐어. 워째 이내 쳐다 보니께 이상하다 여러카고서. 먼저 있는 여자들이 있더라구. 거기서 요 깔고 자고, 남자들 일본 사람이고 조선 사람이고 칼 차고 들어오면 들어가고 그래서 알았지, 인제 그때는.

"방을 하나 주며 한국 옷이 아니고 네마키[4]만 입은 속에 빤스 입고 네마끼 이렇게 입고. 우리말로 잠옷 같은 거 하나씩 다 줘. 그래가꼬 방 하나 나를 주더먼. 이불도 하나 주고, 버개도 하나 주고, 방 하나 나를 주니께, 이게 내 방인게 보다 하고서 들어가서 [있었지].

"워떤 땐, 탄이, 저 조개탄이 부족해서 제대로 못 늫[5] 때도 있어. 거기 있던 여자들이, 여기를 괜히 온 줄 아느냐고, 남자 잘 받아들이고 돈 잘 버는 여자들은 잘 쓰구, 막 깐봐. 깐보고 겁도 올려. 이제 여기가 거저 온 중 아느냐고 그러카고.

"도망했으니까 맞지. 맞을 짓을 하니까. 밤 늦게, 청진으로 (갑자기 목소리를 높이면서) 도망해두 뭐 당장 붙들렸을끼여. 그러는디 그걸 몰르구 도망을 해니께, 패구, (정강이를 가리키며) 이 눔을 묶어서 꿰달아 매.

---

4) 잠옷 5) 넣을

"도망하다 들켰으니께, 이 눔을 비틀어서 나올라고 애쓰니께 여기(다리)가 자욱지고[6] 잘라질 수밖에[7] 버틸 수 있어? 피가 나오니께 인저, 나중에, (힘없는 목소리로) 풀어논기여.

"빚이야 인저 무슨 뭐 살 중도 모르고 나갈 줄도 모르니께 빚은 얼마 안 졌는디, 빚을 얼추 갚고 '왜 돈 준다더니 그건 안 주고 이렇게 하느냐?'고 '니이가[8] 잘못 아니냐?'고 내가 그랬거든. 그랬으니까 묶어놓고 때린 거여.

"안 그렇게 하면 돈을 안 주고 굶어 죽어. 그 사람네서 [군인을] 안 받을 수가 없지. 그러카고 철문으로 안쪽으로 척척 가둬두고.

"그렇게 두어 번 당했지. 그럭하다가 안 되겠다 해서 일본 사람을 인제 더러 들어오게 하고 그렇게 안 하면 나갈 수가 없게 생겼어. 그래서 일본 사람을 인저 상대하기 시작하니까…

"발써 문 앞에서 보면은 누구라는 거, 그 사람이 다 쓰구 들여보내여. 쓰구 워떤 방으로 들어가는가 다 알어. 이 뱅이 내 뱅이구, 니 방으로 들어오고, 저 뱅이 다른 방으로, 즈의 맘에 있는 방으로 다 들어가. 그거 장부에 다 적었지. 돈, 돈은, 무슨 돈 줘, 안 줬지.

"저 뭣 하는 여자들 있잖아, 유곽. 그것처럼 잡아들이고 그렇게 해여, 군인들. 다 그런 것만 시키면 자기네 돈도 들 되니께, 나는 못 생기고 너무 촌스러우니께. 그러니께 내가 그걸 못 하니께 돈이 없는 거지. 그러니께 자꾸 적자 나지.

"청소허고 그게 탄, 조개탄이라는 거 있잖어. 그거에다 불 피워 놓는 거 불 피는 거 그거 허고, 김치 같은 거 담어서 밥하는 그런 거 하고. 교

---
6) 자국이 생기고 7) 당시 묶였을 때 생긴 상처가 현재 무릎 아래쪽 정강이에 사선으로 움푹 패인 자국으로 남아 있다. 8) 너희가

대로 안 해. 그것 더럽다고 남자 잘 받아서 돈 잘 버는 여자는 안 해. 시키지도 않아. 거기서 원체 돈이 안 올라가고 돈을 못 버니께 그런 거 시킨 거여. 그러니께 일만 되지게 하고 일만 해싸코.

"병 걸리거나 그런 적은 없어. 남자들 병 있는 사람들은 씌우라고 그거 주는 모양이더구만, 고무 뭐.

🪱

"'저 여자(나를) 불러 달라.'고 어떤 일본 사람이 그러니께, 어떤 방에다 집어 넣으니께 애가 생긴 거야. 샷쿠⁹⁾를 주는디도 그걸 안 끼었던 모냥이여.

"임신하고 석 달 되니께 임신했다고 벌써 그 통 안에서 다 알더만? 그러니까 여자들 아는 높은 사람이 '저 아무개 그런 일이 있다.' 하고 신고하더만. 그러더니 데려다가 다 검사하더만. 그렇게 막 야단을 하고 때리고. 임신했다고.

"애가 하나 생겼는데 배가 불러지니까 내보낸 거야. 병 걸리는 사람들은 오히려 애 생기는 사람들보다 나서.¹⁰⁾ 약 주고 병 안 걸리게 고쳐 주는데 애기가 생기니께 애기는 떼주지 못하더라[구].

"한국으로 가라고 그랬어. 그러더니 인저 '야, 아무개 나가게 됐다, 나가게 됐다.' 저희들이 수근수근하대.

"그러더니 명령이 떨어졌다고 그러더라구.

"그 사람들이 그때 한국 나올 돈은 줬어.

---

9) 콘돔 10) 나아

"목단강서 자고 서울로 올 줄 알았는데, 안 오고 다른 데로 갔는데 그때 서울까지 오는 데 혼자 왔어. 저기 동안성 댕기는 기차가 있어. 버스도 암 것도 없어. 기차 타고서 목단강 와서 내리니께, 그냥 이렇게 섰으니께, 누구보고 물어보면 다른 사람이 나 데리고 가면 어떻게 하나 무서워서 이렇게 섰으니께, 청진 가는 차표들을 사더만. 그래서 청진 가는 차표 사는 데는 가니까, 서울 가는 차표를 살 수 있거든. 그래서 거기 가서 서울 가는 차표를 끊었지. 그래 가지고 서울로 왔지.

"돈 있는 중 알고 검사해. 저 어디 청진인가 거기 와서 검사해. 기차 안에서 해여. 검사 다 해. 거기서 뭐 가지고 오는 줄 알고. 청진부터는 조선이거든. 그러니까 청진서 넘어올 때는 검사 다 해. 뒤져 봐. 이런 보따리, 손 몸뚱이까지 다 뒤져. [왜 오는지는] 물어보지 않아, 무슨 장사꾼인 줄 알고.

"(웃으며) 그때야 뭐 이렇게 해서 와도 좋았지, 조선 오니께. 좋았지. 좋았는데 인저 배 속에 든 거 그것 때문에 몰래몰래, 참…

"올해 일월 달에 들어왔으면 말이여. 양력 구월 달인가 칠월 그렇게 해방이 됐거든. 나 그럭하고 나오니께 쪼끔 있다가 나온 뒤에 몇 달 있으니께. 그때는 자유가 됐잖아, 모두.

"예산까지 차 타고 갔는디, 예산서 여관이 저물어서 묵으라고 하니께, 군인들 그때 참 많이 몰아다 여관마다 꽉꽉 찼대, 일본 가느라. 그래서 내외 자는 데서 빚져서 자고 새벽차 타고 당진을 가니께, 우리 어머니가 앓아서 병들었을 땐디, 가니께 어머니가 엊저녁에 내가 애들을 데리고 들어오더라고, 그러고 꿈을 꿨다고.

"그래서 들어가서 어머니 집에 가서 있었지. 어머니가 좋다고 그랬지. 어머니하고 나하고 살아보질 못했다고. 그런데 몸뗑이까지 저런 거 생겨 가지고 왔으니 어떻게 하냐고 부모가 그러지 않겠어? 그 생각을 하믄. 그냥 땅을 치고 어머니도 울고 나도 울고…

"아들하고 딸 하나 있는 걸 [그동안] 시집에서 뺏어갔어. [그래서 애들 찾으러] 삼 십 리를, 시골에 공동묘지가 아주 편편하고 크─고 많은 데 있어. 헤치고 겁 안 내고 [시집으로] 갔었어. [그런데] 나를 내쫓았어.

"워째 내쫓느냐 하면 집이 있을 텐디 저 년이 [인천에 있던] 집도 팔아서 친정에 갖다 주고 알몸뗑이로 새끼들 데리고 있는다고.

"그러니 그 사람들을 상종헐 수가 있어? 그러니께 어머니하고 살았지.

<hr>

"돈도 못 벌고 몸만 그렇게 버리구 애 생겨 가지고 왔으니, 얼마나 어머니가 넘 부끄러웠겠느냔 말이야. 그래서 이모네 집이라는 데 가서 헛간에 가 숨어서 걜[11] 낳았어.

"사람이 속에서 뭐 생길라면 애가 생길라면 벌써 닮아지고[12] 음식도 닮아지고 배가 닮아져. 그러니께 그 아이가 뱃속에서 크잖어. 그러니께 그때 와서 낳았지. 저 산속에 가서 몰래 낳아서 워서 주웠다고 끄려

---

11) 아들을 12) 달라지고

가꼬[13] 왔는데도 받아들이는 사람이 없어. 그래서 그걸 참 섧게섧게[14] 이곳저곳 물로 뛰어들까 하다가 그걸 키웠어.

"그랬는디 아무 집에 가서래도 촌집에 가서 방 하나 구해도 먹고살게 있어야지. 굶어가면서도 그걸 낳아서 끄려가꼬 댕기면서. 지금 같아서는 누구한테 보낼 수 있잖아. 그걸 몰르니께 키우느라고 시골서는 다 소문나서 나쁜 년 됐지. 질적으로 나쁜 년 된 거야. 누가 좋대? 어디 가서 어떤 놈 뭣 해가[지고] 애 뱄다고.

"그렇게 하면서 오늘날까지 살았는데 그 소리를 차마 못 했어.

"그렇게 고생을 하고 있는데 그걸 일본 사람들이 몰라준다는 게 그게 인간도 아니어. 그렇게 된 할매들이 지끔 살아가꾸 제대로 생긴 햇볕을 못 보고 동기간한테나 남한테나 좋은 얼굴을 쳐들고 오늘날까지 살질 못한 사람이야, 남한테 죄져가꼬, 죄지.

"어머니가 마흔일곱에 돌아가셨어. 그때는 못 얻어먹고 폐병이 심했어, 그런 병으로.

"인저 이렇게 손을 붙잡고서 나를 손을 토닥토닥 하고, '골라서 시집가야 산다, 어떻게 살래?'

"그때는 벌어먹고 사는 게 뭐가 없어.

"저쪽 서들방문에 들이라고 있어. 들이라고 내 친구 하나가 거기서 고아떼기여. 남편네 육이오로 죽고 정신이 없어. 그래서 [후에는] 거기

---

13) 데리고 14) 서럽게 서럽게

가서 있었어. 이쪽에를 있지 못하고. 그래 가지고 그거 키워가면서 저 장바닥에 가서 옷 좀 떼가꼬 이고 다니며 팔았지, 그땐 근력이 있었으니께. 저 제부도라는 데 가서도 팔고. 팔다가 아는 사람이 조개탄 하는 방 얻어가꼬, 거기 사람들이 고구마 장사를 하길래 고구마 떼서 쪄다 놓고 파는데, 다른 사람들껀 잘 팔리는데 내 껀 안 팔려, 고구마 찌는 솜씨가 틀려. 그 사람들은 기막히게 딱딱 뿌러지게 해. 아무리 그렇게 하려고 해도 나 찌는 건 물렁물렁하게 쪄져. 그래서 안 팔려. 그래서 그거 한 해 하고는 센베과자라는 거를 리어카에다 사 놓고서, 거기다 밤 구워가며 뻔데기 팔아가며 그렇게 살았어. 한 이십 년 그걸 헌 기여, 아마.

"아버지가 누군지 몰라. 그래서 저 냥반[15] 한테 올렸지.

"해방되던 해, 그해 낳았거든. 대동아전쟁부터 그랬는디 날을 줄여서 올렸지. 그거 파고 들어갈까봐 줄여 가지고 올려서 핵교를 넣었지. 우리 개, 창수라고 이름 지어서 저 할아버지 친아들로, 올릴 데가 없어서 핵교를 못 보내고 있으니께, 싯째 아들로 올려 가지고 국민핵교 가르치고 중핵교까장 가르쳐서 서울 성남고등핵교까지 가르쳐가꼬.

"혼자 그렇게, 밤에는 전봇대 밑에 가서 글도 쓸 때 있고 등록금을 정 못 줘서, 일기가 있어, 지끔. 서울 맨몸으로 지가 올라가서, 지가 그게 집 새로 나오는 분당이라나? 지끔 거기 가서 살아. 메느리가 지끔 오십

15) 동거하는 이씨 할아버지

이 넘었는데 걔가 지금까지 직장 다니는 거야, 봉제공장. 걔네가 오라
고, 오라고 하는데 내가 넘 부끄러워서 메느리한테 가질 못하고…

"나 영감 보려구도 안 했어. 영감한테 관심이 없는 사람인디, 영감을
갖다 놓고 이렇게…

"지금 할아버지는 그 전에 우리 죽은 양반의 친구고 잘 안대. 그 전
한 동네서 살았어. 나 처녀 적에 오히려 청혼도 들어왔었지. 그런데 [나
를] 그 집을 안 주고 우리 어머니가 다른 사람, 신랑, 배운 놈 국민핵교
라도 잘 배운 놈 해준다고 해준 게 [그렇게 됐어].

"저 할아버지는 안 잡혀간 게, 소방대 댕겼어.

"내가 그런 데, 거기 갔다가 생겨 가지고 왔잖아, 애가. 워따 올릴 데
가 없으니께 저 냥반 자식 많이 낳으니께 사정해서 거기다 이름을 맨들
어서 올려가꼬 핵교를 보냈거든. 걔 이름 올리며 허고서 고마웠다 생각
만 했는데…

"저 할아버지 아들 많아, 내가 애들 몇을 키워줬다구. 본처가 죽고서
또 하나 얻었는데 얻은 사람두 별 재미가 없던 게더만. 그래도 애는 잘
낳았어. 천덕꾸러기로 어려운데 내가 키워주면 희망이 있을까 해서 걔
들한테 투자 많이 했어.

"내가 그렇게 하니께 나한테 자꾸 오고 와서 자구 가. 애들이 먼저
서울로 갔는디 애들이 자꾸 그래도 나를 따르고 그러니까 여기서 사는
데 자꾸 오더만. 장가들 때 내가 십만 원씩 부조하고 어떤 앤 백만 원
해주고.

"갔다 온 뒤에 그 애기 낳고 몸은 괜찮았어. 그냥 이 다리만 남 모르게 저리고 아프지. 여기가 어쩐 땐 지금도 잘 때면 죽어도 몰러. 혼자 죽지, 나는. 배창사까지 끊어질 것 같아. 어쩌거나 할 수 없어. 어찌도 오그리지도 못하게 아파. 그런 증세도 있고.

"그러므는 혼자 일어나서 내가 앉아서 '아이고 ─ 남에게 잘못도 안 했는데 내가 어째 이런 병을 가지고서 이렇게 혼자 방에서 죽게 되나. 여러 해 앓으면 방에서 뭐 오줌 똥 싸면 제 자식도 안 보는디 어떻게 해야 할까? 숱체 들[16] 아플 때 약이라도 먹고 죽는 게 편치.' 그런 생각도 다 한다고.

　

"우리도 잊어버렸는데 반복되는 일이 많을게요. 반복되는 일이 많을거라 나도 생각해. 잠 안 오고 드러누워서 생각해면, 그 생각이 날 적에는 하나 안 잊어버리고 생각이 나는디, 이렇게 앉아서 생각을 허면은, 말할려면 다 잊어버려 다.

　

"그려, 산 거여. 걔가 생기니께.

---

16) 털

"지끔 [그 아들] 오십여섯인가 돼.

"그 아들 알지. 내가 일러줬어, 신고할 적에.

"'그러며는 널 보고 오라고 그러고 그럴 텐디 혹시 뭐이 나오면 니가 가야할 텐디, 괜찮을까?' 내가 그랬는디 '전 괜찮아요. 아무렇게 해도 괜찮아요. 어머니 그렇게 고생하고도 살았는디.' 그러거든. '난 안 넘 부끄러워요. 인력으로 헌 일 아니고 정부에서 그 따위로 한 일 갖다가 왜 어머니가 넘 부끄러우냐?'고." 🪷

우리가 보고 듣고 이해한 정윤홍

정윤홍과의 만남은 1999년 6월 8일에 처음 이루어졌다. 그리고 그 이후 전화연락과 방문이 지속되었다. 첫 만남은 시청 직원의 연락으로 쉽게 이루어질 수 있었다. 그러면서도 할머니를 만나러 가면서 걱정을 많이 했었다. 왜냐하면 징병 갔다온 할아버지 인터뷰를 이전에 하기로 되어 있었는데 그 할아버지가 인터뷰를 거절했기 때문이다. 위안소나 위안부와 직접적 관련이 없는 사람도 인터뷰를 거부하는 상황에서 위안부임을 드러낸 할머니가 우리같이 어린 사람에게 자신의 경험을 쉽게 털어놓을 수 있을 것인가에 대해 걱정한 것이다.

그런데 할머니를 막상 보고나서는 그런 생각이 싹 사라졌다. 할머니가 우리의 방문을 기다리고 있었기 때문이다. 할머니가 손수 커피를 타주었는데, 손을 부들부들 떨어서 몹시 놀랐다. 이제 풍이 와서 그런 것이라고 했다. 거동도 불편하였는데 오히려 우리를 맞아주고, 고맙다고, 훌륭한 일한다고 격려해주었다.

할머니는 이씨 할아버지와 함께 살고 있긴 하지만, 방도 따로 쓰고 식사도 거의 따로 했다. 할아버지에 대해서는 자신의 아들을 호적에 올려준 사람이라고 고맙게 생각하는 것 정도인 것 같았다. 오히려 그녀가 부양자인 셈이었기 때문에 자신에게 얹혀 살고 있다고 이야기했다. 아

---

* 증언을 듣고 녹취를 푸는 과정은 안자코 유카(일본 리즈메이칸대 연구원)와 함께했다.

들은 서울에 살며 명절에나 가끔 들르는 정도였고, 위안부로 가기 전에 낳은 자식과는 현재 왕래가 있는 것 같지 않았다. 예전에는 딸만 왕래했었는데 다툰 뒤로는 들르지도 않는다고 눈물을 보이기도 했다.

할머니의 증언은 시간적인 순서로 편집되었다. 맨 앞은 현재이지만 두 번째부터는 그녀가 기억하는 가장 과거부터 구성을 했다. 내가 할머니의 이야기 순서로 편집하지 못하고 시간적으로 배열한 데에는 몇 가지 이유가 있지만, 그녀가 우리가 듣기를 원하는 것을 위안부 경험이라고 판단하고 위안부시절의 이야기를 우선 꺼내놓았기 때문이다. 그리고 시간을 축으로 따라가다 보면, 그녀의 삶에서 빈 부분들을 대번에 알 수 있어 어느 부분을 자세하게 기억하고 있는지 대비하여 확인할 수 있기 때문이다. 그녀는 스스로가 '잊으려고 했다.'고 한 것처럼 겪은 일에 대한 기억 자체는 상세하지 않았다. 또 자세한 부분을 질문하면 대답하지 않고 딴 이야기를 시작하기도 했다. 그래서 부득이하게 그녀에게 질문을 다시 하고 또 다시 하고 확인하는 작업도 하지 않으면 안 되었다. 나중에는 마치 질문확인 차원에서 할머니를 찾아가는 셈이 되어 버렸다.

할머니는 충청도 출신답게 말투가 느렸다. 한숨을 쉬는 경우가 많았고 백내장을 앓아서 눈을 자주 훔쳤다. 만나는 횟수가 늘어나면서 우는 모습도 많이 보여주었다. 그런데 이런 것들은 문자화되는 과정에서 잘 드러나지 않았다. 또한 이야기를 압축적으로 많이 하고 생략하는 경우도 많았으며 주어와 목적어 등의 사용이 부정확했다. 그래서 삽입구를 써서 의미가 통하도록 하지 않을 수 없었다.

할머니가 많이 이야기하였지만, 이 텍스트에는 포함시키지 못한 부분이 있다. 빚과 관련된 부분이다. 할머니는 정부에서 받은 일시금액

중 천만 원을 동네의 어떤 사람에게 빌려주었다고 한다. 그런데 그 사람이 돈을 갚지 않은 채 주변에 살고 있다는데, 경찰에서는 그 돈을 받아낼 수 없다고 했다고 한다. 그녀는 그 사람에게 빌려준 돈을 제대로 받았다면 지금 좀 편안하게 살 수 있을 텐데 사기당해서 더 어렵게 살고 있다는 것이다. 우리가 처음에 할머니를 만나러 갔을 때는 그 이야기를 별로 하지 않았는데 찾아가면 갈수록 그 이야기가 우리 대화의 주류가 되었다.

그런데 이 빚에 대한 아쉬움은, 받지 못한 남편의 보상금과 연장선상에서 기억되고 있는 것 같다. 현재의 가장 큰 바람도 자신이 속아서 위안부로 가게 된 계기, 즉 죽은 남편의 배상금을 받는 것이다. 그것을 받아야만 자신의 한을 풀 수 있다는 것이다. 이것은 빌려준 돈을 받지 못한 데서 기인한 것 같다. 또 죄인처럼 살았던 인생의 보상일 수도 있고 말이다. 시집에 남편 배상금을 다 쓴 것이 아니라는 누명도 벗을 수 있고.

할머니는 자주 자신을 '두 번 죽은 사람'이라고 표현한다. 위안소로 끌려가면서 이미 한 번 죽었다는 것이고 언젠가 실제로 죽을 것이라는 의미인 것 같다. 위안부로 끌려갔다가 임신을 해서 돌아올 수 있었기 때문에 아들 덕분에 살아 돌아온 것에 '감사'하고 있었다.

현재 동거하는 할아버지와의 관계는 알아내지 못했다. 그 할아버지에 대해서는 아들을 호적에 올려준 사람이고 그것 때문에 그 할아버지의 자식들을 키워줬다는 이야기만을 되풀이했다. 실제로 할아버지와 할머니가 함께 있는 것도, 이야기하는 것도 거의 보지 못했다.

우연한 기회에 동거하는 할아버지의 자식들과 며느리들을 만날 수 있었다. 할아버지의 자식들이 할머니가 아프다며 할머니의 집에 와서 있었고, 며느리 한 명이 그녀를 데리러 왔다. 또 뒤늦게 또다른 아주머니가 며느리라며 찾아왔다. 뒤늦게 온 며느리는 자신이 할머니를 태평양 유족회에 가입하게 했고 모임에도 모시고 다녔다고 했다.

그때까지 나는 할머니가 가족들에게서도 소외되고, 주변과도 단절된 채 살아가고 있다고 생각했다. 그런데 그 가족들의 등장은 할머니가 결코 외로운 사람이 아니고 가족 내에도 분명히 그녀의 자리가 있다는 것을 깨닫게 해주었다. 그러면서도 할머니는 스스로가 '죄가 많다.'고 생각하여 그 속에 들어가지 않고 주변인처럼 살고 있는 것이다. 할머니가 이야기했던 '부끄럽지 않다.'는 것을 말로만이 아니라 몸으로 체화할 수 있게 되었으면 한다.

윤순만

1929년	충청북도 보은군에서 출생
	3녀 1남 중 셋째 딸
1941년(13세)	고모와 함께 위안부로 연행
	오오사까 집결지에서 있다가
	수용소(큐슈 하카다)로 옮겨짐
1942년경(14세)	방직회사로 넘겨져 노역생활
1943년(15세)	방직회사에서 차출되어
	히로시마 근처에서 위안부 생활
1944년(16세)	병약자들을 모아놓은
	방치소로 넘겨짐
1945년 말(17세)	해방 후 시모노세키까지 옴
1946년(18세)	부산으로 귀국
	진주 최병욱 집에서 더부살이
1947년경(19세)	추풍령 근처 산골 무당집에서
	살기 시작
1948년경(20세)	김씨와 결혼
	농사짓고 살기 시작
1950년(22세)	첫째 아이(아들) 출산
	이후 딸 세 명 출산
1967년(39세)	남편 사망
1970년경(42세)	정신이상이 되어 돌아다니다 치유
1980년대 후반 추정	서울로 이주
1991년경(63세)	위안부 등록
1999년 3월(71세)	아들 사망
2000년(72세)	서울에서 막내 손자와 생활
2011년 현재(83세)	거동 불편으로 집에서만 생활

"그거는 안 잊어버려. 수리조합 꼭대기 거기를 올라가서 거기 빠져 죽을라고…

"날 훤히 새면서, 나서서 오다가-오다가-. 옛날을 말하면 거시기여, 며칠을 밤낮으로 산에도 자다, 거시기도 자고, 거리 오면 자다 물어서 이렇게 오다, 어느 동네 가서루 이렇게 밥을 얻어 먹구, 밥을 댕기면서 얻어먹구, 인제 그 짚까리에서 뒤에 마루 밑에 가서 자구, 콩깍지 이래 쌓아 노면 거기서도 자고, 산에서도 자구, 댕기며 오다가. 워디 못이 있어. 옛날에는 비가 안 오면요, 물을 빼가지고 모 심구는 데가 있어, 가둬논 못이 있어. 이렇게 둑이 있구. 그런데 거기 둑이 올라가서 바위에 앉아 가지고 내가 실컷-울었어. 거기 빠져 죽을라고. 너무 배도 고프고, 지치고. 빠져 죽을라고…

"실컨 울구서루 빠져 죽을라구, 가서 다리를 이렇게 걸치고 앉아 실컨 퍼대리구 앉아서 울구서루, 이렇게 빠져 죽을라고 들어갈라 카니까,

"시커먼 소가, 내 눈에요, 물에요, 시커먼 소가요, 막 뻐-삭 솟아올라요, 꺼먹 소가. 꺼먹 소가 뻐-삭 솟아올르면서,

"'순만아 —.' 그래요, 꺼먹 소가.

"그 꺼먹 소가 뻐썩 솟아올르는데 그러니까 그만 놀래가지고 뒤로 버쩍 자빠졌어. 자빠져 가지고 마-악 자갈밭을 기어가지고 얼마를 도망질을 해가지고 갔어요. 가가지고 저만치 가가지고 또 실컷 앉아 울었어요.

"울어가지고 낭중에 가가주고 누구한테 얘기를 했어요. 어느 집에 밥을 얻으러 가가지고 재워줘요. 재워줘서 앉아서, 그이들 보고, 내가 이렇게 오다가 배가 고프고 그래서 못에서요 빠져 죽을라, 속에 들어갈라 카니까요, 어떤 물속에서 꺼먹 소가 나와가지고 막 '순만아.' 하면서

막 버쩍 솟아서요, 내가 도망질해서 오다오다 이렇게 들어왔다고 그럭하면서 이렇게 얘기를 했어요. '아이고 세상에 가엾어라.' 그이들도 울구. '너는 거길 빠져 죽을라 하는데, 용왕님이 받들어서 거 못 빠지게 도망질 하라고 그렇게 한 거다, 어쨌든지 너 살아가지고 고향에를 (울먹거리며) 찾아가보라.' '너 어머니, 너 할아버지, 아버지 죽었는가 살았는가, 고향에꺼정 밥을 얻어먹으면서래도 찾아가야지, 그런 데 가서, 이 적지도 살아 나왔는데 빠져 죽으면 되느냐.' 그러면서 못 빠져 죽게 하고, 어쨌든지 찾아가라구.

∿

"첨에, 나는 첨에 갈 적에 (쩝) 우리 고모하고 둘이 갔잖여. 시집갈 고모, 시집갈라고 날 받아놓고 고모하고 둘이 붙들려 갔지. 막내 고몬데 스물 넘었어. 근데 인자 신랑이 옛날에, 거시기로 갔잖여. 일본군인으로 붙들려 갔잖여, 징병으로. 그래 가지구 시집을 못 갔지. 잔치를 못 했지, 못 가고 친정에 있다가 나하고 한날 붙들려 갔지.

"우리 할아버지가, 우리 옛날에 부자로 살았어요, 인저 참봉노릇하고 임금노릇하고 땅이 많았잖여. 그래가꾸 다 도지[1] 받고 살았는데, 한 고을을 차지하고 산다고 골안집, 우면동 거치 차지하고, 골안집이여. 근데 인제 부자란 소리를 듣고서 [살았는데]…

"도라쿠[2], 군인 도라쿠 그것이 후우우혹 시뻘겋게 들어오더니~, 울할아버지 저 대문간 쪽에 이렇게, 그전에 벼슬한 이들은 이런 탕관을

---

1) 소작 2) 트럭

하시고 그렸어, [할아버지] 있는 방으로 들어가가지구, 손을 잡아댕겨 가가지구 마당에다 후울쩍 패대기를 쳐버려. 그래가지구 대문간을 바깥으로 나가드니 감나무도 있고, 우리 앞에 은행나무, 부자집에 은행나무가 있어요. 은행나무가 두 개가 시 개가 있구, 호두나무도 있구 그런데, 그런 밭에 갔다가 지절박을³⁾ 해서 탁 달아나.

"우리 고모는 어디 숨어버렸는지 안 나오고, 나는 뒤에 이리 구석에서 있다가,

"'우리 할아버지 왜 때리느냐?'캬고 댐볐어, 막.

"'왜 때리느냐?'카고 막 달려들었어.

"그래 뚝 떠다 밀면 저기 가서 뚝 떨어지고 뚝 떨어지고 그랬잖아. 그래도 자꾸 달려드니까 나를 낭중에는 막 이렇게 뒷절박을 해가지고 다리도 이렇게, 첨에는 뒷절박만 했어. 그라구 도라쿠에다 실었어, 짐 싣는 도라쿠에다. 그리구 우리 고모도 어디서 붙들여가주구 와서 실코.

"우리 할아버지, 그라는 것만 보구서, 달려든다고. 자꾸 달려들고 운다고. 그때 갈 제 지금으로 말하면 음력으로 지금, 요 때 됐어. 정월달 넘고 이월 달에 갔어. 좀 이렇게 춥고 봄이 돌아올라카고 그랄 때야. 나 그때 갔거든.

"마악 내가 울고 뛰날라카고 막 궁굴고 막 (누워서 발버둥치는 시늉을 내면서) 이라니까 뒤를 파악 붙들어 짜매더니 여기다가 두루눕혔어. 두러눕

---

3) 뒷결박

히더니 뭐를 갖다가 입에다가 이렇게 수건을 갖다 아가리를 틀어막고 시끄러우니까, 그래. 그디로 자버려. 어디로 간 지를 몰라.[4] 그래서 부산으로 데리고 간지, 광주로 데리고 간지, 뭐 어디로 간지, 그 길로 월창[5] 가다 보니까 일본을 갔어.

"그게 워디 가서 일본인게빈데, 어디 지하실 밑바닥인데. 저런 해사무리[6] 바닥이여. 바닥인데, 어떻게 갖다 거따 놨는데, 마악 물을 멕이고 거기 먼저 간 이들이, 이런 처녀들이 물을 멕이고 그랬는디, 혓바닥이 타가지구 말려들어 가가지구, 혓바닥 말려들어가면 죽어요, 목구녕을 팍 틀어막으면. 근데 혓바닥에 약을 칠해가지구 우니까, 하도 우니까 약을 칠해가지고 수면젠지 뭔지 칠해가지고 틀어막았었어, 하도 우니까. 그래가지고 일본 시모노세키[7]라는데, 지하실인데, 막 이렇게 궁글고, 막 저기 하다가 내가, 무슨 소리를 하고 우는 소리를 하고 뭔 소리가 나오니까, 그 사람이, 먼저 간 사람들이 막 물을 퍼 넣었는가봐. 그래 가지고 차차로 혓바닥이 펼쳐져 가지구 살아났어.

"허허벌판인데 이렇게 일자집으로 돼지 먹이고 소 먹이는 집같이 일자집으로 지었어, 거 오사까에서 산 밑에. 돼지집처럼 일자집으로 그렇게 생기고 그런 데에 있었어. 처음에 갔을 적에. 방이 우에는 방인지 뭔지 사무실이 있고 그런데, 밑에, 지하로 들어가서, 그런 데 가둬 있었어.

"처녀, 처녀들을 잔뜩 갖다 가둬놨어. 삼십 명 됐어, 다 이렇게 커. 내가 제일 조끄매. 다 이렇게 커, 나 하나만 작지.

"살아나서, 오래 있다가, 밥도 얻어먹고, 딱한 게, 배고파서 뒹글고 오죽해요? 말도 못하지. 그러카고 불도 없고 그냥 깜깜한데 밤이나 낮

---

4) 수면제를 먹인 것으로 생각하고 있다. 5) 곧장 6) 콘크리트 7) 오오사까라고 기억할 때도 있다.

이나 그냥 깜깜하지. 그런 데서 그냥 얼매가 됐는지, 그래 가지고, 몇 달이 됐는지, 며칠이 됐는지, 날짜를 알아요? 그냥, 껌껌한 데서. 밥만, 그냥 이때금씩 주먹밥, 보리쌀을 삶아논 거여. 나 옛날에 그거 일본, 안남미 쌀이 있어, 그거 해서 이렇게 뭉쳐가주구,

"안남미 쌀에다 보리쌀, 이렇게 꾹꾹 주물른 거 그런 거, 콩도 넣고 그래 가지고 그거 이따금 하나 넣고 살았는데. 근데 사람이 그걸로 보면 지독해요. 그렇게 굶다―굶다―배고픈 시간이 넘어서 배고픈 줄도 몰라요. 인제 사람만 기운만 없고 자꾸 씨러질 지경이에요. 까부라져서, 그렇게 다―씨러져 있어요, 모다.

❧

"그게, 어느 시간이 됐는지, 철문을 열구서 나오라케 가지고, 신체검사를 했잖아. 옛날에는 나락 한 가마니씩 다는, 죽 구르마[8]같이 끌고 댕기고, 올라서 사람이, 쇠부랄[9] 이렇게 나락 한 가마니씩 큰 가마니 하나씩 달았잖아. 그런 저울에다가 그걸 달고 의산지 뭔지 허연 옷 입은 이들이 와 가지고, 뭐를 이렇게 차려 놓고, 적고 진찰하고, 그라고 인제 거시기, 뭐를 이만한 걸 끌어다 놓구서루, 옛날에 일, 이, 삼, 사를 썼어. *이찌, 니, 산, 시*, 그걸 써 놓고 눈 한 짝 이렇게 해 놓고 그것도 읽으라 카고. 인제 공부 좀 한 놈들은 *히도쯔, 가쯔, 미쯔, 노쯔, 나나 쯔*. 이렇게 두 가지 써 놓고는 그거 읽으라 카고.

"난 그 *이찌, 니, 산, 시*도 안 배워서 몰르고 히도리, *후다리도*[10] 일본

8) 손수레 9) 저울추 10) 한 사람, 두 사람

서 배워서 알지, 그때는 몰랐지. 그때는 그렇게 하는 걸 구경만 했지. 그래서 큰 사람, 그거 읽고 핵교 좀 배우다 간 사람은 한 짝으로 세우고, 하나도 못하는 놈은 또 한 짝으로 세우고, 나는 저 짝으로 갖다 세워 놓고 이렇게 큰 이들은 오른 줄에 세워가지구 도라쿠가 와 가지구 다 태우더라구. 다 태워서 유곽으로 데리고갔어. 하여튼 열여섯 살만 먹으면 유곽으로 다 데리고갔어.

"다 떨어졌어, 그날. 어디로 갔는지. [고모도] 그날 떨어졌지. 그 마당에 와서 그거 하구서는, 끝나구서는 뿔뿔이 다 실어가 버렸어.

"그래 가지고 나는 도라꾸에 실어가주구, 나 혼자 갔어, 규슈 하까다로. 그래 도라꾸도 타고, 전철도 타고, 버스도 타고 또 큰 차도 타고, 이층된 차도 있고. 거기는 일본에는 이층된 기차도 있어. 배도 건너가고 뭐 밸 데를 다 갔어. 그래가꼬 보니까 가다 어디를 한없이 끝없이 가다 보니까, 거기도 바닷가였어. 그런 데로 들어가다 가다 보니까 해사무리 질이, 좋은 데가 나오더라구. 나무도 있고, 나무가 어떻게 좋은지 아름드리 막 그런 나무 속으로 그렇게 들어가고 그라대. (낮은 목소리로) 낮도 오고, 밤도 오고 낮도 오고 밤도 오고 그랬어. 그렇게 오래 갔어.

"가다 보니까 파출소 갔어, 경찰서 갔어, 교도소야 거가, 교도소. 이렇게 철살로[11] 되었는데, 이 구역 저 구역 지키는 데도 있고, 밑에는 방이고 가세는 해사무리 담이고, 위에는 입구 여기다가 사람 지키는 거를, 워디에 가며는 지키는 거, 원두막거치, 요만큼한 거, 그리 들어가니께로,

"거기는 들어가니까 밥을 세 때 줘요. 밥만 주니까 살겠드라구, 요런

---

11) 철창

양재기다가. 국, 된장국하고 밥, 그 꽁보리밥, 쌀 쬐끔 섞어서, 그거 풀
으면 이렇게 한 주먹띄기는 돼. 반찬씩 그러케서 세 때 주더라구.

"열세 살 먹어가지고 월창 가버렸지. 한국 나이로 열세 살이야. 아니,
봄에 갔으니까. 근데 몇 달 있다 가니까. 막 날이 덥고, 홑옷 입고 그랬
어, 홑깝데기, 그 시퍼런 옷, 이름 탁탁 차서, 이름표 차서 그렇게 줘.
열세 살 가서 열네 살, 열다섯 살, 지금 되면 한국이나 일본이나 애기들
은 징역을 살리기도 수월하잖아. 일 년 팔 개월이던지, 이 년 팔 개월이
던지 그렇게 됐어.[12]

"만날 불려나갔어, 만날 불려나가.

"'니 할머니 뭐했느냐, 니 할아버지 뭐했느냐, 니 증조 할아버지 뭐
했느냐. 니 아버지 뭐했느냐.' 맨날 그 소리. '니 집에 땅이 몇 마지기
냐, 얼마나 있느냐, 산이 얼마나 있느냐, 밭이 얼매나 있느냐.'

"내가 어떻게 아느냐고, 몰른다지 어떻게 햐. 몰른다 카지. 다-몰른
다 캤어. 많기는 많다 그랬어. 농사지어노면 우리 앞뒤에 쌀이 수북하
게 쌓였다 카고, 나락도 많이 쌓였다 카고, 많다꼬.

"근데 규슈 하까다에서, 난 애들이라고 저기 거시기로 냉겼잖아, 히
로시마로. 그런데 히로시마에서 처음에는 또 방적회사로 넘어갔어.

"광목 짜는 방직회사, 군인복도 짜고. 옛날에 광목이라고 하얀 광목.
그 광목 짜는 공장에 가 있는데, 일 년이 넘었는지, 이 년이 넘었는지,

---

12) 일 년여로 추정된다.

그라더라구. 당신네는 어디로 딴 데로 자꾸 간다케, 넘어간다케. 거기 일가(日歌) 갈치는 선생이, 일어 갈치는 선생이, 어디로 갈끼라고.

"수―천 명이라, 칸칸이라, 어디 뭐 얼매나 사람이 많은지, 밥 먹으러 갈 적에 밥줄에나 나가지, 여기 아파트 마냥 저짝 칸 있고 저짝 칸 있고 아파트를 마악 지어놔서 무지무지 많지, 수―천명. 남자는 남자 기숙사가 있고 여자는 여자 기숙사가 있고. 이렇게 높던 안 혔도 거기는 보통 사층 오층, 그려.

"그런 데서 있었어. 여기같이 아침에 아홉 시쯤 되는가 봐. 그 정도 나가며는 거기는 꼭 열두 시 돼야 점심 먹어. 그러면 그리고 한 시간 쉬어, 한 시간 쉬면 또 그 질로 저녁 다섯 시꺼정 일해. 그리고 인제 오줌 매려울 때는 변소깐에 들락거려. 틀 돌아가도 얼른얼른 가고 그러지. 그렇게 했어. 또 시간 되면 나와서 기숙사로, 저녁[은] 식당에 가 먹고 기숙사로 잠자러 가고. 근데 그때는 밤일 일주일 시키고, 밤일 들어가면 인제 낮에 한 사람을 밤에 자고. 교대로. 틀을 안 놀릴라고. 그때는 막 전장할 시대라 많이 짜야 군인 옷이고 광목이고, 검은 거구, 군인 옷을 많이 짜야, 많이 군인 옷을 맹글잖아.

"그래가주구 그래 그 회사이름도 요리도, 다이야 있고, 가소방 있고, 교토에 있고, 여러 군데여.[13] 근데 난 요리도에 있었어. 칸만 그렇지, 전체 불르는 회사는 '도장방적회사', 도장방적 회사.

"그때? 그 일할 시간에만 잊어버리지요, 밤이나 낮이나 만날 천날 시골 걱정, 모여 앉으면 울기만 하고, 노래가 그 노래여. 한국 노래도 아는 사람, 좀 큰 사람 배운 사람 하고 일본 노래도 하는 사람 있고 그랬

---

13) 공장 내에 있던 영역을 말하고 있다.

죠. 집에서는 맨 저 군인가요 배우고, 애국가 배우고, 한국에서 갈 때 한국 노래는 그전에 배울 게, 열세 살이라 도라지타령 아리랑 그런 것만 알았지. 일본 가니까, 자는 데도 한국 사람은 한국 사람대로, 일본 사람은 일본 사람대로 자니까, 일본말을 배울 기회가 없어.

"'고고아 고고로노 오또나라 기미와 고고로노 하나노꼬마 도구와 사베시꾸 하나래대모 나꾸나 사까이노 가모미도리 다도에 고노미와 미와에 수도모 나꼬나 사다미노 가모미도리 고에고 나에나가요, 고에고 나라 하하또 나라밍와 오사나꼬노 나에래 아라시니 아대루도까.'

"그거는 한국말로 뭐냐 하면 언제나 우리 고향을 찾아가서 부모 형제를 만나보고 고향 가면, 고향 춘천을 가느냐고 꼬에꼬 나라요, 여기는 꿈결 같잖아. 조기가 우리집 겯어. 그래도 거기는 딴 나라 아냐, 남에 [나라]. 졸-로[14] 왔지 싶구 그려, 그래도 거기가 워딘지 알어, 워딘지 알어.

"'와다시노 오찌상 오바상 노 이꼬스요 사까시데 구다사이, 도요가 와다시노.' 내가 살아서 한국엘 가면은 어떻게 되었는지, 살았으면 하는데 죽었으면 내가 원수를 갚아야지 그런 소리야, 한국말로. 그날 하도 우리 할아버지 식구는 어디로 다 도망가버리고 맞는 것이 너무너무 애통하고 불쌍하고 우리 할아버지 돌아가시지 싶고 세상을 몰르고 그러니까 (울먹이면서) 항상 그렇게 울기만 했지.

"[하루는] 시간이 한 세 시쯤 됐어. 점심 먹고 가서 쉬고서루 일을 하는데 선생이 찾아와서 그러더라구. 한국 선생이, 일어 가르치는 사람, 여자, 장부를 가지고,

---

14) 저기로

"윤순만이를 찾으러 왔더라고, 가자고 하드라고.

"그래 나와서 한 테나[15] 모았는데 일곱 명이나 왔어. 방에 가서루 다른 옷은 놔 두고, 방에서 입는 옷을 입구서 소지품만 가지고, 머리 빗는 거하고 그것만 가지고 나오라 하드라고. 그래서 일곱 명을 얼마를 걸상에 앉아 있으니까 차가 하나 들어오더니 대문 밖으로 데리고 나오더라고. 데리고 나와가지고 가니까 지프차가 왔더라고, 지프차라고 큰 차가 왔더라고.

⁂

"거기서 그걸 타고 가가지고서 기차 타고 또 배 타고 저기 워디로 갔나 하며는, 히로시마로 갔어.[16]

"동경에 있다가 저기 히로시마, 원자탄 떨어진 데로 가가지고. 하-도 그때는 원자탄 떨어진 데는 거기는 질도 없었어요. 아래 흙으로 돌막으로 펄펄펄펄 뛰어서 그 산골로 들어가지 그 아스팔트도 안 깔았었어. 그 전장터라, 글로 들어갔었어. 글로 가다보면 똑 여기 소 먹이는 기다란 일자집, 스레트로 다 지었어. 그때는 가다보면 산에 또 있고 가다보면 산에 또 있고, 가다보면 산에 또 있고, 맨-스레트로 짓고, 또 거기는 지끔 집을 지어서 그랬지요. 거기가 진짜 무주구천동이었어.

"그래가지고 워디워디 한도 끝도 없이 산골탕이고 들어가서 부대 있는 데로 들어가는데, 뒤에는 거 저기여. 우리네 같은 사람 자고 밥 주고 그런 데도 있고, 앞에는 부대들 있고 떨어져서도 부대가 있고. 그런 데

---

15) 한 곳 16) 히로시마 근방인지, 폭탄이 많이 떨어지던 다른 지역이었는지는 불분명하다.

로 들어갔어, 이층만 있더라고.

"아래층은 사무실이야 다. 이층만 우리들, 여자들이 있었고. 그리고 여자들 들락거리고 남자들 들락거리고 그러니까, 어디가 어떤지 몰라. 그리고 사무실에서, 거긴 뭐하는 사무실이냐 하면, 목욕시키고 옷 갈아 입히고, 하우스[17] 입히고. 우리는 잠자러 불러서 들어갈 때는 하우스 입고.

"이런 소리 할라믄 민망혀. (들릴락 말락하게 소리를 낮춰) 이짝으로도 방 있고 저짝으로 방 있고, 호텔[18]이여. 호텔 앞에 걸상이 쭉—있어. 걸상 앉으라고 해 논거지. 걸상에 군인들이 와서, 일요일날쯤에 토요일날에. 기다려, 저 구석게서. 저 호텔 가면 앉어 노는 데 해놨잖아. 그런 데가 앉아. 그라믄 막—처녀들은 불려가, 불려가.

"나는—안 뺏길라고, 안 뺏길라고. 안 뺏길라고. 왜냐하믄, (담배에 불을 붙이며) 나 담배 펴. 이런 소리 들으믄 당신네 가서 흉볼 거 아녀. 근데 저기여, 그런 거는 세상을 잘못 만나서 그렇게 당했지만, 지금 세상에는 그런 일이 없어야잖여.(침묵)

"내가 다친 거 얘기해줄게. 지금 생각하면 나도 참 독했지. 강탈당한 얘기 내가 밝혀줄게. 자기 마음에 있으믄, 응, 그냥 가만히 있으면 그놈이 파고드는데, 찔러박는데, 마음이 없으므는 못 찔러 박어. 내가 다 갈쳐줄게. (침묵)

---

17) 앞이 트인 일본 옷 18) 호텔

"군인들 자는데, 군인들 자는 데는 쬐끔해. 근데 나는 처음에 싯째 방 군인 자는 싯째 방에 가니까 조기 가믄 침대가 이렇게 두 개가 있드라구. 이쪽으로 하나 있고, 이쪽으로 하나 있고, 가운데는 사람 댕기게 해 놨잖아. 오른쪽 왼쪽으로 처녀 하나가 군인이 아랫도리가 홀딱 벗고 올라타니까, 막 울드라구. 난 이제 막 우로 이렇게 와서 총 붙들고 그놈이, 장단지 [같이 큰] 그놈이, 이방으로 들어가라구 끌구서 바깥으로 문 팍 잠구고. (일어서서 연기를 하며) 이렇게 해서 가가지구 덜덜덜덜 떨고 있었어. 떨고 있응게 그놈이 아랫도리를 활딱 벗고서 갔다가 팔을 활딱 잡아댕겨. 잡아댕기드니~, 침대에다 갔다가 활딱 냉겨버려. 눕히버려. 눕히버리드니, 거기 들어가서는요, 빤스 요것만 입히고 하우스를 입히잖아. 일본, 하우스, 여기는 탁 터진 거, 두루매기맹키로. 속옷은 인저 빤스 하나 입히구. 딱 갔다 눕히고 빤스를 확 잡아당겨. 또 일[어] 날라 카니까 또 자빠트려요. 이렇게 칵 갔다 자빠트리드라구. 그라구 빤스를 활딱 뱃기드라구. 막 발로 팍 차버렸어, 팍 차버렸어. 막 차버리고 그놈이 다리를 눌루구, 이 다리도 눌루구, 저 다리도 딱 눌루구, 황소 같은 놈이, 털이 모가지서부터 여꺼정 여꺼정 (몸통부위를 가리키며) 다 났어. 나이 한, 저기 어 한 마흔은 넘었것고, 오십은 안 됐것고. 그리고 배때기가 이만하고 막 댐비드라고. 근데 막─차부치니까, 떠밀고 막 앞으로 이렇게 숙일라카는 걸 막 떠밀고, 다리를 잡아가꼬, 이짝 다리도 모으고, 저짝 다리도 모으고, 또 그랑께 궁둥이를 막 흔들어버렸어. 숨을 못 통하겄어. 이 다리 눌렀지, 팔 하나나 눌렀지, 그 지랄하고 이짝 팔 눌루지, 운동을 못하게 해. 두 다리를 제 다리로 다 눌르고 콱─흔들어 버렸어. 흔들어 버렸어. 그렇게 하는데, 왜냐하믄, 그래도 이렇게 훌떡 와가지구 (아랫도리를 가리키며) 여기를 들이밀드라구. 가다가 얼굴이라도 대어. 얼굴을 딱—물어 뜯어버렸어. 여, 여기를 (얼굴부위를 가리키며) 꽉 물었어. 꽉 물으니께, 응 꽉 물으니께, 여기를 꽉—눌러유. 허벅지 눌르면 힘을 못 써유. 꽉 물으니께, 군인들 얼굴이래도 깨물어버렸어. 닿는대로, 닿는대로. 그러구서 그래도 안되야. 낭중에는 씹에 넣을라고 지랄을 하드라구. 얼굴 빼기를 이짝 귀가 대드라구. 귀를 꽉—물어 버렸어, 그랬더니 이놈이 부에가 나가지구 이 팔을 푸악— 비틀어. '딱!' 소리가 나. 그래 귀를 물은 게 귀에 피가 파—샥 나버려. 그렇게 하니께 팔을 딱 부러뜨려, 그래 '깍—' 기함을 질르구 그 길루 내가 뻗으려졌어. 몰랐어…

"근데 나는 왜냐, 그 나는 저기를 할 때 그렇더라고. 우리 식구도 다 그렇게 붙들려가고 우리 할아버지도 다 그날 죽었을 거다. 그리고 나도 여꺼정 이렇게 왔으니까 나도 이왕 죽는다, 그렇게 하고서 발질을 해버렸어.

"옳케 나한테 걸린 놈은 뭐 재미본 놈이 없어. 하도 나부대싸서. 옳게 넣어본 놈도 없고. 이 숫처녀는 생구녕을 뚫어야 하는데 생구녕을 뚫은 놈이 없어, 나한테는. 지랄만 하고 나가고 나가고 끌어나가면 매만 맞지. 지켜선 놈이 저어 구석방에 끌고 가서 귀싸대기를 때리고 발로 차고 뭉기적거리고 제 배운대로 실컷 때려요. 잠자러 들어온 놈은 안 때려. 일르기만 하지, 일르고 나가기만 하고. 나가고 인제 딴 사람을 내노라카지, 크고 예쁘고 가만 있는 사람 내노라 카지.

"지졌어요, 그것들이. 말 안 듣는다고. 말 안 들었어요. 안 받는다고,

막 침대에서. 이 눈썹 안나는 것도 그냥 짝대기로 탁탁, 쇠꾸대로[19] 대
갈빡이 다 그래, 때려가지고.

&

"팔이 '딱' 하드라고.

"그 길로 세상을 몰랐는데, 어떻게—어떻게—살아나니까 살아나서
얼마나 공구러[20] 그랬는지, 오줌도 싸고 똥도 싸구, 그 곁에 있는 놈들
은 어데로 다 가버리구 문만 잠궈놨어. 침대 밑으로 어떻게 해서 떨어
졌어. 내가 몸부림을 해 가지구 뚝 떨어졌어. 그랬는데, 팔은 이렇게 잡
아댕기게 따라오덜 안하고, 이렇게 이렇게 돌아가덜 안 해. 히이이 물
레가 같이 돌아가요.[21] 그래서 팔도 아파서 이렇게 하구 자—꾸 궁글
고 멘날 메칠을 울기만 했어. 어떻게—어떻게—해가지구 팔을 이렇게
해가지구, 이렇게 해서 살아나가지구. 퍼지덕 거리구 일나가지구, 가
서 이라카구 가서 (부러진 팔을 다른 손으로 안고서 발로 질질 끌어 문으로 가는
시늉을 하며) 문을 발로 차니까 문이 안 열려요. 팍—문을 차구, 이렇게
하구, 돌아가서 만날 문만 차구서 팔을 요렇구 하구서 울었어요.

"'사람 좀 살려돌라.'구.

"아무도 읍서. 침대는 양짝에 있고. 바닥에서 그냥, 다다미, 거기는
방은 다다미 방. 만날 문만 차구서 자꾸 저 울어도 어떤 놈이 와서 문
열어 보는 놈도 없고, 밤이나 낮이나 껌껌하고, 사람 기척도 없고, 댕기
는 발자국만 척척척척 나고, 쌀라 거리구, 막 떠들고 대니고, 누가 와서

---

19) 쇠 손잡이로 만들어진 채찍 20) 뒹굴어 21) 현재까지 왼쪽 팔의 팔꿈치가 밖을 향하여 꺾어져 있고,
그 팔을 머리 위로 올리지 못한다.

열어보는 놈도 없어요.

"위에 하우스 입고 들어간 거, 이[빨]로 막 짜겠어. 짜개 가지구 내가 이렇게 해 가주구, 이렇게 해 가주구 팔을 올렸어. 짜매 그라구 일나 앉어 울다, 지치면 두르눠 자다, 또 일나 앉어 울다-, 막—문만 뚜들기고 발로 차고 울다, 그래도 문 열어보는 놈도 없어유. 시상에 (울먹울먹) 그렇게 고상을 했어요, 내가. 그 생각하면요, 지금도 잠을 못자요. 그래서 그때 놀래가지구 떨리는 병이 생겼어유. 휘우(담배 연기를 내뿜으며), 그래서 담배 펴…

&

"그러더니 낭중에 시끄럽다고 어디로 끌고가가주고 그놈이, 다른 군인놈이 와가주고 구석방에 어따 갖다가 지하실에 나를 가둬놨었어요, 창고에다가. 허허벌판 창고에다가. 가둬놨다가, 그러다가 어느 날인가 문을 열더니, 도라쿠에다 싣구서 어디로 가더라고.

"한도 끝도 없이 갔더니 그 산골탕에 돼지집가치 소 멕이는 집가치 그런 데 갔다 가니께루, 거기는 한 짝 다리 없는 놈, 궁둥이만 이럭하고 댕기는 놈, 남자들을 남자들대로 여자들은 여자들대로 그 창고에다 갔다 놨어. 거 거기서 죽으면 굶겨 가주구, 거기 가면 갯가래요, 바다. 거기 가서 던지는 거지. 거기 가서 있었지.

"거기 가면 밥도 안 주고 뭐 주지도 안하고 굶어서 죽이는 데에요. 근데 지가 전쟁이 조용하고 저게하며는, 뭐를 주느냐면 메밀가루, 메밀 탄 거 그런 것도 갖다주구 징지가루도 갖다주구, 옛날에 콩깨묵 있지, 한국에는 거 콩깨묵 배급이 나오면 거름밖에 안했어요, 그거를 먹고 물 먹고 살았어요.

"그거 먹고, 사는 놈도 있고, 천행으로. 그것도 먹기 싫어 굶다 굶다 병 들어, 병 있는 사람은 죽고. 그래도 그거 먹고 일 년 반을 있었어요.

"뭐 말도, 뭐 중국 놈도 있고, 때국 놈도 있고, 필리핀 놈도 있고, 여자고 남자고 뭐 죄지은 놈은 하여튼 다 와있어, 일본 사람도 있어.

"뚱뚱하고 키도 크고 그런 처녀도 있었어. 근데, 그런 처녀는 어떻게 했느냐믄, (사타구니를 가리키며) 여기 여기가 이만치 썩었어. 근데 왜 그렇게 됐느냐게, 말 안 듣는다구 보지에다가 총살을 했는데, 여기서 일로 뚫고 나갔어.²²⁾ 근데 여기쯤 맞았으면 죽었을 텐데, 여기를 맞아가지구, 일로 뚫고 나가가지구, 여기가 다리가 썩어, 막 썩어, 그 처녀는 못 걸어나왔어, 죽었을 거야.

"근데 한 번은 학―거기 들어앉았으면 그 집이 움직움즉, '탕탕탕탕탕,' '콩콩콩콩콩콩,' 비―는 왜 그렇게 오는 줄 알어요. 비―가 밤낮으로 쏟아지구, 그렇게 그 안에서 다 그렇게 있었어. 그라는데, 하루는 뭐 얘기도 못 듣고 어떻게 그러는데, 와서 [문을] 다 따놓대.

"그때가 팔월 달에 해방됐어. 문을 언제 열어줬느냐 하면, 그해 팔월 구월 시월 그해 넘어가고 그 이듬해 봄에, 나 열일곱 살이고 열여덟 살 먹던 해.

"그래가지고 막 발이 성한 사람은 뛰어 나오는데 그 안에서 못 오는 사람은 마―악 들어눠서 우는 놈, '나 좀 데려가라.' 꽘지는 놈, 들어눠서 우는 놈, 다리 없는 놈, 별―놈이 다 있어. 인나도 못하고 울기만 하는 놈, 말도 못 해. 그 생각하면, 아이고 나 오늘 며칠 잠도 못 자겠다.

---

22) 사타구니와 자궁을 겨냥해 쏜 총알이 잘못 나가 사타구니 근처와 허벅지를 관통한 상태를 설명하고 있다.

"그래도 어쨌든지 나는 팔을 해 얽매고, 어른들 걸어오는 사람 따라서, 산으로 산으로 밭으로 밭으로 오다가 풀 다 뜯어먹고, 저런 풀도 다 뜯어먹고, 그냥 부드러운 풀 다 뜯어먹었어.

"그때 차가 있어, 일본에 뭐가 있어? 전부 홋딱 뒤집고 민간집이고 다 오다 보며는 신발 좀 쉴라고 들어가 보면, 옛날에는요, 일본에 맨 여기 이렇게 슬리퍼 끼는 거 짚신하고 삐쭉구두밖에 없어요. 짚신으로도 그것도 이짝 저짝 그냥 짝짝이라도 신고, 얼마 못 걸으면 툭 깨져뿌러요, 끈이. 그리고 끈이 아파서 못 걸어요, 맨발로 걸어야지. 그때는 일본에 운동화도 없대. 마악 이-만큼한 장화만 있고, 그래 인자 장화도 훔쳐 가지고 신고, 집에 들어가면요, 우짜면 그렇게 먹을 것도 하나도 없이 해놨어요. 세상에, 쓰레기통에 있는 거고 뭐고, 수채구녕에 내려가는 거 이런 거를 다 줏어 먹어도, 우째 일본 사람은 그렇게 먹을 것도 없이 해놓고 살았나 몰라. 고추장 하나 장 하나 없어요, 다 뒤져도. 우째 그렇게 해놓고 사나 몰라. 먼여[23] 오는 놈들이 다 뒤져서 다 먹어버리고 없어(웃음). 우리는 없어, 뒤에 오니까.

⚜

"같이 온 이들이 다 허치[24] 버렸어.

"근데 오다―오다― 어느 산골에, 집이 띠-금 띠-금 이따금 민간 사는 집이 하나씩 나왔어. 한국에서 나와 가지고 일본서 밭 일구고 농사짓고 사는 사람들 집에를 찾아, 밥을 얻어 먹으러 찾아갔었어요. 거

---

23) 먼저 24) 흩어져

기를 들어가 가지고 거기 가서 배차를[25] 막 밭도 매주구 일두 해주고, 거기서 좀 살았었어.

"진주서 온 이, 최병욱[26] 아저씨, 옛날에 처갓집 장인이 그렇게 들어가서 과일밭을 했어. 그런데 장인은 죽고 장모도 죽었다고 해. 그래서 그이들이 받아가지고 거기서 살았는데, 일본 여자랑 그라다가 자게 걸로[27] 저기 하다 살았는데, 해방이 돼서 한국으로 나올라고, 애기 하나 낳아서, 말도 제대로 못 했어, 한 서너 살 됐나. 업고 그 집에서 있다가 우리도 한국에서 나갈 테니께로 하냥[28] 가자구, 그래서 그 집에서 있다가 보따리 싸고 다 채비해 가지고 먹을 걸 지고 그렇게 나왔어.

"그래 그 집에서 따라 오다가, 오다가 저 시모노세키까지, 거기서 한스무 날을 배가, 부산 오는 배가 안 들어왔어. 보따리 싸온 건 다 먹고 미숫가루라는 둥 뭐뭐 별 사탕가루라는 등, 그 까짓 거 사람이 얼매 지고 와. 해온 거 다 먹어도 한국에서 배가 실러 오들 안 해.

"배에 들어가는데, 그냥 사람이 그 뭐 저 이렇게 말하자면 서울역거치, 앉다 앉다 앉을 데가 없어, 우에 막 이렇게 포개서 자. 포개서 엎드려, 사람 우에 또 포개야, 사람 우에 또 포개야. 그렇게 해 가지구 한 배에 한국으로 나오면 부산이여. 부산 오믄, 시커믄 옛날에는 흙인데, 예편네 없이는 살아도 장화 없이는 부산은, 그때 못 살았대요. 시커믄 흙인데, 그냥. 맨발로 전부 신발도 없고, 맨발로 그냥 막 빠져서 댕기는

데, 맨발로. 질퍽질퍽 질퍽질퍽, 비가 와가지구 질퍽질퍽질퍽, 옷이고 뭐고 뭐 말도 못해.

"진주 최병욱네 집인데~, (목소리를 높이며) 이거 잊어버리면 안 돼. 일년을 걸어왔어, 일년을. 차가 없어서, 옛날에 뭐 차 있는 중 알어?

"부산서 진주 땅을 오는 데 일 년을 왔어. 그런데 밥을 얻으러 가면요, 그 옥상[29], 일본 여자, 그 여자가 가면, 일본말로 밥을 그, 어느 집에 가 돌라카면요, 깽이 몽둥이나 쇠시랑이나 막 가지구 그 여자를 찍어 죽일라구 해유. 그랬는데, 낭중에는 어느 집에 가서 바가지를 하나 얻었어. 그래가지구 팔은 이렇게 해서 내가 얼르고 (왼팔을 어깨에 둘러 묶은 모습을 하며) 바가질 들고 어느 집에 가. 이렇게 가가지구 —, 그래 얻어 먹는 눔이 배우는가 봐, 가면은 상을 놔, 또 한 집 가면 이제 밥햐, 불 때야. 또 한 집 가면 상을 차려. 상 차리는 집에 가서 (웃음) 그 부엌 앞에 가. 저기는 마당이구, 이제 여 들어가는 데 가 앉아서, 퍼지대구 앉아서, 이러카구 (두 다리를 뻗고 앉아 묶은 팔을 무릎 위에 올려놓으며) 손을 놓고는 밥 좀 돌라구, 안 주면 자꾸 – 앉아 울기만 했어. 마악 그러면서 내 사정 얘기를 하구. 안 줘유, 하나 둘이어야지유. 마악 사람이 금방 왔다가구 금방 왔다가구. 자기네두 몰래 먹어유. 밥 해가지구 부엌 문 싸악 잠그구, 밤으루 해먹구.

"어떤 집에는 쑥버무리도 이만치 주고 어떤 집에는 도토리가루 무친 것도 주구, 어떤 집에는 옥수수가루 무친 것도 주구, 어떤 집에는 아까시나무 그것도 있었구, 어떤 집은 나물, 장 있는 집은 장도 주구, '이거라도 이렇게 해서 먹어라.' 그러구. 또 어떤 부자집 같은 데는 가서 앉아서 그라면 여자들은 안 줘유. 남자, 아버지가 일을 하구 와서 이렇게

---

29) 부인을 나타내는 일본어

앉아서 마악 내가 두 다리 뻗고 앉아서 통곡을 하고 마악 그라면, 불쌍하다 카면서, 사발을 가지구, 자기 먹던 것 가지구 나와유. 비워 줘유, 바가지다. '그거 먹구 니 고향 가거라.' (눈물을 글썽이며) '늬 어머니 아버지 찾아가봐라. 죽었는가 살았는가.' 그러믄서 부어 줘유.

"근데―(목소리를 높이며) 이걸 밥을 얻어가지구유 가며는, 다른 사람이 홀딱 뺏어가유, 못 얻은 사람이. 옷을 이렇게 (벗어두었던 적삼을 방바닥에 펴서 거기에다 밥을 싸는 모양을 하며) 해가지구 여따가 이렇게 비워가지구, 이렇게 해가지구, 밥을 해서 이렇게 여기다 쑤셔넣고 짬매. (일어서서 밥을 싼 옷을 아랫배에 묶으면서) 짬매구 일본 잠바 같은 거 주웠어, 이렇게 해가지구, 같이 해서 짬매구, 많이 얻걸랑 다리에두 이렇게 (양쪽 넙적다리에 묶는 시늉을 하고 웃으며) 해서 끄내기루 짬매구 ―, 지금 같으믄 이렇게 해서 보지에다 차구 간 걸 먹어유? 죽게가 됐는데. 여기두 다리에두 달구 가구, 여기두 달구 가구 이렇게 해서 푸드득한 옷을 입구, 손을랑 얽어매구 그렇게 하구 가유. 그렇게 해서 이눔 빼서 비워 놓구, 다리에 찬 것두 비워놓구 ―. 그렇게 가지구 네 식구가 먹었어유.

"그러믄서 최병우라는 아버지가 나를 (눈물을 글썽이며), 이래 붙들고 '순만아, 순만아, 너 아니면 우리 굶어 죽을 뻔했다. 은인으루 너를 만나가지구 우리가 이렇게 밥을 얻어먹구… 너하구 나하구 느의 집에까지 내가 데려다주마.' 했는데…

"난, 그때두 난 악발러유. 나 거기 그냥 놔뒀으믄, 그이들이 아니었으면 내가 죽었지유. 그렇지만 살리기는 그이들이 살리구, 한국에 나와서는 그이들을 내가 밥을 얻어 멕여서 살렸어.

"그때가 어드렇게 가 닿는지 봄이 됐어. 최병우네 갈 때가 봄인데~, 8월 15일경은 여름인데, 걸어서 오기 땜에 그 이듬해 봄이[30] 돼서 아까시 꽃이 막 열었어, 폈었어. 그때 최병우네 집엘 닿았어.

✿

"산에 가니께루 아까시 잎사귀잖아. 그거를 그 집에 가니께루, 그거
는 안 잊어버려. 그 아까시살을 훑어가지고 징지에다 버무려서 찧어가
지고 주더라고. 아까시 나무 산에 가면 하얗게 피잖아. 먹을 게 없어서,
그걸 갖다 줘. 쑥 먹구 나물 먹구 괜찮은데, 아까시 꽃을 먹으믄 그게
그렇게 독하대유. 그거 먹으며는 취해가지구 방에 가서 씨러져서, 세
상두 모르구 (쓰러지는 모습을 하며) 몇 날 며칠 있다 살아나. 배고파서 그
눔이라두 먹어야, 먹구 물 마셔야 창자루 가서 살아유.

"근데 아들 딸 아홉이 다 모였어, 그 집에서. 총각, 처녀, 뭐 며느리,
아들 해서 그 어머니가 난 자식이 아홉인데, 그 집이루 다 모였어. 그래
서 방에도 오막살이 방도 짚어가고 풍 − 덩 들어가고 시커메요, 방바닥
이. 그런 집에 아래 웃방, 방이 두 개인데, 불통 걸어, 근데서 다 자구.
부엌에서 꺼적문 닫고 대문도 없어. 이렇게 짚 엮어서루 꺼적 이렇게
내리뜨렸는데 부엌에서도 꺼적대기 펴고 꺼적대기 위에 자고. 헛간에
도 멍석을 이렇게 펴고 바람들어 온다고, 꺼적대기 위에서 자고.

"그라고 남자고 여자고 나물 뜯으러 가는 게 일이여. 그 사람이 다 낮
이면 나물 뜯으러 가. 먹을 게 없어서, 그래서 징지가루로 무쳐 먹고,
밀 이렇게, 저저 뭐 갈은 거 그거 밀죽도 끓여 먹고, 그저 뭐시여, 소나
무를 벗겨다가 막 하얀 가루를 내가지고, 인제 배 고플 때 그놈도 이렇

---

30) 1947년 봄

게 먹고 물 마시고, 소나무 껍데기 벗겨 먹었다고 그라잖아.

"그런데 그놈을 먹으면 왜 그렇게 똥구녕에 똥이 안 나와요, 똥구녕
에 똥이 안 나와서 (웃으며) 당최 미어[31] 가주구서 똥이 안 나와서 꼬챙
이로 후비야 혀, 똥구녕을. 그래서 이렇게 짝대기를 이렇게 깎어가주
구서 이건만치 가느름하게 해가지구 변소깐에 가 안 나오면 꼬쟁이로
후벼내더라구. 그이들이 가르쳐 주더라고.

"그 집에 가서 열일곱 살, 열여덟 살, 일 년을 있었어.[32]

"한 집이서 했어, 염병을. 집집마다 다 염병을 했어. 나두 염병을 하
구서 일어났는 걸. 염병을 하믄 이 머리가 쪽 **빠져요**. 염병을 하구 난
일났어.

"하루는, 한 번은 옥상이 병이 나가지구 죽게가 됐어,

"애도 막 생명태처럼[33] 말르고, 그래 가지고 병이 들어가지고 막 씨러
지고, 지금 같으면 병원이나 있지, 난리물이라 그때 병원에도 못 갔잖아.

"자기네 집도 많은데 내가 있으니까, 워째 눈치도 많이 줬을 테지. 막
날 보고 우리 식구도 많은데 한 식구 더 보태서 더 하다구 그라구. 가라
소리지 뭐야. 그래도 그 아저씨만 믿고 있었지, 그러카고 있다가 보다
보다 보니까 그 일본 옥상이 죽게 됐어. 아주 휘쪄가지구 눈도 껌적
껌적, 인나키고 눕히고 히야. 근데 보니께루 꼴이 보니께 [나를 고향에]
안 데려다 줄 상 싶어.

"그래서 내가 그 질로 나섰어. 머리쓰고, 밤에, 날 훤히 새면서, 나서
서 오다가—오다가—수리조합 꼭대기 거기를 올라가서 거기 **빠져 죽**
을라고…

---

31) 막혀 32) 정확한 기간은 아니다. 정황으로 보아 약 반 년 정도인 것으로 보인다. 33) 북어처럼

"그래서 거서부터 동네 동네 오면서 밥도 얻어먹고, 잠도 자고, 어데가 오다가 일도 해주고, 또 있다가 그럭하고 왔어요.

"그렇게 허구서 자꾸 물어서 충청도루 갈라믄 어디루 가느냐구 자꾸 물었어. 물어서, 가다 인저 절루 가믄 역전인게, 차 타는 덴데, 글루 가서 무조건 무슨 차 있걸랑 충청도 가는 차를 타락 햐, 사람들이 알켜 줘. 그때는 차비두 없었어, 차만 있으면 막 무조건 새카맣게 올라타. 기차를 탔는데, 물으니까 이 차가 충청도로 안 오고 다른 데로 간다캬, 어디, 전라도 어디로 간다캬, 그래 인저 거기서 내렸어. 내려 가지구 역전에서 날을 새워 잤어.

"잤는데 중이여, 중, 좀 깨끗하게 입은 사람들이지. 내가 이렇게 졸면서 이러카고 (쪼구리고 앉아 무릎에 머리를 묻은 모양을 하며) 있는데, 어떤 보살, 어떤 중들이 둘이 날 이러구 쳐다보구 있대.

"'너 왜 여기 와서 있냐, 느 집이 어디냐?'

"'우리 집 없어유.'

"'그 왜 너 여기 와 거지마냥 왜 얻어먹구 다니냐?'

"'우리 어머니 우리 아버지두 독립한다구 일본놈들이 다 죽이구, 보국대 갔다 오는 길인데 우리 집 찾아가는 거유.'

"'느 집이 어디여?'

"'충청도 저 보은유. 우리 집 찾아갈라면 워디루 가는 거유, 워디루 가야 대전 옥천 보은으루 가는 거유?'

"그런 게, '우리 따라 가자.' 그랴. '우리 따라 가자, 갈쳐 줄게 우리 따라 가자.' 그랴.

"'데리구 가믄 또 날 죽일랴구유?'

"'죽이긴 왜 죽이나, 사람을 왜 죽이나. 일본놈들이나 사람 죽이지 한국 사람들이 사람 죽이는 거 봤나?'

"그러드라구, 한 사람이. '그렇거나 저렇거나 우리 집에 가는 질이나 좀 가르쳐줘유.'

"그렇게, '그러믄 저 시커먼 차 들어오걸랑, 사람들 많이 타걸랑, 여기 대합실에 있는 사람들 다 들어가거든 들어가라.' 그려. 그람서 보따리를 이 만큼한 거 두 개 들구, 북을 하나 들었어. 둘인데, 여자는 하나 북을 싸서 밌어. 무당, 무당이여. 북 치구 깽가리 치구, 무당. 그라더니 한참만에두 워디가 옥천 보은이냐구 해두 안 가르쳐 줘, '안직두 멀었다, 안직두.'

"그라데니 저기 부산 가는, 추풍령을 왔어. 우리 따라 내리자 가르쳐 준다구, 느이 집에 데려다 준다구. 그래 추풍령엘 내려 가지구 그이들을 따라갔어. 이만한 질루 가더니, 월매나 걸어가더니, 보따리를 하나 이구, 그 여자가 북 하나 미구 어느 산골루 산골루다 또랑 따라 기올라가, 산골루. 그러더니 그 산골 아주 절당을 지어놨어, 부처님을 모시구,

"갔더니 보따리를 내려놓구 날 홀딱 벳겨가지구 또랑물에, 막 또랑물이 콸콸콸콸 내려가. 거기 가서 목욕하랴. 목욕하라카구 내 대갈빠기 아주 홀딱 깎아줘유. 머리 질으믄 못 쓴다구 딱 중머리를 맨들어 줘유. 막 안 깎을라구 울구 그래두, 이거 일본놈 털이라, 이걸 놔두면 니가 병이 되서 죽는다, 다 깎어야지 새로 나는 게 한국 머리지, 이거 일본놈 머리니까 이걸 다 깎아버리구 새로 나는 거ㅡ, 우리 보라구, 우리 이렇게 머리 깎었지 않냐구. 깎어서 질었다구, 그라구 머리를 **뺄갛게 가새루**[34] 깎아줘 버려유. 그라구 목욕을 시키구, 자그네 옷을 꼬쟁이두 입히구,

치매두 입히구, 속곳도 입히구, 적삼두 입히구, 그래 입히드라구.

"무슨 말을 들었는지 꼬지꼬지 캐더니 워디 가서 동이에다가 지게에
다 나무통을 만들어 가지구 반 통씩 반 통씩 해가지구 똥물을 중이 지
구 왔어. 그걸 삼베 자루로 걸러가지구 깨진 단지에다가 가라앉히더라
구. 가라앉히더니 대나무 막대기, 이렇게 저 구녁 뚫은 대나무 막대기
그거를 구뎅이다가 담아가지구, 막대를 뽑아놓구 나더러 그거를 먹으
래유, 똥물을. 너 이거를 먹어야 살지 안 먹으면 그 아래, 일본놈들이
쑤셔가지구 여기 병이 들어서 못 사니까 이걸 먹어야 산다캬.

"그때 내가 그렇게 아팠잖아유. 삭신을 못 쓰고. 그래두 악으루 악으루
걸어서 그이들을 따라왔지, 아팠어유, 거기 가서 맥을 놓고, 몸뚱이가.
똥물은 이만한 동이로 반찬을 해놓구서는 그눔 니가 다 먹어야 산대. 이
거 안 먹으면 저 갖다 구뎅이를 파구 묻는닥 해유. 위협을 해, 묶어가지
구. 도망을 갔었어유, 및 번 도망가서 저 산에 가서 바우 밑에 가 찾아가
꾸, 또 찾아가꾸 낭중에는 짱뚝 달아매구서, 일부러 지키구 앉아서 그 빨
대루 먹으래, 그래서 주욱죽 들이 마셨어유, 할 수 없이. 그래 똥물 바가
지루 하면 반 바가지쯤 들이키면 나 이거 배불러서, 자꾸 넘어오고 구역
질을 하고 그렇게 하면 끌러놔유. 자꾸 그렇게 달아매놓구 날 믹이대.

"그이들이 은인이유, 똥물 먹구 살았어.

"그렇게 살아가지구, 내가 그 집에서 얼마를 살았는지, 머리가 나서

---

34) 가위로

이렇게 중발을 하구 우리 집을 찾아갔어, 데려다 줬어, 그이들이. 머리 중발해 가지구 우리 집을 찾았는데, 쑥대밭이 됐어. 다 타가지구 쑥대 밭이 됐어. 집안도 다 피란 가버리고 찾들 못햐. 집은 새카마니 벽만 남고 들어서들 못 하겠고.

"그이(무당)들은 개 살다 죽었어. 내가 친정이라고 들락거렸거든, 엄마라고. 엄마라고 댕기다가 죽으믄 내가 가서 '아이고-' 하고 초상 치러주구, 시집가가지구, 그이들이 시집을 보냈어. 거기 댕기든 이한테 말해 가지구.

"그래도 치마저고리, 나 데려갈 때, 베 치마저고리, 꺼먹 물 들여서 베 치마저고리, 베, 저기 분홍 피딕피딕하게 분홍물 들여서 베 저고리하고, 뻘겅물 들여서 명주 뚜들여서 명주 치마 하나하고, 저고리는 시퍼런 물들여서 저고리 하나하고, 그래 치마저고리 두 벌하고, 꼬쟁이하고 바지하고 적삼하고 빤스, 전부 베로, 그래 가지고 절에 가지구 왔더라구. 목욕 싹 하고. 그거 입구서 가마 타구 그 집에꺼정 갔어.

"그냥 그 어머니가 홀어머닌데, 저이(남편)하고 아들 형제만 낳았어, 홀어머닌데. 근데 없는 집으로 갔어, 없는 집으로, 아-주 없어, 오막살이 집에, 그 집에도 가니께로 이불도 솜이불이 없고, 접이불만[35] 덮구 사는 집이여.

"우리 영감님이 저저 거시기 군인 갔다 온 이여. 일본 군인 가서 죽지 않고 살아 왔었어요. 우리 친정에서 그거는 알켜 줬지, 우리 폐평[36]윤씨. 양반이지, 양반이고 그래서 난리를 만나가지고 가족은 다 죽고, 그렇게 막 팔 이런 것도 일본놈들이 무시해 가지고, 때리고 그렇게 가지

---

35) 접이불 36) 파평

고 친정식구가 죽고, 그래서 그렇다고 그런 얘기 다 하고 혼인했다니까. 그래 그이는 총이 일로 내려가서 심줄로 내려가서 다리만 찔룩찔룩 했어. 그래 똑같은 그거니까 중매하자고 그래서 시집보냈어.

"그래도 양반의 아들이고, 한글도 많이 배웠어. 그라구 그 전에 공부를 많이 해가지고 사립학교 선생했어, 야학. 밤에 배우는 야학방 선생. 한글도 갈치고, 옛날에는 한문을 갈치잖어. 그라믄, 그거 월급이 일 년에 보리 때는 보리 한 말, 나락 때 나락 한 말밖에 안 줘. 우리 영감님은 나 시집가가주구 먼-데로 댕겼어, 그것두. 먼-데로 댕기면서, 내가 시집가가지구, 인저 저 복 많다고 그러카드라구. 그런 직장을 잡았다고.

"근데 그렇거나 저렇거나~, (큰 소리로) 영감한테 구박 맞았지, 못-생겼다고. 팔도 이렇게 병신이고, 자기도 쩔뚝발 쩔뚝발하면서, 한 짝 다리를, 날 이렇게 밉고 코도 이렇게 들창코고 그렇게 못 생겼다고. 구박해서…

"우리 영감님은 그렇게 미서워요, 베기 싫어요. 방에 들어오는 것도 미섭고 저 삽살거리에 들어오는 것도 미섭고. 그래서 우리 시어머니가 만날 무당한테 쌀 같은 거 갖다 주고, 우리 아들 며느리 의의 좋게 잘 살라고 막 그랬어요.

"그때 우리 시어머니는 장사하고, 광우리에다 멸치 명태 이구 댕기면서 팔아가지고 그렇게 살아가지고, 농사를, 남의 농사질 때요. 많이 부쳤어요, 여덟 마지기, 시어머니랑 같이. 다른 사람도 그렇게 부치고. 그래서 농사짓고 시집가서는 배고프고 그런 건 몰랐어요. 나락 하면 막 저 마당에다 통가리 해났다가 타작해서 그래났다 전부를, 도지를, 가마니 가마니 묶어났다 있는데, 묶어서 다 실어다 주구, 거 가서는 배 안 고팠어요. 재미있게 살았어요. 그래 가지고 시어머니가 변소간에 갔다가 자빠져서 중풍이 들었어. 그리고 우리 시동생은 국민학교 댕기고. 그랄 젠데…

"나는 우리 시어머님 땜에 살았어요. 자기 딸 거치. 딸도 없으니까, 딸같이 그래 생각하고. 맨날-아들 이렇게 부추겨서 붙어가지구, 자슥 낳고 살라구. 시어머니 그래 살았지. 시어머니 독했으면 이 집에 못 살았어요. 그래서 낭중에 어떻게 어떻게 해가지구 자식 낳고 살았어요, 시어머니 돌아가시구. 지금 같으면 병을 고치지. 근데 그런 걸 놔둬가지구. 나 한 서른 살, 서른—아녀, 몇 년 살고 돌아가셨어.

"지금 이래 마음이 이렇지요, 옛날에는 내가 미쳤었어요.

"오막살이서 자식만 나놓고 우리 할아버지(남편)는 나 서른여덟에 돌아가셨어. 그라고 팔도 이래도, 모 심구러 다니고 밭 매주러 다니고 이라다가 우연히 내가 그냥 미쳤었어. 그래서 밤으로, 저런 저렇게 높잖아. 그래도 산으로 산으로 돌아댕기고, 몇 년을 그렇게 했어.

"내가 무당이 될라 했어, 무당. 이렇게 앉았어도 밤으로 잠 잘라고 드러 누웠으면 호랭이가 와서 이렇게 쪼그리고 앉아서 자꾸 불러니야, 자꾸 불러니야, 그래서 불러내서 따라가면 산으로 가버리어. 저어 꼭대기 산에 가면, 또 저짝 산에 불이 막, 촛불이 일곱 개, 칠성 불이 백혀.[37] 그 산꼭대기 가면 또 금부처 나온다케. 그래서 삽하고 괭이하고 가지고 가서 파면 아무것도 안 나와. 그러면 집에 오고 싶어, 그러면 집에 오면

---

37) 보여

네 시 다섯 시야. 또 그래도 일하러 가고 싶어, 그렇게 해서 돌라댕기면
서[38] 마음을 그렇게 설렁거렸어. 그럭해도 누가 뭐라카면 싸울라고 내
가 댐비고 괜히 입에서 헛소리를 씨불거리고.

"근데 내가 돌아다니다가 어떤 절에 가서 밥을 해줬어. 청소해 주고
밥해 주고 밥을 얻어먹고. 저기, 충청도 속리산[39] 동학사, 동학사, 거
기 가서 병을 고쳤어. 뭐 오래 그러지는 않았어. 한 몇 년 그러케서 거
기 아주 내 방이 있었어. 동학사도 큰 동학사가 아니고 거기서 한 십
리 올라가면 산꼭대기 동학사 쪼끄만 절. 거기서 밥해 주고 나물 뜯어
다 주고 나무 해다가 주고 그것만 하구서 집 지키고. 거기는 옛날에는
여자들만 있었어, 여자 중, 거기서 병 고치 가지구…

"병이 나으니까 자식 찾고 싶어서 봉천동에서, 그때는 취로사업도
안 줬어. 시장에 앉어 가주구 다라이에도 놓고 고등어 같은 거, 생선 같
은 거, 나물 장사도 하고. 그런 거 벌어먹고 살았어.

"그라카는데 테레비 자꾸 나오데. 처음에~. 테레비.

"'저거 내 일인데 워쩨 저렇게 나오나.' 했어.

"'이상하다 정신대가 뭔가?, 나는 보국대는 갔다왔는데,' 정신대라캐
서, '정신대가 뭔가―근데 말하는 거는 내 일 거튼데,' 정신대 소리는
못 들었지.

"낭중에사, 한국이 발달되면서 내가 집을 찾을라구, 땅하구, 찾을라

---

38) 돌아다니면서   39) 실제 동학사는 계룡산에 있음.

윤순만 231

구─, 구청두 들어서구 시청두 들어서구 이제 한국이 발달이 돼서, 그렇게 땅 찾는 사람 막 그랬잖어? 난리 끝나구 새 정치가 들어섰어.

"옛날에는, 우리 아버지가 건달이유. 마누라가 이렇게 서이 있어. 옛날에 종들이 많잖아. 마누라가 서이 있어. 그런데 우리 엄마가 낳은 자손은 다 죽고 나 하나 남고, 우리 언니 하나 남고. 그러고 두 번째 난 첩의 아들 하나가 났어, 본적지를 떠들어 본께, 서적의 아들이[40] 하나 낳었어. 그래가지구 서적의 아들이 다 찾았어. 그 터하구 산하구 그럭 하고 다 국가 땅 됐어. 찾을 건 찾구서. 우리 할아버지의 친딸 같으믄 하는데 손녀딸이 돼서 출가외인이 되고 그 아들은 서적이래도 그 집의 지사를 지내요. 제사 지내는 사람한테루 재산이 돌아가유. 근께 나한테는 논 닷마지기를 줘. 판결이 났어. 그래서 내가 거기 꺼 팔아다가 우리 아들 살던 데가 옥천군 청석면 장수리여, 거기 와서 닷마지기 팔아다가 서마지기 샀어.

"증조할아버지가 나 다섯 살 여섯 살, 고때 죽었어요.

"할아버지는 저 이제 밭이고, 사람들 데려다가 막 이제 독립하자 그라고, 우리 아버지는 뭘 했느냐면, 그전에 대장간이여. 칼도 맹들고 시시랑도 맹들고 풀무질해가지구 숯불 피워서 그런 거 맹들잖아, 그런 거를 맹들었어, 울 아버지는. 아버지는 맹들고 국군, 군사들은 와서 밥해 멕이고. 우리가 인제 쌀이 있으니까, 밥해 멕이고. 마당에 막 저 헛간에 뭐이

---

40) 서자

며 집집마다 재우고 그걸 맨들어 가지고 가져가서 싸우라고, 맹들었어.

"철알기 하이튼 여섯 살 일곱 살부터 (조그마한 목소리로) 그렇게 하는 걸 알았어. 우리 사랑방이 복도 지일고[41] 커. 그 방안에 다−상투 짓고 한 이런 이들이 와서 **빼에엥** 돌아앉아서 물 한 사발을 갖다 놓고 상 하나 차려놓고 뭐라카느냐믄, (손을 모아 몸을 앞뒤로 왔다갔다 하면서 주문을 외우는 몸짓을 하며) '일월일월 만세정 세해천지 조화정 천지곤후 만사정 천하천지 조화정자', 그러카다가 낭중에는 그게 신이 나−, 도를 믿었겨.

"그 도를 믿으면요, 그 이유가 뭐냐하믄, 우리 증조할아버지가 손을 붙들고 저어−감나무 밭을 데리고 나가요, 뭐라 하믄, 저어 해 직전에 데리고 나가. 저 해가 느희 세상에는 지구가 배뀐데요. 지구가 배뀌믄, 죄 지은 놈은 죄 지은 나라는, 벼락을 치고, 죄 안 짓고 순종으로 이렇게 자개[42] 순하게 사는 나라는 벼락을 안 때린다케, 그러드라구, 징조할아버지가. 근데 그 도를 믿으면요, 그걸 안대요, 그래서 인력으로는 한국에는 무기도 없고, 총도 없고, 칼도 없고, 그 도를 믿어가지구, 그 놈들을 지구로 홀떡 뒤집어가지구 원수를 갚는다 카드라구.

"하여튼 조상님이 도와줬는지, 옛날에 부처님이 도와줬는지, 우리 부모가 도를 믿어서 도 힘으로 그랬는지, 자꾸 나 구해줄 사람이 그래 나서드라고. 그렇게 해서 나 살아나왔어. 죽은 사람이 월매나 많은데. 제대로 내보내줘서 나온 사람도 있지믄, 나는 이렇게 병신돼가지고 그만큼 내가 살아나온기 조상님 덕, 부처님 덕이지.

41) 길고 42) 자기

"우리 아들 하난데, 그게 [1999년] 3월 달에 죽었당께. 올해 죽었어. 이게 (사망신고 문서를 보여주며) 사망신고 띤 겨. 아후―심장마비로, 일하고 들어와가지구 금방 씨러져서 죽었어. 내가 그 질루 오늘날까지 잠이 안 와유, 그렇게. 이렇게 벌벌벌벌벌 떨리구.

"그렇게 엉망진창 살림은 놔두고 철모르는 것들만― (눈물을 흘리며) [손녀] 하나 시집가구 너이를 놔두고 그럭하구 갔으니 어떡해유. 가차운 집안두 없구. 그래서 내가 정부에서 돈 삼천만 원 주는 거 안 쓰구, 은행에다 놔뒀었잖아유. 그눔 가지구 가서 병원에서 장사 치루고 나니께는 이눔도 나스고 저눔도 나스고, 다 갖다가 빚지고, 남한테 구설을 안 들어야잖어유, 다 갚아버렸지유. 다 갚구 그래두 모지래유. 집두 이백만 원 받구 팔았어. 팔적에 요 아래채는 우리 애들 둘이[43] 살게 좀 주슈, 그리구 좀 깎아 줬어.

"지끔 한 달에 오십만 원씩 나오잖어. 그거 나 이십만 원두 못 주고 시굴루 다 내려보내구. 달달이 나오면 부쳐줘, 그것들 먹구 살라구. 나버는 게 한 달에 취로사업을, 그전에는 많이 줬었는데 공공근로사업 나오면서 한 달에 열흘밖에 안 주거든, 영세민은. 열흘해야 십이만칠천 원밖에 안 돼유. 그게 관리비 내믄 없어유, 관리비 내믄 생활은 뭘루 해유? 그래서 절에 댕기면서 내가 일해 주구서 얻어 먹구 절에서 또 돈 주잖어유. 여기는 가서 일하믄 날띠기루 쳐주구, 파출부마냥, 그래가지구 여기 [막내 손자] 콤퓨터 갈치지 태권도 갈치지 또 영어 갈치지, 핵교 갈치지.

<hr />

43) 손녀딸 둘

"혼자 살고 자손도 없구 그런 사람들은 책 나온 사람들 있어 몇.

"내 이름은 넣지 말어. 나는 손자가 있잖어. 나는 자슥은 잃고 저거 손자 하나래도 내가 사람 맨으롱 내 가르쳐 놓고 죽을라고 그래. 이거는 의지가 없잖어여. 나한테 의지를 하고 인저 갈칠 사람도 없잖어여, 인제. 그래서 실컷 가르쳐가지구 낭중에 직장이라도 잡아서 벌어먹고 살게끔 해 놓고 죽는 게 내가 소원이여.

"낭중에 자식들이래두, '우리 할머니가 이렇게 저기 했구나, 우리 부모네가 나쁜 일을 했든지래든가 일본을 뺏어가지구 [그런 게 아니라], 한국 사람들 대대 물려가믄서 잘 살라구 이러다가, 그래서 저그 부모네가 그래 그런 큰일을 했지, 나쁜 일은 하나도 안 했어.'

"정신대 할머니는 백사십 명이 남았디야. 근데 나거치 간 사람은 하나밖에 없어. 나는 참말로 그걸 책에다 꾸밀만 해요. 나는 역사여, 끌려 갔응게." 🐚

우리가 보고 듣고 이해한 윤순만

김수진과 양현아*

　우리가 윤순만을 처음 만난 것은 1999년 9월 어느 맑은 날이었다. 우면산을 뒤로 하는 주공아파트 단지의 공기가 신선하게 느껴지던 날, 4층 복도 앞에서 할머니는 하얀 모시옷을 차려입고 우리를 기다리고 있었다.

　가재장이 놓인 윤순만의 아파트는 말끔했다. 할머니는 이내 활기차게 한 달에 열흘 정도 취로사업에 나가고 우면산에 있는 절에서 불공드리고 현재 고등학교 1학년인 손자를 돌보면서 살아가고 있는 생활을 이야기했다. 위안부 경험으로 인하여 왼팔의 팔꿈치 뼈가 바깥으로 튀어나와 있었고 머리와 온몸을 가볍게 흔드는 자그마한 체구이지만 어쩐지 힘이 있다고 느껴졌다.

　그 후 우리는 2000년 2월과 7월에 걸쳐 세 번, 아주 드문드문 할머니를 만났다. '만나 봐야 별로 좋을 것도 없다.'고, 오지 않았으면 하는 말씀에도 불구하고 두 번째와 세 번째 인터뷰를 진행했다. 약속을 겨우 잡아 조심스레 할머니 댁을 찾아가면 또 반갑게 맞이해 주었다. 할머니는 이런 면접상황에 어느 정도 익숙한 것 같았고 질문이 별로 필요 없을 정도로 말씀을 잘했다. 인터뷰에 따라 증언 내용에 변화가 다소 있긴 하였지만 일관된 증언의 구조와 할머니의 감흥을 느낄 수가 있었다.

---

* 처음 증언을 듣고 녹취를 푸는 과정은 윤애순(작가)이 함께했다.

할머니의 말씀은 분명하고 장단이 있으며 재미있다. 일본군이 처음 집을 침입했던 날을 묘사하는 할머니의 이야기는 듣는 이에게 영상을 떠올리게 하였고 강간을 당하던 상황 같은 경우엔 방 안을 무대로 몸 전체를 쓰면서 동작을 보여주기도 했다. 그리고 그녀의 증언에는 안정된 틀이 있다. 그것은 독립운동을 하던 집안의 후손이라는 점을 중심으로 구성되어 있다. 이것이 위안부 강제 연행의 원인이 되며, 위안부 시절 "부모도 없으니 죽을 각오로" 몸을 지키는 저항으로 이어진다.

무엇보다 그녀의 증언에서 눈에 띄는 것은 강한 행위성(agency)이다. 그녀는 어릴 적부터 호기심이 많고, 저항적이며, 굶주릴 때는 누구보다도 "약게" 밥을 잘 얻어 와서 다른 사람까지 먹인다. 귀국 후 결혼하여 4남매를 두고 살다가 이제 칠순이 넘었지만, 그녀는 자식들로부터 부양을 받기는커녕 손자를 키우면서 살아가고 있다. 이러한 모습은 그녀의 강한 생활력을 느끼게 해줄 뿐 아니라 식민지의 피폐함과 전쟁 등으로 얼룩져온 100여 년 간 이 땅과 사람들을 책임져 온 여성들의 생명력을 확인하게 해준다.

그러나 윤순만의 삶에는 또 다른 차원이 존재한다. 그녀의 생애에는 신비한 힘이랄까, 어떤 설화구조가 존재한다. 그것은 벼랑 끝에 선 윤순만을 돕는 힘으로 표현되곤 한다. 일본에서 빠져나올 때 도와준 아저씨가 그랬고, 귀국 후 실의에 빠져 자살하려던 저수지에서 나타난 '꺼먹 소'의 외침이 그랬고 추풍령에서 만난 두 여자 보살들이 그랬다(결국 이 보살들의 도움으로 할머니는 건강을 되찾고, 위안부 생활로부터 한 매듭을 짓게 된다). 할머니는 이후 "신이 내려서 무당이 되려고 마구 돌아다니다가" 절에 들어가 정신을 되찾았다고 한다. 그런데 이러한 흐름의 바닥에는 증조할아버지로 대변되는 어릴 적의 기억이 드리워져 있는 것 같다. '신도를 모아놓고' 우리나라의 앞날을 이야기하던 할아버지, 철부지 손녀딸의 손을 잡고 일러주던 할아버지의 도(道)가 '하늘도 돕게 하는' 윤순만의 힘으로 나타났던 것은 아닐까. 할아버지가 가졌던 앞날의 걱정과 희망은, 위안부로 끌려갔으나 소생하여 삶을 개척하여 온 손녀딸의 삶에 대한 예언과도 같다. 이렇게 윤순만을 감싸안은 설화구조는 자신의 가족적 정체성과 맞닿아 있고, 그것은 다시 그녀의 주체성을 조형하고 있는 것 같다. 이번 텍스트에 자세히 포함되진 않았지만 한 때 그녀는 집과 땅을 되찾고 공식적으로 독립유공자의 후손이 되는 일에 열심이었다. 결국 국가보상이 나오는 그 자리는 '서적의 손자' 것이 되었다. 할머니의 말씀대로 '제사를 모시는 것'이 손자이기 때문에 그렇게 되었겠지만, 이제 그녀는 거기에 크게 괘념치 않는다. 오히려 그녀에게 중요한 것은 위안부로서의 경험을, 박해받은 독립운동가 집안의 손녀딸이 풀어내는 서사 안에다 놓는 데 있다. 그런 탓에 그녀가 기억하는 위안부의 경험은 강간에 저항했던 상황에 집중되어 있고, 그녀의 비틀려진 팔은 그 뚜렷한 증거로 남아 있다. 그녀는 그 장면을 제외하고는 일 년 넘게 있었을 군부대에서의 위안부 생활에 대해 거의 말씀하지 않으셨다. 술술술술 쏟아져 나오던 기억의 영사기는 군부대 위안소에 들어오는 순간 그 장면에 멈춰서는 것이다. 이리저리 질문해보아도 영사기는 돌아가지 않았고 인터뷰를 거듭하여도 상황은 마찬가지였다. 그러면서 우리는 이러한 기억의 틀이 무엇을 의미할까라는 문제를 떠올렸다. 그녀는 우리에게 이런 말을 하고 있는 것 같다. '위안부생활은 곧 강간을 의미하는 것이고, 당신 자신은 민족의 딸로서 그것에 저항한 사람이다.'라는 말을.

이렇게 '민족'을 중심으로 구성된 기억은 그녀의 과거를 받쳐주는 버팀목이기도 하다. 이는 당신의 증언을 가명이 아니라 실명으로 싣겠다고 하는 의지로 표현되기도 했다. 그녀는 증언을 출판하는 것을 망설이셨다. 딸도 있고, 사위도 있으며 손자까지 거두며 살고 있는 처지이기에 그녀는 10년 가깝게 수요시위나 정대협 행사에 참여해 오면서도 얼굴이 신문, 방송에 나올까봐 마음을 졸여왔다면서 당신을 **빼달**라고 하셨다. 그래서 우리는, 후손들이 잊지 않도록 역사에 남기기 위해 책을 내는 것이라고 하면서 가명으로 하면 어떻겠느냐고 말씀드렸다. 그러자 할머니는 고개를 저으시면서 나쁜 일 한 거 없다며 출판에 동의해 주셨다(그러나 사진은 결국 실리지 못했다).

하지만 다른 한편으로 그녀가 가진 민족의 딸로서의 자부심은 자신을 다른 위안부들과 구별시키는 기제로 작용한다. '정신 없이 끌려갔다고 해서 정신대여.'라고 하면서도 다른 한편 그녀는 '팔 이렇게 된 사람은 나 하나뿐'일 뿐 아니라 '그런 데(위안소)'를 가지 않았다고도 말씀한다. 하지만, 여기서 이러한 기억의 틀에 대한 평가가 여기서의 우리의 역할은 아닌 것 같다. 확실한 것은 이러한 마음의 동요는 윤순만 할머니 개인의 것만은 아니며, 또한 그것을 단순히 개인의 탓으로 돌릴수는 없다는 사실이다. 이러한 사회적, 역사적 지평을 넘어 할머니의 생애는 할머니만의 영혼으로 가득 차 있다. 우리는 이러한 집합적이지만 개성적인 할머니의 목소리를 이 증언에 담아내고자 했다. 거기에 우리 면접자의 목소리가 용해되었다면 좋겠다.

김복동

"나는 본래 누구하고 친하게 지껄이는 그런 성격
이 아녀. 여기 화토 치러 오는 사람들도 나보고
그런다구, 말이 너무 없댜, 할 말이 없구. 좀 웃어보랴
나보구. [다른 사람들은] 쩡하고 웃고 웃음소리도 뭐 짜개지는 소리 별놈
의 소리 다하고 웃어. 내가 (옆으로 흘겨보면서) 이렇게 처다봐.

"'뭐 그렇게 웃을 게 있어? 어이구 웃음도 목청도 드럽게 생겨 쳐먹
었네.'

"짜개지는 '애애' 그렇게 웃어. 아이구 그렇게, 웃을 일이 없어. 아무
웃을 일이 없어, 웃어 볼려도 웃을 일이 없어, 왜 그런지. 그냥 뭐 좀 한
거 있으면 한 번만 쫌 삐죽 웃으면 돼지, 뭐 할러 그렇게 소리지르고 웃
을 일이 있어. 아주 뵈기도 싫어 나는.

"만주 얘기 난 누구한테 안혀 챙피해서… 집에 저렇게 와서 질문하
면, 당한 일만 얘기해 주지.

"요시모토는 내가 정을 좀 뒀었어. 착해. 그때 그 사람 나이가 내가
알기론 한 삼십 넘어. 거저번(거의) 사십 다 되는가 봐, 점잖고 참 점
잖아, 맑고.

"요시모토상, 그 사람 아주 노오픈 사람이여. 글쎄 뭐 이렇게 (어깨 위
를 가리키며) 별이 시(세) 개구. 그래, 금 같은 거로 별같이 만든 게 시 개
씩 붙었어. 하나, 둘, 셋, 여기도 (모자 위를 가리키며) 시 개가 있구. 그리
고 빨간 거 뭐 차구 다니고. 그 부대에서는 최고 좋은, 높은게벼.

"그게 나를 참, 왔다갔다 뭐도 먹는 거도 사다 주고 빵 같은 것도, 그

렇게 사랑을 했어요. 참 나를 이쁘게 봤나 봐, 참 귀엽게 했어.

"요시모토가 아래에 오면, '아이짱!' 하고 부르면, '하이!' 하고. 또 그렇게 하라고 지가 시키잖아. 대답 안 하면 지랄들 해.

"'하이!' 하고 뛰어나가면 손을 잡고 이뻐 죽겠대. 난 그때 그게 뭔가 [했지]. 나도 퍼억 바보였었어, 어릴 적에.

"요시모토, 나를 이쁘게 구엽게 한 사람은 오면은, 빵 같은 거 뭐 이상한 거, 모찌 같은 거, 이런 거를 나 그때 알았어, 모찌, 그때 먹든 모찌 같은게 지금은 없어. 모찌 같은 거 사와서 나 먹으라고 주고.

"뭐 물 먹고 싶으냐고 그러면 그렇게 물어보고, 내가 일본말로 시방 생각하니께 *미시노미타이*, 이게 물 먹고 싶으냐고, 그렇다고 그러면 밤중에 가 떠다 줘, 요시모토가.

"내가 지금 생각하면 자다가도 웃을 노릇인게, 그게, 첫사랑인게벼. 가끔 생각이 나. 그렇게 외로운데 사랑해 주니께 아주 정이 좀 갔지, 나도.

"아니, 저, [요시모토하고] 같이 산 게 아니라.

"그 사람하고는 가끔 와, 가끔.

"만주에서 나 혼자, 그 사람이 왔다갔다 하구, 딴 군인도 와서 지랄할라구 하구, 딴 군인도 와서.

"거 와 가지고, 지랄할라쿠 하지, 그 사람 장교(요시모토) 안 오고 그럴제…

"그래서 반대를 했지. 내중에 요시모토 사령이라는 사람한테 그 애기를 했더니 픽픽 웃고는 말어. 그래서 내중에 와서, 살짝 하는 사람, 한 번씩 허락해 줬어…(얼굴을 돌리며)

"이제 군인들이 왔다갔다 하구, 요시모토가 왔다갔다 하구, 뭐 슈퍼라나, 어디서 밥은 갖다 줘서 먹구. 글쎄 요만한 목판에다가 국하고, 스끼모로라고 고춧가루도 안 넌 김치하고 갖다가 줘, 날러. 밥 갖다 줘서 그냥 한 술 먹고.

"군인들 안 올 때는, 안 올 때는, 빨래, 양말, 군인들 거, 내복(산 모양을 만들며) 이렇게 갖다 놔요. 대나무 통에다가. 그거 하구. 빨래, 빨래. 뭐 이렇게 한 통씩 가져와. 빨래하고, 부대 옆에. 부대 옆에만 따라다니잖아. 부대가 이동하면 다 따라가고 그랬는데.

"요시모토가 나를, 몸을 건드렸어. 그런데 애기가 있었나벼. 그 사람하고는 접촉을 몇 번 했어. 그런데, 쫄병 군인들은 감히 와서 나를 못 건드려. 요시모토 높은 사람이 나를 사랑하기 때문에, 그렇게. 쫄병들은 왔다가 그냥 가. 억지로 강탈도 당했지 (얼굴을 돌리면서) 억지로… 내가 싫은 군인들이 와서 지랄할 때 막 울고 싸우다가들 당하는 때가 있어.

"요시모토는 어딘가 출장을 갔지, 간 사이에 쫄병 하나가 지랄했지 (목소리를 낮추며) 그, 그 대장이 알면 나도… 할 수 없지. 난 군인 싯 (셋) 밖에는 접촉 안 했어. 요시모토 빼놓고는, 쫄병이 아주 이것도 뭐이냐, 소위, 뭐.

"방 하나에 한 명씩, 이게 담요 조각 하나 하고. 옷은 늘 일본놈 하오리[1] 같은 거 그런 거 주고. 중국 옷도 뺏어 왔지, 일본놈들이 중국 사람 상점에 가서 뺏어 왔지, 그것도 입어보고. 옷은 배급 주는겨. 사서 입을

---

1) 잠옷

라니 사서 입는 게 어딘지도 몰르지, 나가지도 못하게 하니.

"조바가, 조바가 돈을 받대. 돈은 받어, 물건 파는데. 그것이 경리 보고 조바도 보고 그러내벼. 물건 파는데 사람 있잖아. 여기 달라고 돈 주면 그 사람 주는가 봐, 난 몰라.

"거기 여덟 명인가 있었어. 나까정 아홉 명. [다른 사람들은] 아, 말도 못혀. 막 싸우고 때리고 쫓겨나고 울고 그래. 강탈할려고 하니께, 싫다하니께 발길로 차고. 돈도 안 주지 몸만 버리니께. 그냥 화가 나잖아, 그러니께.

"그런 할머니들은 하루에, 아마 그런 사람들은 하루에 대 여섯 명씩도 더 [오지]. 나 그렇게 그 사람이 나를 구여워 하고, 높은 사람인께 꿈쩍 못해도 꼭 오는데. [다른 사람들에게] 오는 건 한도 없어. 감히, 감히 내게 무리는 안혀. 그리고 그때나 지금이나 내가 보기에 퍽 대범해 보였던게 벼. 감히…

"요시모토랑 한 이-삼, 아니, 아녀, 가만있어. 내가 열아홉 살에 들어가서 스물한 살에 나왔어. 아, 참, 열여덟 살에 들어가서, 열아홉 살에 들어가서 애기 지우고 스물한 살에 나왔어. 그래서 내가 스물. 아니야, 스무 살이 아냐. 열아홉 살에 애기 지우고. (손가락으로 셈해 보다가) 그렇지 스물셋인가 넷에.[2]

---

2) 이에 대해 남에게 말해본 적이 없고 워낙 오래된 기억을 되살리는 일이라, 김복동이 몇 년에 고향으로 돌아왔는가에 대해서는 정확하지 않다. 조카의 보조 증언과 김복동의 증언을 토대로 하면 24세 전후로, 1930년대 후반경으로 추정된다.

"그래도 몸은 과히 흔들들 안 했는데, 애기 지우고 망했지. 애기 지우는 거도 잘하면 괜찮을 텐데, 이놈들이 또 애기 있을께벼 자궁 들어내고 막 지랄했지.

"배가 아프고 막 어째 몸이 고단하고 밥도 못 먹고 그랬어. 거 육군 병원인가 어딘가 난 몰라, 나를 데리고 가서 진찰을 해 보더니, 애기라고, 배를, 이렇게 갈랐어. 이렇게 배를 갈라서 애기를 빼냈나벼, 난 몰러.

"애기 배고 애기 배수술하고 병원에서 일주일을 있었는데 그렇게에 고생스럽고, 그때 나는 여렸었어, 시방 더 말랐어. 어, 그냥 빼족하고 그랴. 일본놈들 쫄병 군인들이 아이짱은 참 이뻤는데 얼굴이 살이 빠지니께 아이구우, 모두 그랴. 그전에, 그전에 인상 나쁘다는 소리는 안 들었어. 그러니께, 배수술하지, 먹덜 못하지, 누가 그렇게 시골같이 보신해? 그냥 그거 밥 좀 갖다주면 먹는 척하고 마니께 마를 수밖에 더 있어?

"그것도 시방 내가 가만 생각하면 그놈들이 잘못한 거 같아. 왜, 어떻게 한 달 좀 넘었는데 무슨 애긴가 싶은게, 애기라고 피 긁어내고 배 째고.

"나는 바보라서, 여기서 말하면 쥐구멍이 어딘지 몰러. 지금 쪼끔 약아졌지. 그래서 불쌍하게 생각했어. 그래서 통변하는 사람[3]에게, 아마 요시모토상이라는 사람이 슬그머니 조선 내보내라고 했나벼.

---

3) 통역, 거간꾼의 의미를 지니는 것 같음.

"일본 통변하는 사람 하나 하고, 그 사람은 군인 아냐, 일본 사람이어도. 조선 사람하고 둘이 아무 데로 나오라고 하대, 옷 챙겨 가지고.

"그래 기차 정류장으로 가서 타고서 서울 왔지. 서울 와서 하나는 그길로 일본 가고, 일본 놈은. [그] 조선 사람은 서울 사람이고 나는 청주 사람이니께 청주까지 오는 차비를 사줬잖아.

"청주로 와서 보니께, 어, 우리 살던 집으로 들어가니께 엄마가 거, 나무가 없으니께 논베미 가서 독새풀 뜯어다가 마당에다가 말리면서 그걸 젓어, 젓고 있어, 노인네가, (고개를 약간 기울이고 젓는 흉내를 내며) 이렇게 하구.

"'엄니!' (울먹이며)

"'엄마, 나 복동이에요.'

"그냥 뒤로 막 쓰러지는 거야, 나물 젓다가,

"'어머니, 왜 그려, 왜 그려, 나여, 나여, 나여.' 그러니께,

"'어, 어떻게 왔니.'

"'음, 이리이리 해서 왔어.'

"그랬더니 막 울잖아, 그냥 막 울어. 그래 뭐 붙잡고 우는데 동네 사람이 와, 와 가지고 아주 모두 붙잡고 어떻게 왔는냐구 (기침), 아버지를 물어보니께, 니가 없어진 후로 아버지가 화를 앓다 돌아가셨다구 그래. (훌쩍이며) 그래서 내가 막 땅을 치고 울었어.

"그래 내 조카딸 애비는[4] 있었는데 아버지가 안 계시고 농사도 안 짓고 하니까 돈벌러 나가구. 집에서 어머니하고 그냥 한 삼 년 있었어요. 그런데 큰 부잣집 마름 보던 사람이, 마름 보던 사람이 나를 중신을 햐.

---

4) 지금 현재 같이 살고 있는 조카의 아버지, 즉 자신의 남동생.

"그게 고생이지, 하아(한숨)… 배수술하고 애기 못 낳고 그게 최고야. 한국에 나와서도 거지가 다 됐었지 뭐. 남의 집에 가서 애기를 낳아 줘야 대우를 받잖아. 아, 내가 여기 조선 나와서 재혼을,[5] 내가 재물이 좀 있는 집에 했어, 그런데 애기를 못 나니께 마누라 얻어 줬지.

"배수술 한 것 때문에 난 못 살아, 고생을 했어. 그때 돈으로 만석군 집으로 시집을 갔어. 거기 만 원 버는 사람이 내가 서울에 저 만주 가서 무슨 지랄을 한지는 모르지, 내가 얘기를 안 하니, 그때만 해도 내가 좋았어, 체격이, 중신을 그 집 마름보는 사람이 나를 중신했어. 아 같이 십 년, 이 십 년, 삼 십 년을 해도 낳나, 이게 애가 없잖아.

"배수술할 때에 애기보만 남겨 놓고 애기만 긁어냈으면 내가 애기 낳고 살잖아. 그런데 애기보까정 싹 들어냈으니께, 나는 모르고 애기 날려고 또 지랄하구, 절에도 가구 삼신도 받고 막 그랬잖아, 굿도 하구, 있는 놈의 집이니께.

"의사가, 의사가 그렇게 용하대요. 그래 의산지 의원인지 진찰 좀 해 보라고 하니께 우리 신랑보고 아무 때 아무 날 모시고 오라고 얘기를 하나벼. 와서, 아침에 자고서 일어나지 말고 가마안 계시라고, 누워 있으라고 [그랬대].

"그래서 누워 있는데, 왔어, 왔다고 하니께 안사랑으로 그를 모시고. 우리 신랑이 들어가더니 나한테 와서 가만히 누워 있어 보시오. 의원이 왔다고 가만히 드러누워 있으라니께 가슴이 두근두근두근두근해. 그

---

5) 자신이 재취로 들어간 것을 재혼으로 표현하는 것임.

래서 가만히 누워 있으니까 들어왔어요.

"들어와서 '부인 가만히 계세요.' 그래. 일어날라 카니께 '가만히 기세요.' 그래. 가만히 누워 있으니께, 이렇게 하고 누워 있으니께 맥을 봐요. 그리고 이짝 발도 (오른발을 가리키면서) 여기 다 맥보고 그러더니 참 아깝다고 그랴. 애기 태막은 좋은데 못 낳는다구.

"'수술하셨시우?'

"'예.'

"'언제 했어요?'

"이거 말할 께 생겼는데 말할 수가 없어.

"[열]여덟 살 먹어서 했어요. 열여덟 살 열아홉 살 먹어서유.'

"그러니께 쯧쯧(혀를 차면서), 아들이 이삼 형제 태였는데, 아들이. 태막은 좋은데 애기보가 부실해서 못 낳는댜. 그리고 그때부터 그 소리 듣고 영감도 낙심, 나도 낙심이지. 그때부터 절에 가서 매앤날 불공드리고 삼신받고. 매앤날 그랬어요.

"할 수 없어서 또 마누라 얻어 줬어. 남의 집 들어가서 자식 못 나주면 그것도 큰 죈데. 안 되겠다 싶어서 은어 줬어. 은어 줬는데, 저 속리 여잔데, 보은이여, 내 거 살던 집에. 내가 절에 댕기니께 주지 스님이 얘기를 해가지고, 얻어 왔는데 인물은 아주 당최 볼 거 없어.

"그 이듬해 정월에 아들을 낳아. 나면 뭐해, 아들을 낳는데 지 돌 달에서 죽어. 지 돌 달에가, 정월 달에 난 게 정월 달에 죽어. 그 집에 또 있어서 기집애를 하나 낳아, 시방 서울서 잘 살아요, 그거는.

"그렇게 살다 나는 그냥 나와서, 그 시집 조카들 집에서. 거기 가서 우리 막내 동서가 난 게 구남매여. 고스란히 커서 다 공부해서. 서울 가서 지지배들이 일곱이여, 머스매는 둘이고. 칠, 칠 형제를 낳지, 지지배를 동서가. 출가들 해 가지고 애기 옷 장사 뭐 옷 장사, 장사 다 하거든. 그래 이 집에 댕기며 애 봐 주고서 저 집에 댕기며 애 봐 주고 살다가.

"그 짓 하다 보니까 가만히 생각해 보니까, 안 되겠어. 그려, 내 조카들 집 옆에 구멍가게 하나가 있는데 구멍가게 주인댁이, 할머니, 그때는 '아주머니, 공장 같은 데 가고 싶지 않아요?' 무슨 공장이냐고, 제품 공장이래, 완성품에서 실밥 따고 하는. 간다고 하고 월급은 얼마나 주느냐니까 삼십만 원밖에 안 준대, 그냥 갔어. 가서 옷 해다 쌓아놓으면 그저 실밥 추적추적 해 보고, 실밥 있으면 다 잘러서 개서 놓고, 그래도 총명해서 그런 건 잘 했어.

"그런데 또 어떤 사람이 저기 뒤 집인데 남자는 문교부 장교[이]고 여자는 서울대 영어선생이여, 그런 데가 있는데 월급을 칠십만 원 준다고, 배로 주잖아. 그래서 간다고. 그렇게 번 돈이야.

"이렇게 돈을 벌은 걸로 여기(대전) 와서 방 하나 얻어 가지고 있었어. 그런데 그때 한참 조사하는 사람들 있잖아. 우리 조카딸이 어디서 듣구서. 고모, 고모. 걔도 모르지, '고모 그때 왜정시대 만주 갔다고 하더니 워디가 뭐했어? 할매가 그러데, 너희 고모 하나는 만주 갔다 칸다고.' 뭐 했냐고 캐물어. 그래서 챙피해서 말 안할라쿠 하다가, 이걸 바른대로 얘기해서 갖다 바치면 당장 먹고 살 게 나온다고 살살 꼬여, 흠.

"그래도 사흘 만에, 아무 얘기 안하고 사흘 만에 (기침), 가만-히 생각하니께, '그게 그런가? 왜놈들 판에 내가 고생한 것이 살이 떨리는데 그렇게 돈이 정부에서 주는가 왜놈들이 보상을 하는 긴가?' 그래서 내가 얘기를 했어, 조카딸한테. 나 그거 가지고 청와대까지 갔어. 전부 다 조사를 하고, 그랬더니 어떻게 막 사람들 댕기고 그것도 서류 하는데 창창하대.

🦑

"만주 얘기가 다 그렇지 뭐.

"내가 열여덟 살인가 열아홉 살인가, 그때 내가 제사공장에 다녔었지, 청주 어디 서쪽인가, 북쪽인가 거기 거 그래.

"한 일 년, 한 육 개월을 댕겼어 육 개월, 육 개월을 댕기는데 일본 사람하고, 조선 사람은 이제 생각하니 통변꾼인게벼, 그래 와 가지고 서울 조오은 제사공장에 넣어 준다구, 나를 가자구 그래요. (손을 저으면서) 싫다구, 나아, 엄마한테 가서 어머니 아버지한테 가 얘기하고 간다고, 얘기 자기네가 다 해놨으니까 걱정말라고 그래. 그때 사람들이 생각할 때 우리가 총명했어요, 안 갈라고 그러니께 차가 뿌르르르 와, (손으로 차가 오는 시늉을 하며) 차가, 차가 시방있는 차가 아녀, 이상스런 차여, 추럭같기도 하고 포장한 찬데, 누런데, 거기 타라 그래요, 그래 둘이 남자 둘이 나를 끌어올리니 어떡해, 그래 탔잖아요.

"거 서울 가는 길로 가. 그때 만에(그때 만해도) 차를 타고서 서울이 어딘지 가고는 싶은데 이거 엄마도 모르고 아버지도 모르는데 어떻게 가나. 속으로 생각하고 가다 보니께. 여기가 서울이라고 그래요, 조선 사람이, 그래 우리 안 내리느냐고 안 내리느냐고 하니까 조금 더가야 한

댜. 한없이 가, 한없이.

"서울 시내에서도 인제 강원돈가 어딘지도 몰라 한없이 가, 그래서 이제 '아차 큰일났다.' 우리 아버지가 우리 어머니하고 얘기하는 것을 들었어, 처녀들을 일본 사람들이 잡아간다구, '아이고 나도 잽혔나 보다.' 그때부터 뭐 울음이 나오기 시작하는데, 못 견디겠어 (흐느끼며). 그래서 그래도 조선 사람이 이렇게 댕기니께, 저 – 가면 좋은 데가 있다고 걱정하지 말어, 아 그게(잡혀가던 이야기) 이리 말하면, 골이 열이 올라 (눈물을 닦으며),

"걱정을 하지 말라고 그려, 그래서 그래도 어디 안돼, 걱정이 되지 자꾸, 눈물이 나고, 그러니 가다가, 그때 삼사 월인게벼, 가다가 뭘 사주대요, 그런데 그걸 먹을 수가 있어야지… 그래 그냥 들고 있는데 자꾸 먹으라고 그래 (훌쩍이며) 그래서 한입 두 입 먹는데 구역질이 나. 먹기도 싫고, 그래서 그래서 안 먹는다고 그러니께 일본, 조선 사람이 자기가 대신 먹어.

"그래 가다가 아여 저, 청주서 수원, 서울 못 가서 처녀 하나를 태우데요, 거기 또 모르는 남자가 하나가 섰구, 그래서 나하고 둘이여, 둘인데 또 가다가 또 태워 싯이여, 처녀 셋이, 우리 셋이 앉아서 서로 울지 뭐, 그때는 하나는 광주가 고향이고 저는 수원이 고향이고 어쩌타구 얘기를 하면서 가서 가니께는 어딘지 만준지 어딘지 모르겠어… 만주, 만준지 거기가 어딘지 지금은 봉천이라는 데서 거. 한 – 참 들어가 (멀리 가리키며). 저 그 일본 사람들 군인 싣고 다니는 차 있잖아, 거기다 태워 가지고. [군인 부대] 산 밑이고. 나는 몰러, 허허벌판이야.

"어딘가 도착해서 가만히 저기 앉아 있으니께. 누군가 장교가 와서 나보고 이쁘다고, 내가 제일 이쁘다고 해. 그래서 내가 '이쁘면 집에 보내주나요?' 하고 물었더니 '이쁘면 더 안 보내 주지.' 하더라구. 그 사람 이름이 요시모토야.

"재(조카)도 내가 이렇게 까정 고생한 것은 몰러. 내가 어디 잘, 어디 다가 챙피해서 말도 못해. 어디 가서 자알 있다 온 줄 알어, 저 병신.

"[집에 자주 놀러오는 친구들은] 몰라, 몰라. 시집가서 애기를 못 나서 작은 마누라 얻어서 나온 줄 알어. 그런 말 통 안 했어, 챙피해.

"난 어리석게 살아남은 사람인께, 빨리 가야할텐데. 인간이 하늘 쳐 다보고 댕길, 면목도 못돼. 배만, 애기만 안 지웠으면, 애기 보만 그냥 두고 애만 긁어냈으면 애기 낳잖아, 그거 생각하면.

"쫄병들한테 밟힌 거 생각나고. 그 추운데 빨래를 이렇게 (산더미 모양 으로) 갖다 놓고 어린 거 보고 빨아달라고 하고. 시팔놈들.

"[손이] 터져가지고, 얼어서 터졌어. 아주 그런 놈들은 서서도 망나니 부랑자 그런 놈들이야. 군인도. 군인들도 빨래를 빨으라고 뜨뜻하게 물 데서 치대면 저들이 이렇게 팍팍 빨아. 빨아서 헝궈서 널으라고 그 라고 가. 근데 그 나쁜 놈들은 아주 그냥, 부랑패 같아. (일어나 세탁기가 있는 부엌 쪽으로 가면서) 아이구 저거 빨래 어떻게 다 빨아졌네.

"지금도 그렇지만 누가 봐도 [운이] 차암 좋대요. 죽을 고비 들어서도 도와주는 사람이 있어서 살아 나온대. 나는 그렇대.

"나는 모든 사람이 다 갖다 주는 거 뿐이 없어. 갖다 주는 거. 먹는 거다만 요만치라도 여기 와서 나 혼자 못다 먹어.

"여기 국수 뭐, 냉장고 안에는 콩국수가 있고 많아. 아주 못다 먹어. 그 팔자가 그러니께.

"여기도 (서랍장을 열며) 그녕 그득 있어. 라면이니 뭐니 여기 많아. (왼편 옷장을 가리키며) 저 안에도 있어, 잡채도, 못다 먹어. 그래서 읎는 사람들도 내가 하나씩 줘. 나 못 먹으니께. (서랍장을 열며) 잡채 두어 봉 줄 테니 가져 갈려? 저기 봐 이렇게 많어. 자 하나씩 가져 가, 여기도 많잖아. 자 가방에 넣어 가져가. 여기 처박아 놓으면 뭐해. 나 못다 먹어.

"[사람들이] 많이 와. 일요일날은 국수 삶아내고, 국수 없으면 라면 삶아내고 그랴. 보리밥도 해내고, 일요일날. 가끔, 가끔. 아 아주 잘들 먹어. 아주 맛있다고 잘들 먹어.

"아주 어렸을 때 나 부자집에 살 적에 몰래 쌀도 퍼다가 없는 사람 주고 그랬어. 신랑 모르게. 그래 그이 시방 다아 받아 먹는기라, 젊어서 잘한 거, 돈도 있으면 꿔 주고. 그 사람들이 돈 갚으면, 시방까지도 나 죽으면 앞이 이럴 거야(무릎 앞으로 쌓이는 흉내를 내며), 돈 받으면. 죽으면 다 받는다대. 뭐, 그렇게 할 건 없고.(웃으며) 나 죽을 때만 곱게 죽으면 돼. 죽을 때 곱게 죽는 게, 절대 내 몸에 나쁜 병 안 온대요.

"내가 사실은 작년 팔십 이 세 가서 꼭 밤에 죽는다 했잖아, 저녁 잘 먹고 밤중에. 나는 뭐 몸에 무슨 뭐 이상 있는 병은 절대 안 온댜, 죽을 복을 잘 타고 나서. 저녁 잘 자시고 팔십닛이면 간다고 그래. 그랬는데 내가 신세가 이렇게 돼서 그런가 안 죽었어.

"내가 관음보살님하고 지장보살님하고 여기다 (방 안 구석을 가리키며) 모셨어. 탱화, 탱화. 내가 절에를 못 가니께. 그래 내일이 칠월 초사흘이지? 닭이나 올리고 할라구, 하구서는. 천수경이나 읽고 태우라고 그러대? 나 죽기 전에. 그렇게 할라구. 내가 산에를 못 찾아가니께. 그 사람(조카)을 돈 많이나 줘서 가서 축원 좀 하고 태워달라고 할라구.

"그냥 그래야지. 나 많이 나빠서 칠월 달이나 팔월 달에 죽으면 거 어떻게 해. 그래 그렇고 이렇게 태웠거든. 태웠다가 또 칠팔 월에 가서 안 죽으면 이거 어떻게 하나 (웃으며)." 🪷

우리가 보고 듣고 이해한 김복동

김수아*

김복동은 현재(2000년 당시) 대전에서 부엌이 딸린 방을 하나 전세 얻어 살고 있다. 그 집에는 전세로 들어온 집이 두세 가구가 더 있고, 그녀의 조카 내외도 방 한 칸에 전세를 얻어 살고 있다. 원래는 그녀 혼자 살았으나, 1998년에 건강이 악화되어서 조카가 병 수발을 하기 위해 같은 집에 살게 된 것이다.

그녀를 아는 동네 사람들은 그녀가 활발하다고들 한다. 우리가 찾아 뵐 때마다 그녀는 동네 친구분들과 마당 평상에서 화투를 치고 있었다. 매일 매일 친구분들이 찾아와서 함께 논다고, 재미있게 산다고 한다. 같이 사는 조카 내외의 식사도 손수 챙길 정도로 정정하고, 음식 하시는 걸 좋아하고, 그렇게 찾아오는 친구분들에게 술이며 고기며 음식을 대접하고 즐겁고 활발하게 지낸다고 한다. 그런데 우리를 보면 늘 외롭다고 말씀한다.

그녀의 모습을 사진에 담는 동안, 그녀의 표정은 두 가지라는 생각이 들었다. 크게 웃는 표정과 약간 시무룩한 표정으로 입을 다물고 있는 표정. 사진을 찍으면서 '할머니 웃어보세요.' 하면 밝게 웃는데 사진을 찍고 나면 바로 시무룩한 표정으로 돌아온다. 또 좋아하는 일이나 말하고 싶은 것에 대해서는 열심히 말하지만, 만주 얘기 같은 언짢은 일들

---

*이 증언을 듣고 녹취를 푸는 과정은 서명성(서울대 여성학협동과정 석사과정 수료)과 함께했다.

에 대해서는 언급하기를 회피한다. 그래서 그녀와의 대화는 즐겁지만 한편으로 자신이 하고 싶은 이야기 이외의 문제에 대해 질문하면 대답을 잘 하지 않고 우리가 마구 캐물어야만 해서, 그녀도 결국에는 눈물을 흘리고 면접자들도 안타까운 마음이 드는 상황에 놓이곤 했다. 더구나 늘 친구들이 붐비는 상황에서, 아직 자신의 과거에 대해서 드러내 놓지 않은 그녀가 우리에게 자연스럽게 자기 얘기를 해 주리라는 기대를 하기란 어려운 일이었다.

증언을 받는 동안, 나는 확인되지 않는 '사실'들에 대해 매달리고 있는 자신을 발견했다. 김복동은 언제 만주에서 나왔는가. 그녀가 있었던 곳이 만주인 것은 맞는가. 요시모토는 그녀에게 무엇을 해 준 것인가. 그녀가 군인들을 셋밖에 접촉 안 했다고 하는 것은 어떤 의미에서 그런가. 그것은 사실인가. 처음 증언을 들으러 갔을 때, 김복동은 요시모토라는 사람을 통해서 자신의 경험을 이야기했는데, 슬프고 괴로운 기억이 아니라 마치 아련한 추억을 이야기하는 듯한 표정으로 그 이야기를 풀어 놓았다. 그래서 우리들은 그녀가 그 장교와 살림을 차렸던 것으로 이해했었다. 때로는 그녀 스스로 위안소에 있었다는 것조차 부인하기도 하였기 때문에 우리의 혼동은 더했던 것 같다. 그러나, 그녀의 증언 곳곳에서는 그럼에도 그와는 상반되는 다른 상황들이 묻어나고 있었다. 그렇다면 왜 그녀는 요시모토에 대해 그렇게 기억하고 있는 것일까.

증언 이후 반 년에 가까운 편집 작업을 하면서, 나는 객관적인 사실들에는 상대적으로 관심을 갖지 않게 되는 나 자신을 발견했다. 내가 19세의 그녀를 알고자 했던 증언 작업 기간 동안 김복동이 보여준 것은 85세까지 '살아온' 그녀였다. 그런데 나의 시계는 그녀의 삶의 여정

중 한 부분, 위안소에서의 시절에만 고착되어 있었지 않았던가. 그 한 부분에 대해서 내가 왜 이렇듯 집착해온 것인가? 왜 나는 그녀의 말을 의심하는가. 내가 '알고 있는 것'에 의하면, 그녀가 부정확하니까. 그렇다면 왜 나는 '이후의 삶'의 부정확함에 대해서는 질문하지 않았는가. 나는 그녀를 왜 만난 것인가?

그래서 다시 그녀를 '만나야' 했다. 편집을 하기 위해 다시 녹취록을 대하면서, 그녀의 억양과 표정을 다시 발견하게 되었고, 연도가 정확하지 않은, 그래서 '사실의 왜곡'이라고 몰아 부칠 수도 있는 그녀의 기억을 그대로 이해하고 받아들이게 되었다. 내 머리 속에 연도 별로 정리되는 '사실'이 더 이상 중요하지 않을 수 있다는 생각이 들기 시작하였다.

과거 우리는, 그녀에게 '정확한 연대'에 대한 집요한 질문을 던졌었다. 그러면 그녀는 '연대'와 '사실'들에 대해 혼란스러워했고, 그에 대해서 짤막하게 대답했다. 아마도 그건, 그녀가 그동안 이 이야기를 그 누구에게도, 심지어 스스로에게도 정리하여 말해본 적이 없었기 때문이었을 것이다. 그녀는 이제까지 그녀의 경험에 대해 기억하거나 반추하면서 살아오지 않았던 것 같다. 그리고, 남에게 이야기할 수 있는 것들은 스스로 용인이 되는 것만으로 제한해 두었다. 그래서 그러한 용인된 기억을 벗어나는 상황에 대한 질문에 그녀는 무척 힘들어했던 것이다.

현재 그녀의 소원은 49제를 잘 지내고 장사를 잘 지낸 다음 나중에 윤회해서 아들을 낳고 사는 것이다. 법주사에서 49제를 지내야 한다고 하도 신신당부하였기 때문에, 조카가 속리산 법주사에 신도증을 만들어 두었을 정도라니 그녀의 후생에 대한 집착은 대단한 것 같다. 하지만 그녀가 죽음을 소망하는 것은 아니다. 그녀가 소망하는 것은 '아들을 낳고 살아보는 생'이다. 애기보를 '들어낸' 것이 만주에서의 고생의 전부라고 말하는 그녀이기에, 그리고 그 경험으로 인해 그녀의 인생이 결정되었던 것이기에, 그녀의 소망이 충분히 이해가 되면서도, 여러 가지 생각을 하게 한다. 후생에 대한 소망이 현생의 그녀를 지지하고 있다는 것, 단순히 '자식'이 아닌 '아들'에 대한 집착, 조카가 있어도 동네 사람들이 놀러와도 외로운 그녀의 마음, 요시모토의 아이였다고 '믿고' 있는 첫 임신에 대한 기억과 요시모토에 대한 그녀의 추억, 그러한 느낌들이 나에게 한꺼번에 밀려오면서, 무어라 표현하기 힘든 서글픔이 마음에 퍼진다. 하지만 '아들'에 대한 소망은 그녀에게 후생에 대한 '설레임'으로 이어져 있다. 우리가 괴로운 질문을 하는 동안 내내 시무룩하던 그녀는, "죽으면 좋지. 나 죽을 때 곱게 죽으면 돼."라고 하면서 활짝 웃었다.

안법순

1925년 4월 12일	경기도 양평군 설악면에서 출생
	(현재는 가평군 설악면)
	6녀 1남 중 셋째 딸
1940년경(16세경)	동생들 사망
1941년(17세)	아버지 사망
	서울에서 위안부로 끌려감
	싱가포르에서 위안부 생활
1945년(21세)	해방 후 싱가포르
	포로수용소에서 수용
1946년(22세)	귀국 후 고향인 금곡으로 감,
	곧 상경
1948년(24세)	강씨와 결혼
1949년(25세)	남편이 집을 나가서 행방 불명
1950년(26세)	여주, 이천 등지에서 피난 생활
	음식 장사로 생계 유지
1951년(27세)	언니 두 명 사망
1969년(45세)	어머니 사망
1991년(67세)	남편 사망 신고
1995년(71세)	위안부로 등록
2000년(76세)	서울 신내동에서 혼자 생활
2003년(79세)	9월 12일 별세

"옛날 얘기는 무슨 향수가 있어야지 무슨 옛날 얘기지.

"요샌 글쎄 골이 아퍼. 혈압이 올랐다 그러네~. 머리두 그냥 뜨끔뜨끔 하구. 아침에 교회 갔다와서두 보니깐 머리도 뜨겁더라구. 그래니깐 지금 얼른 죽어서 다시 태어나서 공부를 좀 해서, 이, 교흴 나가두 공부가 있어야 되겠더래니깐. 찬송가두 읽구. 찬송가가 그렇게 은혜시럽잖아요. 그러니깐 어떤 찬송가 나오면 막 내가 울잖여.

"하느님 아부지 얼른 천국 데려가 주세요. 다시 저거 해서, 엉, 찬송가두 불르구 싶구, 성경두 읽구 싶다구요, 나는.

"그냥 아프지만 않으믄 살겠는데 아프니까는, 요번에도 이, 아픈 데 그냥 여기가 좋다하믄 쫓아가구 저기가 좋다하믄 가구, 무신 약이 좋다하믄 또 먹구. 또 한약 같은 거 젤 싼게 뭐 십 한 오만 원, 칠만 원 이래요. 먼저 또 누가 옥호 온천을 간다 그러길래 갔더니만, 이 다리 아픈 데 무신 뭐 금방 대려 준대나. 달팽이하구 무신 또 청둥오리허구 뭐, 숭어허구, 이렇게 해서, 응 가물치. 그렇게 해서 대려 주는데 삼십이만 원인가 삼만 원이라 또 그래서, 또 그거 지어다 먹구.

"근데 홍악씨?[1] 그게 또 이 다리엔 좋다 그러더라구. 홍악씨가 꽃씨래요. 그거를 경동시장에서 사왔는데, 뭐 기름을 짜서 이렇게 소주잔으로 하나씩 먹으라 그러더라구요, 그래. 아유~ 기름 짠 거는 또 뭐 까딱하며는 설사를 한다구 그러더라구.

"다리가 그러믄 인제 다리만 좀 성허던지, 이 당뇨 이게 없던지. 이 또 심장이 좀 튼튼하던지. 이거 뭐 뭐가 한 군데가 성한 데가 있어야지

---

[1] 홍화씨

재미가 나는 거지. 글쎄 이게. 아이유~~. 그러니깐 첫째 몸 건강이 최고야. 그러다 저러다가 인제 갈 때나 기달리는 거지, 뭐, 허허(웃음).

〈오래 사실꺼예요〉

"아이~, 그런 소리 하지 말아요. 오래 살더래두 그런 소리 말아. 아주 나 젤 나 겁나, 그게. 아니 죽으며는 얼마나 아파야 죽나 그래, 얼마나? 그러니까 젤, 아픈 게 더 괴로워. 그런데 우리집[안이] 명이 오래 사는 부류는 아닌데, 내가 글쎄 그 명을 이어서 이래, 그 명을. 울 언니들은 편안히 가시구.

"우리 어머니가 따님을 여섯을 나셨는데, 일곱 째는 인제 그 아드님을 석달 백일기도를 드리구 나셨어요. 걔가 네 살 먹어서 홍역을 먼저 하더라구, 누나보덤. 그러니 인제 우리 또 여자 동상 그 여덟 살짜리가 허더라구. 그러더니 동상이 아침결에 하나 죽구, 저녁 때 죽구. 둘이 다 죽은 거야. 하루[에]. 응, 그런데 인제 또 그렇게 죽으믄 한 대문으루 안 데리구 나간대네. 뭐, 울타리를 뜯구 하난 내보내구, 하난 또, 뭐, 대문으루 그 시체를 내가야 된대요. 우리 아부지 인제 단산 지경[2] 되시구, 어머니두 그렇구, 뭐, 인제 이렇게 되니깐. 집안이 뒤죽박죽이가 된 거예요, 그냥. 그랬는데, 무신 또 막내둥이두 따님을 하나 또 나시더라구. 그런데 걔가 또 [엄마] 떨어지면 그렇게 울어. 집안이 안 될래니까 그렇게 울더라구. 그냥 쪼끔만 내려놓으면 울어. 그래니까 우

---

2) 단산(斷産) 지경

리 어머니가 노상 업고 계셔가지구. 아주 이 궁댕이가 그냥 썩어, 그냥 썩어. 하여간 나는 지금두 그 동상 생각은 나지두 않아요. 큰언니는 그러니까는 서른다섯에, 유월 달에 돌아 가구, 둘째 언니는 또 서른하나에 정월달에 돌아가구. 일 년에 둘씩. 그러니까 동기간이라구는 하나두 없는 거지, 내가. 이제 그 막내 동상은 또 마마, 그거 하다가 또 죽구. 그래서 인제 그렇게 집안이 그렇게 되니깐 우리 아부지도 인제 쉰너이에 돌아가신 거지. 울 엄니가 울 아부지 하구 십 년 차이시니까는 마흔둘에 혼자 되신 거지. 근데 우리 어머니두 속병되는 거죠. 자손을 많이 잃어버려가지구, 그냥 뭘 하면 피를 토허구, 목구녕에서 그냥 피가 그렇게 올라오구, 그래서 연근을 사다가 해드리구 이랬었거든. 그화, 그거 치밀르면 아주 금방 돌아가구. 그래두 칠십꺼정 사시다가 돌아가셨지.

"집안이 망그러질려면 사람이 그렇게 죽드라구, 사람이. 그 명을 이어서 내가 이렇게 오래 산대잖어, 글쎄. 그 여러 사람 명을 이어서.

"집안이 그렇게 망했으니까, 우리 집안이 망했으니까, 나는 뭣 몰르고 서울을 올라온 거야, 응. 우리 아부지 돌아가시구 열입곱 살 먹어서 서울에 올라와서 남의 집 산다구 올라와가지구, 시장보러 갔는데, 그렇게 그냥 [잡아]간 거지.[3] 종로 4가니까. 잡아가 가지구서 거기 인제, 하루 밤인가 이틀 밤 자구서는. 거기서 인제 직접 부산으로 데려가가지

구, 부산서 하루 밤 자고, 배 타고 싱가포르 간 거지.

"우리가 싱가폴에 들어갈 적에 제일 – 아주 위험할 때지. 그냥, 쳐들어 가면서 우릴 데리고 간 거니깐. 그 군수품 실은 배에다가. 겨 올라가야 돼. 그냥 이렇게 배에. 그게 화물배니까 기어올라가지, 다락 같은데. 그러니까 기냥, 거기서 뭐 아주 멀미를 해가지구, 아무것도 먹지두 못하구 갔데니깐요, 글쎄.

"기냥 무신 말두 없이 데려가는 거니까, 응, 그런 사람들이 무신 [가서 뭐할꺼라고] 오물쪼물 말해? 그러니까 혼은 다 나간거래니까. 혼은, 혼은. [같이 끌려온 여자들끼리] 말두 못하지, 뭐 말두 못허구, 순전히 죄인이야 죄인. 게가,[4] 여기루 치면 형무소 같은 데야.

"괜히 잘못 허지두 않고. 무신 말두 못허구. 그냥 그렇게 인제 잽혀 가가지구, 그때 들어갈 적에 우리 배루 군수품을 실고 원체 군인들도 많이 타구, 그리구 인제 우리 한국 군인두 있었어. 기냥, 무사히 잘 싱가포르까지 들어간 거지.

"나는 일 시켜먹을라고 데려가는 줄 알았어. 무신, 저, 군인 빨래두 해 주구, 밥두 해 주구. 그랬지, 누가 그러는 줄 알았어요? 그거? 여기 서두 식모살이를 했으니까, 응, 그러는 줄 알았지. 뭐, 가서 그, 군인들 그, 그러는 줄 알았나?

"하여간, 배에서 딱 내리니깐 군인 차가 오더군 그래, 도라꾸가.[5] 그

---

4) 배 안이 5) 트럭

러니까 우리럴 그 군인 도라꾸에다 실어다가 인제 풀밭에다가 놓더구면. 그러니까는 인제 그 군인덜 있는데, 가마솥 끓쿠, 인제 우유 끓이구, 인제 그 빵 주구, 그리 거기서 인제 시오꼬 구라부로[6] 우릴 셋을 보내더라구. 그러구, 인제 다른 사람덜은 일선 지구, 글루 다 데려가더군. 필리핀 그런 데 이렇게 들어가구. 나머지 여자는 다 데리구 가구. 나하구 나스꼬라는 여자허구, 게이꼬라는 여자허구 세 여자만 고기다가 시오꼬 구라부에다가 두고 간 거야. 이렇게 젤 어린 사람들. 게이꼬가 나보다 한 살 더 먹었고, 그 나스꼬란 여자두 나보담 한 살 더 먹었지. 나는 그때 열일곱이고 그 사람덜은 열여섯 살이고.

"여기가 싱가포르 시내야.[7] 시내 이렇게 종로 거리 거치 넓은 길이야, 이게. 그게 대로형이야. 이렇게가 시오꼬 구라부가 있었거던. 시오꼬는 그게 일본 사람 높은 사람덜 그거 걸애. 그 이름을 따서 그렇게 집 이름을 진 거 걸애. 시오꼬 구라부 거기서는 꼭 높은 사람만 상댈했지.

"조금 더 가며는 다이또와 게끼조야, 그게. 인제 무신, 가수덜 거치 왜 노래허구 그런 거 있잖어? 그게 무신, 십 몇 층이라고 그랬나, 하여간 거기 올라가서 이 사람네가 승리헐 적에 먼저 올라가서 기를 꼽았다고 그러더구만 그래. 이름난 건물이지. 무신 삼 층이다 무신 오 층이다, 무신 아파트라카는 거는 없어. 그러구 요렇게 인제, 또 몇 미터 가며는 쇼난 호테루가 있어. 그것두 이름 난 데야. 높은 사람들이 와서

6) 위안소의 이름 7) 증언을 토대로 작성한 지도 참조(270쪽 그림).

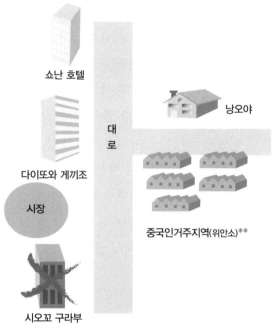
쇼난 호텔

다이또와 게끼조

시장

시오꼬 구라부

대
로

낭오야

중국인거주지역(위안소)**

〈위안소가 있던 싱가포르 시내의 공간 배치도〉

거서 잠깐 하루나 이틀이나 자면 전진해 들어가는 호테루야 그게.

"폭격두 심허구 그러니까, 주인네가 뭐 어떻게 뉴스를 들었는지 어쨌는지 싹 없어진거야. 아주 다, 다 [위안부들을] 뫼다[8] 놨어, 거기다가.[9] 쇼난 호테루에서 이렇게 바른 손 쪽으로 올라가면 거기다 뫼다 논 거야. 그러니까는 [내가] 스무 살 쪽에 그 쪽으로 뫁은가 보네. 시내 그

_____

**시오꼬 구라부가 폐쇄된 후 위안부들이 재배치된 장소
8) 모아다   9) 시오꼬 구라부가 폐쇄되고 새 위안소로 위안부를 배치시켰던 상황을 설명하는 것임.

런 질보덤은[10] 좀 좁지.

"왼손 쪽으로 일본 집이 하나 있었지. 아, 가만 있어, 낭오야래나 뭐래나? 일본 군인덜 가구, 술도 팔구, 몸두 그렇구 그러지. 일본 집은 고거 딱 하나 있었어.

"거기두 달를 거 없지. 잽혀 왔는지 지덜 맘대루 왔는지 그거는 알 수 없으나, 행동이야 마찬가지지, 사람 받는 거는. 그 집이는 술도 팔고 그랬다구, 무신 일본 기생이라구 그러구.

"아유―. 우리는, 기냥 이렇게 삼시 세끼두 밥 이렇게 주면 이렇게 밥 먹고 자기 방에 있다가 사람 오면 또 그리구, 그거지 뭐. 항상 덜 수심에 쌓인 거지 뭐.

"얼레집두 아니구 중국집 있잖어, 이층. 그니까 중국 사람들 살던 집이야, 그게. 전장을 이겼으니까 인제 뺏어가지구. 그땐, 뭐 지정헌 집이 없었지.

"거기는 얕은 사람들이[11] 왔었지. 그냥 후뚜루 만뚜루지.[12] 뭐 방방이 들어가는 거니까는 그거 뭐 일일이 다 알 수 있어? 사람이 기냥 나래비로[13] 서서, 일요일날 같은 때는 밥두 못 먹는데.

❦

"난, 근데 너무 옛날에두 아프길 많이 아퍼가지구, 별루 그래두 다른 사람보덤은 시달림은 들 받은 거지. 자꾸 입원허구 피 뽑아서 또 검사 허구.

---

10) 길보다는 11) 계급이 낮은 군인들 12) '개나 소나' 다 왔지. 13) 줄

"그 사람네가 이렇게 아프면 인제, 군의관이 입원시켜야 된다, 이러면 거기서, 중간에서 있는 사람이 있잖어, 우리 건사허는 사람이. 그 사람네가 입원을 시키고, 그러고서 인제 또 퇴원을 시켜라 허면, 퇴원을 시키면 또 오는 거구 이렇지. 우리두 군인에 들어가니까는 병원, 육군 병원에 가거던.

"그 그 그거 일주일 동안 검사해 보구는, 다─그거 깨끗해야 또 안 맞지. 안 그러면, 또 일, 일호에서부텀 또 맞는 거지. 그건 홋수가 있어요. 일, 이, 삼, 육꺼정 있는 거야. 그러니깐 육공육호야. 그걸 맞으면 아주 입속에서 냄새가 지독한 내가, 냄새가 목에 올라오잖아. 혈관에 맞는 거지. 그런데 혈관에 잘못 놔서 이게 새며는 썩어요, 썩어. 그렇게 독한 약이야, 이게.

"인제 막 뭐가 돋아나고 이래서, 인제 그 무신 유리 조각겉은 걸루 지지는데, 그건 다 말루 다 표현을 못 해. 무신 그 그냥 툴툴툴툴 났는데, 그걸 지지는데, 오도독오도독 튀어, 아이구(한숨).

"(작은 소리로) 아래에서 인제 무슨 벌러지 같은 게 나오대. 자꾸 인제 약솜으로 이렇게 씻겨 내리잖아.

"아유─사람들이야 [삿쿠를][14] 사용하지. 그런데 그게 인제 실수가 되면 터지는 모냥이야. 그러니 그게 어서 옮는 건줄 알어? 뭐, 한 두 사람 이래야지. (잠시 침묵)

---

14) 콘돔

"(소리가 작아짐) 입원 꺼정 했던 거 같애. 그게 터져가지구. 기냥 고름
이 나와가지구, 그랬지.

"아, 그래 침대에 가서 이렇게 두러 눴는데, 인제, 그때는 하-얀 홑이
불에다가 이 옷도 하얀 거야. 아주 하-얀 거지, 그냥, 깨끗허구, 홑이불
두. 그랬는데, 기냥 인도진[15] 이래는 이 여자가 머리를 아주 기냥 검은
머리를 치렁치렁하게 땋구, 지비 댕길[16] 해 드리구, 노란 저고리에다가
빨간 치마를 우리 한복을 하구, 이 시늉만 인도진 여자야. 요, 요, 요따
가 보석을 박고, 코에다가. 아 그래더니 그냥 나를 그냥 홑이불을 팍 뒤
집어 씌더니만, 모가질 딱 눌루는 거야. 배를 타고 앉아서, 엉~.

"내가 그때 역기 들었거던,[17] 글쎄, 그렇게 남자 거치. 이랬는데 그냥
손도 안 대고 뻘떡 일어난 거야, 내가, 악을 쓰구. 그러니깐 그 병원 안
이 찌렁찌렁 했지, 응. 그래니깐 인도진 여자가 거기서 죽었대는구먼,
며칠 전에, 내 침대에서. 그러니깐 내가 약했으면 죽은 거야. 그간 그렇
게 참 내 명이래는 건 하늘에 단가베야.[18] 아~, 그래서 내가 인제 '귀
신은 있구나.' 생각을 했는데, 지금 이 교회 나가면 꼭 귀신이 있대는
거 아냐. 마귀를 쫓아버려야 된대는 거 아니야.

"나 또 죽을 뻔 했잖아.

"거기서[19] 방코꾸[20] 위문 갔을 적에 산속에다 집 쪼끔 설치해 놓고서
군인덜 받았잖어. 인제 군인덜이 쳐들어가면은 여자들두 데리구 가잖
어? 산속에 이렇게 해 가지구. 풀루 이렇게 허구, 사람 하나 이렇게 하
는데. 거 군인 쫓아가서 있시므는 한 일주일 있다가 [오고]. 그거 참 묘

---

15) 인도 사람을 뜻하며, 증언에서는 피부가 검은 사람 전체를 지칭할 때 쓰고 있음. 여기서는 병원에 입원했
을 당시 귀신을 보았던 경험을 말하고 있음. 16) 제비 댕기 17) 힘이 셌다는 표현, 실제로 역기를 들었던 것
은 아님. 18) 닿아 있는가봐 19) 시오꼬 구라부가 폐쇄된 이후에 있었던 위안소 20) 방콕

헌 일이야. 아니 뭐가 지지 밟는 거 같고, 이렇게 아픈데, 응, 아니, 그 참 이상하더라구. 그 귀신이 있긴 또 있더구만. 그 모두 죽은 사람들이 그러는 거거든, 그러는가 베야. 귀신이 덮혀 씌여서 내가 인제 죽게 생긴거야. 응~ 아니 그냥 몸이 기냥 엉, 불치대루[21] 앓는 거지, 내가, 열이 나구.

"그래니깐 우리 한국군이 차, 차 끄는 사람, 도라꾸 끄는 사람이 완거야, 거기를. 그래 내가 인제 인제 죽게 생겼으니까는 (웃으며) 인제 개[22] 애인이 오더니, 이럼 안 된대. 아주, 남자들두 그렇더구면.[23] 항구에,[24] 군인들이 항구 있잖어? 거기다 밥을 허구 (웃음), 또 그, 응, 흑물이래나 뭐래나, 끓였대나 된장을 했대나, 왜 된장 (웃음). 그래서 밥을 해서 버린 거야, 응~. 그러구는 이 머릴 다 쥐어 뜯어서 뭐, 거기다 담구, 뭐, 어째구, 저째구 하더니, 침을 뱉으래, 세 번. 어, 그랬더니 또 낫더라구, 그게.

"우리 친정이 이렇게 망그러지구는, 그냥 아주 우리 어무니가 귀신 이래믄 그렇게 그냥 뭐든지 그냥 저걸 하셔가지구, 우리 집안이 그렇게 된 거 아니야. 그래니깐 난 귀신이 없다. 왜 귀신 있시믄 잘 되게 해 주는 게 귀신이지, 집안을 그렇게, 사람 다 잡아가구, 그렇게 하는데, 무신 귀신이 있느냐구 말이야. 이 한국에 있을 적에, 어렸을 적에. 그때 열세 살 먹어서 기냥 귀신박을 싹-때려 부셨거던, 내가. 나마저 잡아가라구 말야. 나두 살기 싫으니깐 나두 나두 잡아가라구. 그러니깐 귀신이 안 잡아가더구만, 그것도 또. 기냥 머리만 헐구, 생안손만[25] 나구, 왼통 이래더구만 그냥.

---

21) 불덩이처럼 22) 같이 갔던 다른 위안부 23) 남자들도 미신을 믿더구면, 즉 군인이 행한 미신적 풍습 이야기를 하고 있음. 24) 밥그릇 25) 생인손

"아, 그랬는데 싱가폴 가서 진짜 두 번 체험했네, 귀신. 으응~. 그니까 명이 지니까 사는 거야, 그게, 어이구, 내가.

"한 해수로는 이 년이래두 이 년 안 되서 그냥 해방이 된 거야. 스물한 살에 해방이 됐나 보네.

"거기 그 집에서 아이 난 여자들 한 서너 명 됐거던. 애 난 여자 그렇게 있는데, 글쎄, 시모노세키로 갔는지, 다 갔어. 얼루 보냈는지. 그랬는데, 난중에 얘길 들으니까, 뭐 배를 타고 나오다가 모두들 그렇게 죽구 어쩌구 그랬다 그러드라구요. 자기네[26]들이 여행증을 냈는지, 여행증을 냈어. 거거 그때 여행증 안 나오면 못나가니까. 그래서 내가 온통다 참 벽창[27] 때려부수구, 술두 먹을 줄 모르는데 술 먹구 내가, 이 놈때려 죽인다구, 내가, 그래가지구 자빠라져서, 여기, 지금 흠두 있지만은, 여기(정수리의 흉터를 가리킴), 그런데 뇌진탕도 안 걸려서 죽었어.

"아이, 내가 저 한국을 나와야는디, 응, 한국엘 나오질 못하니까는, 그렇게 해놨으니까는, 그럴 수밖에 더 있어요? 내가~, 그럼. 한국엘 나와야 할 거 아녜요, 내가. 그리구는 저희들은 싹 사려졌으니까는, 내가 왜 안 부에가 나겠냐 말예요, 글쎄. 아, 난중에 결국은 한국에 나올 적에 나 하나더래니깐요.

---

26) 위안소 책임자 27) 벽과 창을 이르는 말인 듯 함.

"해방돼가지구 그 캠프로,[28] 우리 떨어지는 사람만 인제, 우리를, 들이 쫓을 적에, 미군덜이 걸려 가지구[29] 쫓았거던, 포로거치. 그러니깐, 그냥 너무 인제 기냥 아주 기운 없어서 있는데 인제 그 큰-, 지금 그 미군 육 바리 차 있어, 이렇게 지금 흙 실러 댕기는 차거튼 거, 그게 다 미군 차 겉애, 응. 그 큰 거 아냐? 그게 무신 빠꿀했대요, 빠꿀했어도 이 다리루 일루[30] 넘어 갔시믄 그게 다리 둘이 몽창 끊어지는 사고야, 내가.

"근데 이게 부러지질 않구 이렇게.[31] 그래두 그 빠꾸할 적이니까 그 렇지, 빠꾸만 안 했으면 이 다리가 부스러졌을거야, 아이구.

"낭구 잎파리 뜯어다가 그냥 해 먹구, 강냉이, 그런 가루, 미군들이 삶아 준 건지, 어서 준 건지, 하여간, 몇 명씩 인제 가서 밥을 삼아 먹 어요.

그냥 아주 이렇게 군대밥 겉지, 뭐. 솥두 그냥 큰 데다가, 강냉이 가 루 주면 그냥, 벌러지가 있넌 줄 모르고 그런 걸 끓여서, 그냥, 일 년 있 다가 그렇게 나왔지.

◦◦◦

"배에서 내려서 인제 도장 찍어 줘서. 화물차 타구, 기차. 그러니께 이제 서울역서 내려가지구, 그 이튿날 금곡으로 나갔지. 그때는 언니 가 살아 있으니까. 그래서 인제 언니네 집 가서 어먼네 집을 찾아온거 지, 종로 2가 거기, 어머니가 사시더라구요.

"나 없을 년에 인제 [재가를] 허신 모양이야. 인제 나 오니까 두 노인

---

28) 싱가포르에 있던 포로수용소 29) 걷게 하여 30) 허벅지 쪽으로
31) 현재 오른쪽 엄지 발가락 쪽으로 뼈가 튀어 나와 있음.

네[32] 사시더라구. 그런데 그렇게 어려운 집에 살어. 어유~. 조석간 데 두 없이, 방세두 못 내시구.

"그러니깐, 그렇게 사시니까는 나는 하룻밤 자구, 저 가회동으로 또 남의 집 살러 간 거죠.

"거기서 천 원을 또 내 월급에서 저걸 해 가지구, 다옥정에다가 문간 방 쪼끔만 거 하나, 그때는 한 달에 삼백 원씩, 석달치 내주고, 나무 요맨한 거 고게 이십 원이에요, 이십 원. 요만하게 묶어가지구, 시래기 모양으루, 고 나무 쥐다 돈으로 사구, 쌀 오홉 한되 사구. 그렇게 해 드리구.

"남의 집 살구 있다가 나와가지구 고구마 장사를 했으니까. (웃음) 그런데 새파랗게 젊은 게 고구마장사를 허니까 시아까시[33] 하는 놈들이 얼마나 많아 글쎄, 응, 그것도 또 종로 일경정보 앞에 가서 빼족구두를 신구, 아니, 응, 양복 하나를 입고 이래구 앉았으니, 글쎄 그게 꼴불견이다, 뭐. (웃음)

고것도 꼬챙이에다 꽂아서 십 원씩, 한 꼬챙이에 십 원씩. 그렇게 해서 인제 어머니 아버지 보양하구.

"울 어머니가 허시는 말씀이, '나는 너래두 하나 있는데, 너 시집을 가야지 않겠니?' 그러시는 거야. '시집이구 뭐구 안 간다.'구.

"나는 인제 뻔히 아는 거니까는, 가서 아이도 못 낳을 거구, 응, 그러면 그 안 되는 거 아냐? 그래두, 내가 처녀 적에 살 적에 처녀 총각이 만나서 시집가서 장가가서 사는 거 그거를 원했지, 뭐 내 몸땡이 그렇게 수도 없이 버려가지구, 무신 시집 갈 양심이 있어? 그게? 근데, 인제

---

32) 어머니와 의붓아버지 33) 해꼬지

울 어머니 아는 분헌테두 말씀을 허시구 이래서 시집을 갔지, 가기야 갔지.

"스물, 스물, 세, 스물다섯에 결혼계를 냈구만, 내가. 스물넷에 가서. 그래두 이름이나 얹이구 살어야겠다 이래구.

"그랬는데, 남자가 없어졌잖아. 또 그 동안에 아이도 안 들어서구, 아이는 뭐 낳질 못허니까는 그랬는지 어쨌는지, 남자가 없어졌어, 어딜 가버렸어. 그러니까 이제 [육이오] 난리가 난 거야, 그러니까 더 못 만나고.

"육이오 때? 육이오 때? 아니 글쎄 천치야, 천치. 그러니깐 거기서 살 적에두 천치니까 그러구 산 거지. 그리구 이랬는데, (웃으며) 동부전선이 우리 고향 아니야, 거기가. 응, 요 강원도, 요거 경기도 게 접경 아냐? 그서 왜, 거기로 왜 들어가, 피난을 왜 가요, 남쪽으로 나가야 살지, 그거를. 아 그러니까는 비단을 한ー보따리 동대문 가서 떼 지고, 그땐 그런 거 아니믄 식량을 못 구해 먹으니까. 그러니까 가서 아무렇든지 내가 기운 꼴이나 있었거든, 그 역기를 들었기 땜에. 근데 그거를 해서 짊어를 지고, 기냥 딱 이렇게 해서 수건을 쓰고, 지팡 막대기를 하나 짚고, (웃으며) 청량리를 해서 걸어 나가는데, 군인들은 자꾸 후퇴를 해 들어오더라구. 미국 사람들은 차 타구 들어오구. 우리 한국 군인은 걸어오는 거야. 진눈깨비 쏟아지는데. 아이 그러는 데 그러구두 그냥 간ー거야, 내가. 가는 데 뭐가 잔뜩 보따리가 무겁더라구. 거 청평 수전 다리 있는데 가니까. 거 미국 사람이 나를 땡기는 거야.[34]

"그때가 원체 전장판에서 그렇게 살았던 사람이라, 다 쫓겨난 걸 그냥 막구서는, '너 그냥 쪼끔만 더 쫓아와라, 그 수전다리 있는 데를 그냥 내가 멱살 재비 해 가지구는 밸낄로[35] 내질러서는 아주 내가 죽여버린다.' 그러고는 [내가] 그냥~ 간 거야. 근까, 아, 이게 그냥 무서웠던가 베야. 깜깜은 하고, 그런데 아, 무신 사람이 저렇게 그냥 남자 힘으로 잡아땡기는 것도, 저렇게 가뿐하구. 그러니깐 [미군이] 지냥 없어졌어. 그때만 해두 뚝심이 있으니까.

"그 우환 중에다 없는 식구, 또 [옆집의] 다섯 식구꺼정 내가 데리구 나가는 거야. 아무도 없으니까. 내가 외롭고 쓸쓸허니깐. 이젠 비단 보따리를 졌으니깐 피난 나가서 인제 편안한 데 가서 그 비단을 팔아가지구. 그 이제 멕일라구. 그것두 오장에서 우러나와서 되는 거지, 억지로 안 되는 거야.

"세상에 비행기는 온통 댕기면서 폭격은 허구, 이러구 무두리로 해서 양평으로 해서 청양으로들 빠지는 거야. 그게 인제 이러는데, 비행기는 폭격을 하고 온통 거기는 불을 놔서 온통 기냥 콩 튀듯 팥 튀듯 기냥, 그래, 내가 이렇게 비행길 쳐다보고, 원 냄장 비행기가 도대체 왜 전장판에 가서 전장은 안 하구, 이렇게 피난민만 쫓아 댕기면서 이래, 인제 그래봤더니, 중공군이 앞서 간 거야, 우리보덤. 그러니깐 비행기군이 그렇게 빠른 거야. 아이구, 우린 중공군 (웃으며) 뒤에 쫓아가는 거야.

"그런데 중공군이래는데, 응, 그 하얀 홑이불 같은 걸 쓰고 댕긴대는구면. 그랬는데 사람 하나 다치지두 않더래. 그 사람들은, 아주 거기는

---

34) 미군이 해꼬지하려는 상황을 묘사하는 것임. 35) 발길

그 교육을, 가서 나가서 여자들을 저거, 그러믄은 그냥 죅인대네. 아주 그렇게 교육을 받았대. 그래서 뭐, 중국놈들은 같이 잔 사람들두 있대, 한 방에서.

&

"인제 거기서는 여주 이천을 가니까는, 글쎄 못 살겄는 거야, 또, 어, 미국 사람 땜에.

"그때는 인제 미국 사람들[한테] 쨉혔다하믄 죽는 거야. 그냥 한 눔이 그러는 것도 아니래요. 그냥, 뭐, 여자들 피난댕기다 저렇게 당해가지구 죽으면 그냥 산에다 버리구 이랬거던. 옛날 우리 겪던 그 식, 그, 그, 그 식이지.

"미군이 또 해꼬지 할라고 허니까, 응.

"걔들이, 한국 사람이 팔군단 마크붙인 사람덜이구, 군속이거던. 이렇게 봐가지구 뭐 허면은 들여 보냈잖어, 거 여자들 있는 데루. 그렇게 한국 사람이 못 돼 먹었어. 그래가지구 낭중에 그 양갈보, 양공주 그걸 맨들은 거 아냐?

"그냥 안하무인이야. 부인이구, 무신 처녀구, 무신 응, 늙은이구, 그것두 아랑곳 없더구만. 아이구, 그러니께는, 저 그 도라쿠 안에서도 지네가 뭐 잡아가지구 거기서 다 그래가지구, 죽으면 저 땅으로 집어내 뿌리고 가구 이랬대는 거 아니야. 그 있는대루 군인들이 다 그 지랄이야.

"그러니까 그래 같이 갔던 식구들이, 머 짚토메를[36) 하나 뽑아 놓고는 그 속에다가 나를 들어가라 그러고 쳐박아 놓고, 담요 한 장을 들여

보내서 했더니, 그, 그때만해도 젊으니까는 잠이 그렇게 오는가 보지? 아아, 나 그렇게 죽게 생겼어서, 북북북 이러고 내가 숨도 못 쉬었고, 그러니까 짚토메 하나 뽑은 데다 담요허구 사람허구 넣으니까, 응, 이게 공기가 안 뚫리면 죽는가벼야. '에이, 나 뒈지겠지.' 이러구, 쑤시고 나와가지구서는 그냥. 그러는데 어째 그 죽었으련만두 안 죽을라구, 어떻게 그 짚토메를 쑤시고 나온 거지, 내가. 그래니꺼는 숨을 쉬었더라구.

⚜

"여주 이천을 갔는데, 글쎄, 그 [싱가포르에서 봤던] 언니를 만났어. 내가 얼굴이 낯이 익지. 그렇게 뭐, 오사바사 말은 안 하구 살았어두.

"대구에서 그렇게 잽혀온거지, 그 언니두.

"물을 질러갔는데, 아 그 언니두 물을 질러온 거야. 피난 갔다가, 뭐, 엊그저께쯤 들어왔대. 나를 이렇게 보더니, '얘 아무개 아니야?' 이러더라구. 근데 본부인의, 상처한 데로 들어간 모냥이야. 누가 중신으로, 아들만 둘 있는 홀애비한테 시집을 왔대. 여주 이천서 둘째 가는 부자로 살아, 언니가. 근데 (손가락을 입으로 가져가면서) 이러더라구. 그래서 인제 이렇게 우리 둘이는 인제 속 얘기를 허는 거지, 속 얘기를.

"뭐, 새 사람이니까는 이런 거 신청도 안 했을 거야. 암만 뉴스를 들었어두. 필요 없는 사람들인데, 뭐, 먹고 살만허기만 허면 뭐 그걸 해, 그걸, 응, 까짓 거.

---

36) 짚단

"아주 난리에는 내가 도사가 된 사람 아니야, 어려서부텀. 이러니깐 와르르 와르르 드르르 들여붓는 거야. 폭격을 그렇게 하는 거지. 응, 경기도 광주. 그러니까는 피난민도 많이 죽구, 중국인도 많이 죽었어. 그 이듬해 봄에 오면서 보니까 시체가 질번드르 했슨까네.

"아이구~ 그런데두 내가 죽을 여울을 수백 번을 겪은 사람이네, 진짜. 그런데 그 죽음이래는 게 그게 뜻대로 안 되는가베야.

"인제 우리 어머니 돌아가면 내가 죽을라고 그랬는데, 그것두 맘대로 안 돼. 죽음이래는 게 그렇게 자기 맘 먹은대로, 그것두 독해야 되는 건지.

"불광동 살 적에두 교통사고루 막, 이, 죽었던 사람이 살아난 거야, 내가. 이 방에서 자다가 좌석버스가 들이받았거든.[37] 장사 남자래두 뼈가 몇 대가 나갔던지 죽었던지 그런 사고래요. 그런데두 어디 뭐 생채 하나두 안 났었잖어. 그래가지구 글쎄, 그 적십자 병원 원장님이, 세-상에 날더러 마음새가 무-척 착한가 보래.

"어머니 칠십에 돌아가시구, 지금 전화 온 조카딸, 걔들 인제 그냥 돌보고. 다른 사람들은 뭐 이모, 조카딸을 몰르구 산다구 그러더라구요. 저이가 맘이 좋다구, '왜 저이가 저렇게 우리헌테 잘하나.' 남두 그러구.

---

37) 교통사고가 크게 나는 바람에 길가로 나 있던 방까지 버스가 들이친 상황을 말함.

"맘이 좋은 게 아니라, 원체 내가 그 포은진게 많으니까, 내가 원체 원한이 많은 사람이기 때문에.

"(웃으며) 시집을 제대로 못 갔으니까 원이 많지. 그러니 남이래두 잘 살아야 되구, 남의 처녀래두 잘 가서 잘 살아야지. 그래서 조카딸도 그렇고, 남도 그렇고, 내가 그렇게 되도록 말 한마디래도 한다구. 오늘두 기냥 기도하는데, '아부지 새 천년도에는 건강주셔서 돈 불어서 봉사 좀 하게 해주시옵소서.' 그랬어.

"(웃음) 아유~ 참, 남 주기는 좋아하는데, 도대체 이게, 내가 남의 덕을 보고 살으니. (잠시 침묵)

***

"이 서류도 라디오로나 언젠가 인제 텔레비로다 들은 거지, 내가. 그래 갔다 온다온 사람들, 신청을 해라, 이렇게. 에이구, 여태꺼정 그러구 살았는데, 양로원으로 가야지, 인제 이러구 신청을 안 했었어, 내가. 근데 우리 조카들이 자꾸, 양로원에 가시며는 보러도 못 간대는 거지. 무신 얼굴을 들고 가느냐 그거야.

"죽지도 않구, 응, 그리고 이렇게 양로원도 못 가고, 취로사업도 댕기기 힘들잖어, 그러니까. 다른 사람두 허구 그러는데, 나도 해야겠다, 그래서 구청에 가서 그렇게 가가지구서는 [등록을 헌 거지].

"노인네들 지금 그 저거 무스탕[38] 노인네들 다 지금 나오잖어, 아파트. 혼자 사는 사람도 나와 지금. 우리가 선착순으로 나왔대지만, 지금

---

38) 무의탁

은 무스탕 노인 다 나오거든. 아무두 없대는 무스탕 노인, 거 지금도 뉴스에 나오잖어, 자꾸. 그냥 아무두 없는 사람들. 그래 이런 아파트 나오는 거야, 그래서 이게 나온 거다, 그냥 조카딸도 몰라.

"이건 나 속에만 늫구 가는 거야, 인제~. 죽을 때 꺼정 그냥. (웃으며) 언제 죽을 진 몰르지만, 이게 뭐 죽을 날이 가깝지, 살 날이 인제 뭐 멀어?

"그냥 덜 아프다 그러면, 아, 그, 사람 죽는데 내가 질린 사람이 아녜요. 근까 그냥 겁이 나는 거라, 겁이 나. 그러구 사람 죽는 데도 그렇게 딘³⁹⁾ 사람이구, 사는 생활에두 그렇게 내가 딘 사람 아니유. 그러니까는 그저 요만해서 남이래두, '아휴~ 그 할머니 참 그렇게 마음새가 괜찮더니, 참 돌아가기두 (웃으며) 잘 맞춰 돌아갔어.' 아이, 그런 소릴 들어야 할 텐데, 글쎄, 그게 걱정이래니까. 하하하하하, 아유~. (웃으며) 이거 참 몰르고 사는 게 참 답답한 일이야.

"난 호적이나 지금이나 [이름이] 똑같애요. 안법순이.

"우리 어머니가, 안참봉 댁⁴⁰⁾ 이라구 아주 아드님을 못 낳다[가] 아들을 났는데, 백일 때 미역국 끓이구, 이렇게 백설기를 해서 이렇게 허는데, 울 어머니가 고서 뽕을 따셨대요. 뽕을 따시는데 들어와서 미역국 잡수라구 그러는데, 기냥 비린내가 확 나드래. 그러니까 그게 인제 체허신 거야. 인제 토허시구 이러니까는, 애가, 내가 올리 붙은거야. 울어머니 숨

---

39) 데인 40) 같은 동네에 있는 다른 집을 말함.

통을 멕힌 거야. 그러니까는 왼간 약을 다 쓰고, 이렇게 해두 애가 내려 앉질 않는 거야, 내가 내려 앉질 않어.[41] 그러니까 울 엄니가 돌아간다고, 막 저걸 허시구 허니까는, 뭐 벨 좋다는 일은 다 허구, 이러신 모양이라.

"그러니까는 누가 그래더래. 저, 그 물 퍽 – 퍽 – 내리 찍는 폭포수 있잖어. 그 물을 아주 닭소리 개소리도 안 나는 데 가서 밤중에 정종병, 큰 거 한 되 짜리, 글루 하나를 이–렇게 지러 실러다 떠다가 한 반 공기쯤 쫄여 가지구, 꺼먼깨 있지, 힉음자,[42] 참깨거치 생긴 거, 그거를 곱–게 빻아가지구, 고기다가 타서, 물 한, 반 공기 되는 데다 타서, 젤 높은 장독에다 체를 씌여서 덮어놨다가 공복에 멕이라 그러드래.

"청평 용약골이래는 데가 있어요. 용 나왔다는 데. 그래 거기 폭포수가 있시니까, 우리 외삼촌이 떠다가 이렇게 울 어머니를 드렸는데, 내가 인제 내려앉을래니까, 울 어머니가 돌아간다고 펄 – 펄 – 뛰시더래는 거야. 이러니까는, 내가 인제 내려앉았는데 울 어머니가 저립단걸이 말른 거라, 한 달 동안 그러고 나셨으니까, 잡숫지도 못 허구.

"저래서야 어떻게 몸을 푸시겠냐고, 우리 할아버지 친구분이, 산삼허구 녹용, 그거 진짜지, 그거를 갖다 끓여서 자부를 멕이라구 드리더래잖어. 그래구서는 나셨는데, 내가 이게 노랑물을 들여 논 거 겉더래, 이 살이. 이 살이 이렇게 틱틱 불어서 났드래. 그니까 나한테루 다 온거야 그게. 이게 진짜 용, 산삼 먹은 사람은 나야, 그래두.

"면에서 인제 이름을 지러 올러 온 거 아냐. 그러니까 울 할아버지가 이름을 뭘로 져야 할까요, 이러시니깐, 면에서 올러 오신 분이, '이 아주 면 내를 홀렁 두집어 놓고 났으니깐, 법 – 석을 허구 났으니까, 법순

---

41) 태아가 자리를 잡으려고 하는 상황을 말함. 42) 흑임자

이라고 짓죠.'

"이 세상에 법이래는 그게 없대. 내 이름은. 하여간 그중에다가 공부 래두 잘 허구, 응, 내가 이렇게 했심은 그 이름을 그래두 써먹을 텐데, 제대루. 못 써먹고 이 지경이 된 거야, 이게.

"첨에 갈 적에 [잡아간 사람이] 아이꼬라구 졌어요. 이쁘다고, 날더러, 그래, 그랬는데,

"그놈의 이름이 나쁜지 어쩐지 자─꾸 병치레만 하구, 그러더라구.

"그래서 내가 이름이 안 좋은가부다. 더 아프지 말라구, 죽을래면 얼 릉 죽던지. 그때는 죽는 게 좀 안 되긴 안 됐지. 왜냐하믄 우리 어머니 땜에, 응, 뭐, 어머니만 아니면, 뭐, 그까짓 거 죽는 데두, 뭐 겁날 것도 하나두 없지, 뭐. 몸땡이두 그렇게 됐는데, 무신 뭐, 살기를, 그거 사는 거야? 그게?

"그러는데, 스물, 스물, 스, 스미레, 그렇게 짓고 싶더라구, 내가 (웃 음). 내가 진[43] 거야, 내가. (웃음) 그래가지구 병두 고치구.

❧

"지금두 어떤 때 가을, 봄이면 좀 그냥, 응, 근지럽구, 좀 어떻게 그냥 까질 적두 있구, 이래, 지금두.

"그래, 소금물로 좀 씻구 인제. 봉구래비가 다 빠졌다 그래두 무신 기 가 있겠지. 원체 그게 지독한 병이기 땜에, 고쳤어두, 그래, 내, 그래서 저래서두 더 이렇게 몸이 아픈 거지. 근데 어떤 때는 인제 이 봄 되면

---

43) 지은

더 아퍼, 내가 더 죽어, 아주. 아주 맥을 못 추구, 이 음력 한 사오 월쯤 이렇게, 응, 봄 이렇게 되믄. 아이구, 더 아퍼 아주. (잠시 침묵)

꽃

"우리 어머니조차도 몰르고 돌아가시고. 내 가심 속에 묻고 가는 거지, 내 얼른 이만큼 나이가 먹었으니까, 얼른 죽어서 인제 새루 태어나든지 뭐 어쩌든지. 으휴, 어여 가는 거밖에 없지, 지금 생각이.

"그래, 원체 내 맘이 대범하구, 뭐, 그랬다구 해두, 겁나구 무서웠지. 그, 안, 무서웠겄어, 그게? 그래, (복숭아를 먹으며) 어휴, 다네. 아주 맛있네. 나는 그래, 사람이라면 그게 헐 일이냔 말이예요, 사람. 아니 옛날에 시집을 가서 한 남자두 무서운데, 이 그, 아유―아―지금도 이십 살, 삼십 살을 먹어두 저거를 하는데, 그때 열일곱이면은 그거 뭐, 철부지지, 뭐예요? 그거, 잡숴. 너무 단데, 이게." 🪷

우리가 보고 듣고 이해한 안법순

이선형*

　우리가 안법순을 만나는 것은 그녀가 증언을 하는 것이기도 하며 동시에 세 명의 여자들이 모여 작은 잔치를 벌이는 것이기도 하다. 해방 이후 어머니와 녹두 빈대떡 장사를 할 적에 다져진 솜씨로 야채전, 김치전, 감자전 등을 만들어 주고, 나올 때도 꼭꼭 챙겨 주는 그녀는 영락없이 인정 넘치는 우리네 '할머니'의 모습이다.

　안법순은 현재(2000년 당시) 중랑구 신내동의 아담하고 깔끔한 아파트에서 혼자 살고 있으며, 일찍 죽은 큰 언니들의 딸들과 연락을 하고 지낸다. 그 조카딸들이 지금 그녀에게 남아 있는 거의 유일한 가족이다. 그 중 셋째 조카딸은 우리가 갔을 때도, 몇 번 전화가 왔고 한 번 마주치기도 했다. 작년 겨울에 우리가 찾아갔을 때, 조카딸의 생일이라고 청량리에서 약속이 있다고 했다. 그래서 증언이 끝나고 우리가 청량리까지 함께 갔었는데, 그때 잠깐 조카딸과 마주친 것이다. 물론 그때, 그녀는 그들에게 우리를 소개하지 않았고, 우리도 그냥 인사만 했다. 뒤로 물어보진 않았지만, 아마도 우리를 구청에서 나온 복지과 직원쯤으로 말해 두었을 것이다. 그리고 또 같은 아파트 단지에 있는 김선화(가명) 할머니와 종종 왕래하고 지낸다. 그 할머니도 싱가포르에 '위안부'로 끌려갔다 왔기 때문에 더 친하게 지내는 것일지도 모른다. 둘은

---

* 증언을 듣고 녹취를 푸는 과정은 나진녀와 함께했다.

김치를 나누어 먹기도 하고, 복날엔 같이 술도 먹는 사이다. 또한 그녀에게 아주 중요한 일과는 교회에 나가는 일이다. 교회에 나가 사람들을 만나면서 적적함을 달랠뿐 아니라, 세상과 소통하는 통로이기도 하다. 종종 안부 전화라도 하면, 빼놓지 않고 항상 우리를 위해 기도한다는 그녀, 아마 지난 2년 동안 우리가 이 일을 할 수 있었던 것은 그녀의 기도 덕택일 것이다.

생의 대부분을 혼자 살아와야 했던 그녀에게 우리는 기다려지는 손님이며, '함께'라는 것을 즐길 수 있는 젊은 친구들이다. 나른한 일요일 오후, 아이들의 뛰어노는 소리가 들리는 그녀의 작은 아파트 안에서 집안 가득 고소한 기름 냄새를 풍기며 셋이 부산을 떨던 그 시간은 비단 그녀뿐만이 아니라 집 떠나 사는 우리들에게도 큰 행복이었다. 그리고 우리가 집을 나설 때면, 늘 버스 정류장까지 우리를 바래다 주었다. 운동 삼아 가는 거라면서.

"아유, 이렇게 살면 얼마나 좋아. 이렇게 있으니까 하나도 안 아프네. 우리 셋이 맛있는 거 먹으러 다니고, 놀러 다녔음 좋겠다." 하지만, 그녀의 즐거움이 단지 혼자 사는 '외로움'을 달랠 수 있는 데서 오는 것만은 아닐 것이다.

그녀는 자신의 과거와 미래를 한꺼번에 엮어 주는, 즉 기억을 재구성하는 과정을 통해 자신을 발견하고 있었다. 이것은 지금까지 한 번도 속 시원히 말하지 못한 이야기를 털어놓는 데서 오는 카타르시스와는 또 다른 종류의 즐거움이다. 물론 그녀는 어머니한테도 말하지 못했던 이야기를 털어놓는다는 말을 몇 번이나 반복했다. 그러나, 우리가 들었던 것은 그 말하지 못했던 이야기의 내용만이 아니었다. 그녀는 그 이야기를 하면서 자신이 얼마나 대범한 사람이었는지, 남들은 자신이 늘 웃으며 산다고 한다지만, 사실은 속이 얼마나 답답한지, 지금 이렇게 살고 있는 내가 왜 이렇게 살 수밖에 없었는지를 반복하고 강조하는 것, 그런 이야기를 하면서 그녀는 자신을 다시 바라보고 있었다. 물론 여전히 그녀는 우리에게 말하지 못하는 이야기가 있다는 것을 안다. 아예 기억 속에서 지워져 버렸는지도 모르겠다.

지난 10월에, 법정에 제출할 피해 사실을 조사하기 위해 前 위안부 할머니와 함께 차를 타고 인천 사랑병원에 갈 때의 일이었다. 두런두런 이야기를 나누다가 그 할머니가 갑자기 위안소에서의 끔찍한 경험들을 풀어놓기 시작하자, 그녀는 갑자기 입을 꽉 다물고 차창 밖만을 바라보았다. 아마도 그녀가 창피한 기억으로 가두어 두었던 장면들이 다른 사람의 입에서 튀어나왔기 때문이리라. 그녀는 우리에게조차 '그' 얘기는 하고 싶지 않았던 것이다. "그 무신 좋은 얘기라고" 자꾸 하냐는 것이다. 그래서 유난히 그녀의 말에는 "그"로 지칭되는 대명사가 많다. 그녀가 우리에게 말했고, 우리가 들었던 것은 그녀가 주체가 되어 역사를 스스로 만들고 해석하면서 부여한 의미들의 꾸러미였다. 그 과정에서 고생스러웠던 지난 얘기들이 짜임새 있게 엮어진다.

자신의 증언 속에서 그녀는 자신을 몇 번의 '죽을 여울'을 헤쳐 나온, 운명적인 여성으로 그리고 있다. 위안소에서의 경험이 자리하고 있는 싱가포르의 기억은 이러한 구조 속에 안착되어 있다. 그녀와의 만남이 일 년이 넘게 지속되는 동안 그녀의 기억은 점점 더 상세해지고 풍부해졌다. 처음에는 싱가포르 위안소에서 경험한 것을 있는 그대로 거짓 없이 이야기해야 한다는 생각을 강하게 갖고 있는 듯했다. 우리가 반복해서 질문을 하면 늘 어김없이 "거짓말을 하는 사람이 있더라, 거기가 무신 좋은 데라고, 안 가고도 갔다 왔다고 하는지 모르겠다."는 말을 빼놓지 않으면서 다시 한 번 똑같은 말을 되풀이하곤 했었다. 그러나 우리가 이야기의 전반적인 틀을 알게 되고, 그녀 역시 우리에 대해 알아가기 시작할 무렵부터 우리는 서로의 '오해'를 바로잡아 가면서 이야기를 이해하게 되었다. 즉, 우리 세 사람은, 독백을 듣는 사람들이 아닌, 대화를 하는 사람들이 되어 가고 있었던 것이다. 증언을 하는 사람, 증언에 참여하는 두 사람, 이 세 사람이 하나의 증언을 만들어 가는 과정은 서로의 기억을 더듬으면서 어떻게 '오해'하고 있는가를 통해 이해하는 것이다. 같이 이야기를 들었음에도 불구하고 우리의 기억과 이해에는 많은 차이가 있었기 때문에, 증언에 참여하기 전에 둘이 다시 지난 증언을 '기억하기'의 과정은 매우 중요하고 소중한 것이었다. 이 과정 속에서 우리는 그녀의 '오해'와 우리의 '오해'를 봉합해 나갈 수 있었던 것이다. 그럼에도 불구하고 전반적으로 그녀의 기억이 재현되는 과정이 딛고 있는 기본틀은 늘 일정하게 유지되었다. 이 속에서 자기의 몸과 관련한 직접적인 기억, 특히 성(性)에 가해진 직접적인 폭력에 관한 기억은 그 구조 속에서 빠져 있다. 그렇기 때문에 그녀가 자신의 성(性)에 관한 기억, 피해를 이야기한 것은 딱 한 번이었다. 그것은 우연이었으며, 절대로 반복되는 일이 없었다.

전체적인 증언의 기억 구조를 지탱하고 있는 것은 '죽음'이다. 그러나 그녀에게 있어 이 '죽음'의 의미는 단순하지 않다. 집안 식구들의 죽음으로 인해 집안이 망했고, 그때문에 서울로 올라와 남의 집 살이를 하다가 싱가포르로 끌려가게 되었다는 데서 '죽음'은 그녀의 이후 삶을 결정적으로 변화시킨 원인이다. 하지만, 집안 식구들의 이른 죽음으로 인해 그 명(命)을 이어받았기 때문에 그녀는 그 험난한 고통을 이겨낼 수 있었다. 즉, 여기서 그녀는 집안 식구들의 '죽음'을 자신의

'삶'의 숨은 힘으로 돌리고 있는 것이다.

해방 직후 위안소에 혼자 남겨진 그녀가 못 먹는 술을 먹고 위안소를 다 때려 부수는 과정에서 머리를 다쳤지만, 생명에 전혀 지장이 없었으며, 먼저 나갔다는 사람들은 배가 파산되어서 결국 다 죽었다는 이야기 역시 '죽음'을 통해 기억된다. 또한 싱가포르에서 보았다는 귀신은 집안을 망하게 만든 그 귀신과 다시 만나며, 그녀는 이 귀신 이야기를 통해 위안소의 이야기를 전한다.

그러나, 정작 그녀 자신의 죽음은 또 다른 희망으로 읽힌다. 글을 읽을 줄 모르는 그녀에게 있어 찬송가나 성경을 읽고 싶은 소망, 자식을 낳아 가족을 이루고 싶은 소망 역시 그녀가 얼른 죽어 다시 태어남으로써 가능해지는 것이다. 그녀의 죽음이 이렇듯 '희망'과 연결되어 있기 때문에, 그녀는 지금 행복한 죽음을 바라고 있는지 모르겠다. 그렇기 때문에 그녀에게서 어두운 죽음의 그림자 같은 것은 찾아볼 수 없다. 다른 사람에게 베푸는 것을 유난히 좋아하며, 늘 밝은 표정으로 지내는 그녀에게서는 오히려 삶의 힘이 묻어난다.

부록

면접지침

면접조사태도

(1) 일반적 태도

면접의 포괄성_ 면접에는 질문하고, 청취하고, 기억하는 작업이 모두 포함된다. 따라서 무엇을 어떻게 묻고, 듣고, 기억할까를 미리 준비해야 한다. 이것은 질문 문항의 차원을 넘어선 조사자의 가치, 태도에 많이 달려 있으며 궁극적으로는 일본군 위안부 문제에 대해 어떻게 이해하고 있느냐에 달려 있다.

증언자의 위치_ 인터뷰에서는 증언자가 주도성을 가져야 한다. 혹은 가지게 한다. 그러려면 증언자가 편안히 혹은 열심히 자신의 이야기를 할 수 있게 하는 분위기가 절대적으로 중요하다. 또한 면접자가 증언자의 증언에 대해 최대한 충실하게 듣고 그 흐름을 따라가야 한다.

면접자는 증언자에게, 본인의 동의가 없는 한 본명으로 자료를 공개하지 않을 것임을 약속한다. 그리고 이 면접이 일본군 성노예를 처벌하기 위한 국제법정과 직결되어 있으므로 1) 일본의 사죄와 배상을 받아내고 2) 전 일본군 위안부(할머니)들의 한을 풀어주기 위한 것이며 3) 나아가서는 할머니의 증언이 없으면 기록되지 않고 지나갈 역사적 진실을 밝히기 위한 것임을 알려야 한다.

면접자의 위치_ 면접에 들어가기 전 면접자는 다음과 같은 사항을 준비한다.

1) 먼저 이 역사적 사건의 전반적 그림을 충분하게 이해하고 있어야 한다. 이를 위하여 만주사변(1931)으로부터 제2차 세계대전의 종결에 이르기까지 한국 및 일본 근대사와 군 위안부 강제연행의 역사를 학습한다.

2) 1990년대 초반 이후 한국사회에서 이루어진 이 문제에 대한 담론적 구성, 그리고 대중적 통념이 어떤 것인지에 대해 이해하고 있어야 한다.

실제 면접에 임하여서는 다음과 같은 태도를 갖추도록 준비한다.

1) 면접 시에는 필수적 질문(법정 준비를 위한 부분, 역사 보관용) 이외에는 가능한 한 개입을 최소화하며 증언자의 흐름에 따라가야 한다.

2) 좋은 증언이 쉽게 얻어질 수 있으리라는 기대를 갖지 않도록 한다. 우리의 증언작업은 이미 50여 년이 지난 과거로의 여행을 떠나는 것이다. 게다가 아직 인식이 숙성하기 전인 (대개) 십 대에 겪은 경험에 대해 할머니들이 반추를 해야하는 작업이며 그 이후에도 그 경험을 표현할 기회가 할머니들에게 별로 없었다는 사실을 명심하자.

3) 증언이 잘 나오지 않을 경우, 기억을 활성화시킬 수 있는 질문을 한다. 즉, 새로운 주제를 제기하기보다는 할머니 바로 앞의 이야기 중

잘 얘기되지 않은 부분에 대하여 "그게 (특정한 지칭도 좋음) 뭐예요?" "그때 더 생각나시는 게 없어요?" 등등 이야기의 맥락에 따라 다양한 활성화 질문을 준비해 둔다. 이를 위해서 면접자는 할머니들의 증언에 대단히 주의를 기울이며 들어야 한다. 이것도 되지 않을 경우, 새로운 주제로 돌려본다.

4) 증언자로부터 인간적 신뢰감을 획득한다. 무엇보다도 증언이 쉽게 나오지 않아도 기다릴 수 있는 인내와 할머니들에 대한 깊은 애정이 면접자들에게 필요하다.

5) 여러 가지 방법을 써도 증언이 잘 나오지 않는 할머니가 계실 경우 증언팀장과 바로 연락을 취하여 새로운 방법을 모색한다.

(2) 면접조사의 진행

3회 면접을 기본으로 한다.

매회 면접이 끝날 때마다 증언팀장에게 전화 혹은 이메일로 알리고 조사일지를 반드시 작성한다.

1) 1회 면접 때에는 피해자의 기본적인 상황을 파악하고 친밀감을 형성한다. 먼저 조사자들은 할머니에게 간단한 자기소개를 하고 조사 목적을 알려드리고 녹음 허락을 받는다.

그러나 녹음을 하더라도 노트에 중요한 사항을 적으면서 진행하는 것이 나중에 녹음을 풀 때도 도움이 된다. 또 할머니의 얼굴 표정, 행동 등은 (예를 들어 "여기를 다쳤어." 할 때 여기가 어디인지 기록할 것) 녹음될 수 없기 때문에 노트에 적어야 한다. 면접은 현재 생활을 중심으로 진행한다. 1회 면접 후 녹음된 내용을 곧바로 풀어서 정리하여서 증언자에 대한 기본적인 이해를 꾀한다. 즉, 증언자가 동원된 지역에 대해 파악하고, 증언 시 나왔던 일본어의 의미 등을 이해할 수 있게 된다. 이러한 작업은 다음 조사를 진행하는 데 매우 중요한 토대가 될 것이다.

2) 2회 면접 때에는 개방형 질문을 중심으로 하여 가능하면 증언자의 심도있는 체험을 들을 수 있도록 노력한다. 2회 면접의 내용을 풀고 보충할 질문을 팀원간에 상의한다.

3) 3회 면접에서는 필수 질문 중 그 동안의 조사에서 답변이 되지 않은 부분을 체크하면서 질문을 행한다. 이 과정에서도 개방형 질문 형식 방식을 병행한다. 면접이 끝나갈 무렵, 조사자 및 정대협의 연락처를 드린다. 3차 면접이 모두 끝난 후에는 전체적으로 정리하고 디스켓과 면접내용 인쇄물을 1부 제출한다.

(3) 면접 시 준비사항

1) 반드시 녹음을 한다: 녹음기와 녹음 테이프의 상태를 점검하고 테이프와 건전지를 항상 넉넉하게 준비한다. 녹음기 사용방법을 정확하게 알고 실험해 본다. 할머니에게 드릴 정대협 안내 인쇄물도 준비해 간다.

2) 가능하면 사진을 찍는다. (3차 조사 시기가 좋을 것이다)

3) 기타 자료(어린시절, 또는 강제 연행된 시기의 사진이나 소지품)도 가능하면 수집한다.

면접내용

1. 면접은 필수 질문과 개방형 질문으로 구성된다. 일련번호 1, 2 등은 개방형 질문의 주제를 나타내며 각 주제 아래의 질문들은 필수 질문이다.
2. 면접자는 면접 주제 및 각 주제 아래의 필수 질문을 숙지한다.*
3. 실제 면접에서는 먼저 개방형 질문에 해당하는 주제에 대해 먼저 질문을 행한다.
   가. 증언자가 잘 말씀을 하실 경우, 질문하지 않고 그 흐름에 따르며
   나. 필수 질문의 내용이 증언 중에 나왔으면 면접자가 기재를 하고 추가 질문을 행할 필요는 없다.
   다. 2차 면접까지 증언에서 나오지 않은 필수 질문에 대해서는 3차 면접 시에 질문을 한다. 하지만 증언자 모두가 필수 질문에 대답할 수 있는 것은 아니다.
   라. 필수 질문은 또한 증언자의 기억을 촉발할 수 있는 촉매제처럼 이용될 수 있으며 증언의 내용을 보다 자세하고 명확하게 하기 위한 방법이 될 수 있다.
4. 증언의 내용이 시계열적이 되지 않을 수도 있다. 이럴 경우, 그것을 바로잡으려 할 필요는 없다. 가능한 한 증언자의 흐름에 개입을 최소화하고 증언자의 기억을 활성화시키며 그들의 언어를 수확하는 면접을 추구하기로 하자.

---

* 본 증언집의 기반이 되는 녹취록이 주로 개방형 질문에 의해 작성되었기 때문에, 여기서는 개방형 질문만 수록한다.

질문지

1. **인적 사항** 기초적인 인적 사항, 주로 1차 면접 시에 알아둔다.
2. **연행 상황**
3. **위안소 상황** 위안소의 일반적 상황에 대해 면접한다.
4. **강간 및 여타 폭력에 대한 기억** 전 일본군 위안부들은 대개 위안소로 이동하는 과정에서부터 강간당하기 시작했다. 여기에서는 그들이 겪은 '언어적', '물리적'으로 당한 폭력 - 강간, 위협, 구타, 고문, 살해 등-과 그들이 목격한 폭력을 기억하게끔 한다. 그리고 그러한 폭력이 증언자에게 어떻게 기억되고 있는지, 그들의 느낌은 어떤 것이었는지를 면접한다.
5. **몸의 체험에 대한 기억** 앞의 주제와 연결된다. 여기에서는 주로 증언자의 몸 체험에 중심을 둔다. 어떤 종류의 강간을 일본군인들이 행하였는지, 수없는 성행위의 결과, 몸에 어떤 변화와 이상이 왔는지, 성병과 임신관계는 어떠했는지 등을 면접한다. 이러한 일들에 대해 증언자는 어떻게 기억하고 있는지를 살펴본다.
6. **위기상황의 대처** 엄청난 위기의 상황에서도 살아남기 위해서 증언자들은 어떤 노력을 하였을까. 어떻게 말도 안 되는 현실을 '이해' 하고 의미를 봉합해 갔을까. 그리고 이때 동료 위안부는 어떤 역할을 하였을까. 구체적인 행동과 의미의 차원에서 이들이 행한 행동을 면접한다.
7. **전후의 생존/귀국 과정** 증언자의 생존은 '구사일생'이라고 말하지 않을 수 없다. 어떻게 이들은 생존할 수 있었을까. 그리고 대다수 다른 이들은 왜 귀국할 수 없었나.

8. **한국사회에서 생활** 전 위안부 여성들은 대개 자신의 경험을 주위 사람들에게 말하지 못하고 폐쇄적인 삶을 살아온 것으로 알려져 있다. 그들을 지원할 사회적 네트워크도 부족한 상태에서 대부분 경제적으로 빈곤한 삶을 살았다. 즉, 모국으로 귀국하였지만 이들이 속할 곳이 한국에 없었다고 할 수 있다. 여기에서는 경제적으로, 사회적 관계망에서 열악한 상황에서 견뎌온 할머니들의 삶을 조명한다.

9. **결혼 및 가족생활** 위안부라는 경험이 이들 여성의 가족 및 결혼, 출산, 성의 경험에 어떠한 영향을 남기었는지를 알아본다. 위안부 할머니들이 '정상적'인 여성으로서의 삶을 살지 못했다고 느낌으로써 가장 큰 원한으로 남아 있는 영역이다. 할머니들은 자신의 순결, 출산, 성에 대해 어떠한 언어를 가지고 있을까.

10. **위안부 생활이 미친 정신적·신체적 영향** 위안부 경험이 남긴 신체적·정신적 피해, 성격의 왜곡 등 그 후유증을 심층적으로 접근한다.

11. **신고의 동기, 그 이후의 변화** 신고 후 이들의 정신적, 인간 관계의 측면에 남긴 영향을 살펴본다. 또한 이를 통해 이들의 정체성에 어떤 변화가 왔는지를 알아본다.

녹취록 작성 요령

- 프린트 용지는 A4
- 여백은 위 19, 아래 15, 왼쪽과 오른쪽 30, 머리말과 꼬리말 15
- 문단 모양은 왼쪽, 오른쪽, 들여쓰기 없고 줄간격 150

- 글자모양 신명조, 글자크기 10
- 맨 첫장에 증언자 이름, 면접자 이름, 면접일시, 장소 명기
- 녹음 테이프 번호와 A, B면을 표시한다.
- 면접자의 질문은 〈 〉 안에 넣는다. 면접자가 두 명일 경우 누가 질문 했는지를 표시한다.
- 증언자의 답변은 줄을 바꿔서 쓴다.
- 상황 설명은 각주 처리
- 동작을 나타낼 때는 ( ), 해석자 해석이 필요할 때는 [ ]로 처리한다.

녹취록 원문의 예

증언자 한옥선

면접자 이선형, 나진녀

면접일시 1999년 5월 26일

면접장소 경기도 인천시 부평동 자택

테이프 1 - 1 - A

어따 꽂지 않아도 돼여?

〈나: 네~ 성능이 좋아서요. 할머니 목소리가 아주 선명하게 나올 거 예요. (웃음)〉

(모두 웃음) 하면서 드셔~ 식어.

〈이: 할머니 해 보셨어요? 이런 거 꽂고 인터뷰 해 보셨어요?〉

아니, 나는 하면서 꽂는 건 줄 알고 여쭤 보는 거야.

〈나: 허리는 그때 그렇게 많이 다치신 거예요?〉

네, 발길로 허리에 채이고, 그래 가지고

〈나: 직업소개소 같은 데를 가셨던 거예요?〉

네. 직업소개소에서 갔다가 다까사 쇼뗑이라는 데 소개해줘서 갔었예여, 그래서 거기서 몇 달 있었는데, 그 이듬해 사월 십칠일 날이 우리 엄니 제사였거든여. 그래서 거길 댕길러 왔다 가니께, 어떤 모르는 손님이 와 있어요.

〈이: 모르는 손님이요?〉

웅. 나이 먹은 영감님이. 그래서 인사를 시켜주니께 인사를 하구서는 돈 벌래면 가자구 돈벌 데 좋다고 가자구, 그래서 그 영감한테 속아서 간 거예요. 그랬더니 지금은 몰라도 그때는 몰라도, 지금 생각하면 소개소 비뜨름한데 가니께 여자들이 일곱이 있예여, 그 여자들은 팔려온 여잔지 그건 몰랐는데 이제 신의주 강을 건너서 지금은 아니께 길림성인가 봐여. 그때는 몰랐지. 그래 가는데 포장을 막 쳐놓고 여자들이 그냥 뭐뭐뭐 벨을 들고 들락거리고 군인들이 줄을 섰고 그냥 뭐 굉장해요. 난 멋도 모르고 따라간 거라 말도 안들으니께, 막 그냥 기사마야로 하면서 막 욕도 하고 주먹으로다 때려도 보고, 얼러도 보고 그래도 내가 말 안 들었거든요. 그랬더니 거기서는 몇 일 안 갔나봐요, 일선이라, 그러더니 얼만가 있다가 달수는 잊어버렸는데 인제 나이 팔십하나니까 생각 안 나지만도, 기차 태워 가지고 또 어디로 가더라구요. 그래서 따라갔는데, 태원인가봐요.

〈이: 태원이요?〉

태원.

〈나: 중국에요?〉

중국에. 에. 태원이라는 데 도착을 했는데, 거기는 여관방 같은 방이 많은 집을 얻었는지 거기 가더니 방마다 사람 하나씩 다 두는 거예요. 비로소 인제 태원이라는 데도 뭐 몰랐지만도 나중에 알고 보니께 태원이라는 덴데 어차피 거기까지 끌려갔으니 더 이상 버티다가는 매는 맞겠구. 그래서 그냥 할 수 없이 그냥 부끄러운 소리지만도 정말 군인 상대를 하면서 울면서 그저 어떻게 세월을 보냈어요. 그러다가 (우심) 그러다가 또 얼만가 있더니 거기서부터 기차타고 한참 가더라구요, 가더니 오수이징이라는 동네가 또 도착을 했어요, 황수진. 그래서 거기 도착을 했는데, 거기도 가서 역시 집을 하나 얻었는지 방마다 그냥 여자들 전부 전부 하나씩 주고 저도 정말 방을 하나 얻어갔고 할 수 없어서 거기서는 정말 어짜피 몸은 버린 몸이고 그래서 그냥 군인 상대를 하다가 (우심) 다른 여자들은 뭐 그냥 뭐 부지런히 그냥 뭐 불나게 드나들고 야단을 해도 저는 어떻게든지 그냥 몸사리고 안저거할라고 애도 무척 썼어요. 그래도 그게 임의대로 안 되니께. 그런데 그 영감이 팔아먹었나봐요. 나중에 알고 보니께.

〈나: 할머니는 돈도 못 받으시구요?〉

못 받았어요. 못 받았으니께 이렇게 고생을 했지요, 뭐. 그러다가~ 돈받고 갔으면 모를까. 지금. 왜 매를 맞아요? 그 여자들 하는 대로 따라하죠. 그러다니 얼만가 있더니 또 오수이징을 가가지고 거기서도 집 한채를 마련해서 각처에다 방에다 딱 놔두고 거기서 솜을 사서 이불을 만들게 하더라구요. 그래서 중국 여자들 솜 팔던 걸 사가지고 주인이 들어서 이불을 만들었어요. 그래서 거기서 얼만가 또 있더니 오래이강이라는 데를 또 갔어요.

〈이: 오래이강?〉

오래이강인데, 한국말로는 흑룡강인가?

〈나: 흑룡강이요?〉

네. 그래서 거길 갔는데, 오수이징에서는, 오수이징에서는 신체검사를 하던가? 안 했던가? 하도 오래되서 그것도 잊어버렸는데, 오래이강에서는 확실히 신체검사한 걸 알아요. 지가. 그러더니 신체검사를 하는데, 이제 야전병원이요, 거길 데리고 가서 신체검사를 하는데, 하가 쇼이래는 군의관이 장교예요. 군의관이 검사를 하고는 어떻게 내가 좀 몸이 깨끗한 여잔지 처녀가 어떻게 된 건 지 그걸 알았나봐요. 몇 일 날 저녁에 찾아왔어요. 찾아와선 날 찾아요. 그래서 나가니께, 그 하가 군인장교가 군의장교가 찾아왔어요. 그래서 불르드라구요. 그래서 뭐, 몸은 버린 몸이니께 할 수 없어서 그냥 정말 대접을 하고 보냈더니 그 사람이 정말 군의장교라 너무 많이 지가 덕을 본 거예요. 그때부터 난 그냥 무리로 정말 애쓰고 돈 벌을라고 그냥 안 했어요. 그러다가 거기서 또 오래이강이라는 데를 갔에요. 아니야 아냐. 오래이강에서, 이제 그 장교가 데니다가 정말 부득이한 사정에 할 수 없으면 그냥 손님 받고 그 군의관이 찾아댕기니께, 난 심히 그렇게 그냥 돈 벌라고 애는 안 섰는데, 그러다가 오래이강서 그러니까 어디로 갔냐면 또 오보쟁이라는 데로 갈려 갔어요.

〈이: 오보쟁이요?〉

네, 오보쟁. 그래서 거기서 나중에 찾아가 가가지고는 오래서 가가지고는 방을 하나 얻어 주더라구요. 아, 첨에는 방은 못 얻구. 어느 식당, 한편으로는 식당을 하고, 한편으로는 여자들 몸파는 여자들 있고 그래요. 거기다가 주인한테 얘기를 해 가지고 저 구석에다 방 하날 얻어 주더라구요. 그래서 그 방에 가 있으면서 그 하가군인상만 드나들다가. 지가 애가 있었거든요. 지금 애 말고 하나는 (울먹이심) 일본 갔어요. 둘 다 기를 수가 없어서, 양딸로 줬거든요. 그래서 큰 애 가졌는데, 오보징에 있었을 적에 큰 애를 가져서, 낳게 됐는데, 하루는 하현이래는 데를 가서 어느 식당에다 또 말을 해 놓고 왔나봐요. 그래서 따라나갔더니, 하현 배둔 식당인데 두 영감 노친네만 있더구요. 그래서 거기에서 차 대접 하면서 세월을 보냈는데, 배는 점점 불러가고 그러니께, 그 영감 노친네가 우리 집에는 여급을 둘 수 없는 형편이다. 그러니께 우리가 좋은 데를 말해줄께 글루 가라 그래서 그래서 거기서 조끔 떨어진 덴데 얼마 안 떨어졌어요. 그래서 하현서 배시후 땅에 거긴 일본집인데 일본 처녀가 셋이 있었나 둘이 있었나 다방에 있었어요. 난 거기서 배가 불러서 거기서 몸을 풀었거든요. 근데 그 집도 영감 노친넨데. 뭐 아주 영감 노친네는 아니어두 애가 없었어요. 마흔일곱에 여자는 서른일곱이었거든여. 근데 남자 이름이 시라이진스켄지 시라이 하여간 뭔데 부인네 이름은 똑띠기 아는데, 영감님 이름은 잊어버렸어요.

(후략)

증언자 최갑순

면접자 부가청, 장미원

면접일시 1999년 6월 9일

면접장소 성북구 소재 최갑순 할머니가 살고 계신 방

테이프 1-1-A

(중략)

〈부: 계속 똑같은 데 계셨어요? 만주?〉

네, 만주두요, 첨에 들어갈 때는 동안성으로 들어갔고는 또 동안성서 겨서 저 거가 어디라드라… 하튼 중국 땅하구 러시아 땅하구 건네 여기 산두 없어요.

그런 데는 들판이지, 어디 조끔만 올라간 데 있으믄 고고이 산이에요. 저그 어디 고개만 넘어가두 소련땅이랍디다. 거기 가서 한 세 군데 옮겨 대녔어요. 이제 어디루 쳐들어온다 하믄 우리들 차에다 싣고 가까꾸는 그냥 가 채려 놓구 인저 군인들 막.

〈부: 방이 몇 개나 있었는데요?〉

아 삼십 명이 넘지요 그게, 여자들만. 그게 요로케 (복도가 중간에 있고 방이 서로 마주보고 있는 모양을 손으로 그려보임) 쪽 지어가꾸는 요짝에도 방 요짝에도 방, 고롱게로 요로케 나래비로, 요짝에도 나래비로 요짝에도 나래비로, 날마다 눈이 오믄 눈 온 대로, 비가 오믄 비온 대로 하루도 뺄 새가 없어요. 그래도 이런 사람(할머니 스스로)은 그래도 팔자를 타고 났능가 한번 아파보돌 안 했어요. 그러게고 거 좋게 헌 사람은 그냥 나를 짠하러구 싸요 짠하다구. 아퍼보지두 않구 돈두 잘 벌구 발 벌어 들

이구. 그것도 이 높은 놈들이 오믄 저녁에 인저 천 원씩 내므는 천 원씩을 가꾸 죙일을 자요. 인자 저녁 아홉 시, 열 시나 되아서 오믄 천 원씩만 내믄 인자 내일 아침에 가요. 근제 그 사람들은, 감성 불쌍허다구 오백 원짜리 하나쓱 주구 가. 불쌍허다구. 묵구 잠거 묵고(먹고 싶은 거 사 먹으라는 뜻인 거 같음). 그때는 화장두 나는 안 했어요. 화장할 줄도 몰라 시방까장도. 요로고 그리는 거(화장품 중에서 아이펜슬인 거 같음) 사서 하라고, 불쌍하다고 오백 원짜리 주믄, 나는 그런 거 하나두 쓸중을 모릉게 어디로 가가꼬 쓸 줄을 모릉게 옴빡 주믄 준 대로 그 사람들이 준 대로 엊저녁에 자고 간 사람이 이러고 오백 원짜리 줍다 하고 갖다 바치고…

〈부: 아이고 할머니〉

그렁게로 내가 제일 돈도 많이 벌었지유 많이 벌었어.

〈부: 그걸 그데로 갖다가 주인을 주셨어요?〉

그리구 그데루 갖다 주구. 일주일마다 한 번씩 인자 촌년이라 아직, 술집에 쪼께 댕겨본 열일곱 살 열여덟 살 묵은 것들은 아주 바라졌어요. 그지만 나는 아직 초두배기 잉께로 열일곱 살, 그땐 한국 사람이 없었어요, 중국땅이라 한국 사람이 없었어. 긍께 빨래를 하믄 걍 빨래도 허도 못해. 그 즈그들이 즈그들 빨래를 해 입제. 인제 뭣헌 사람들은 일주일에 한 번쓱 검사를 맡응께로 그날 검사를 맞는 날은 그 사람들 안 받아요 못 받아.

〈부: 아, 하루는 안 받아요?〉

네, 일주일에 한 번쓱은 안 받어. 그러믄 인제 가이네들(여자들)은 그 삼십 명 가이네 중에서 호창, 깔아놓고 호창 안을 그거 하는 거 인저 물 좀 묻고 험허게 생겨, 하래(하루)만 혀도, 하루 점도록 저녁 내 거렁 것을 헝게. 그러면 인자 그걸 내가 하나에, 하나 빨아 주는데 50전씩을 줘. 호창 하나씩 빨아 주는디(할머니 약간 웃음). 그럼 삼십 명 그걸 호창을 쫙 걷어다가는 양지물, 그때는 양잿물이 있응께. 중국 사람 집에 가서 인자 사장님보구 인자 사장님이락 해 우리들은 얼른 알아듣게, 그 주인보구. 양잿물 좀 사오락 하믄, 멋헐라냐 그러믄 요거 하나 빠는데 50전씩을 중게 내가 다 빨아서 돈 벌어서 내 몸값 벌어가 갚을란다구. (크게 웃음) 그러믄 아이구 '가와이데스네, 가와이데스네.' 그러면서 사다줘, 양잿물을 한 쟁반쓱 사다줘요. 그럼 그걸 어느 정도 풀어갖고 거기다가 막 주물러서 푹푹 삶아서 인저 막 맹물에다 푹푹 삶아서 그날로 그날로 해줘야 낼 손님 받지요. 그렇게 해주면 돈이 솔찮게 생겨요. 이 하나에 오십전쓱 받응게. 서른 개면 얼마씩여, 서른 개를 빨아줘. 어떤 년들은 떼먹고 안 주는 년들도 있고, 돈 없다고 안 준 년들도 있고, 저 그 낭중에 또 준 년도 있고. 요로콤 혀서 고놈들을 하나도 쓰덜 안허고 고로콤 벌어서 갖다 바치고 바치고 헝게로 고로콤 나를 불쌍히 생각했어요. 그렸는데 고러고 갈찌게는 (패전 후 일본주인이 철수할 때)고로고 간 단말도 안허고 고러고는 하루아침에 고러고 찌끼롱~혀니 고러고 쑥덕쑥덕 허니 고러고 언지 간다 하고도 없씨 고러고 가버려, 우리들만 쪽~ 빼놓고. 그려가꼬는 나중에는 인장 둘이 나와가꼬는 인자 막 시내서 불이 나가꼬는 인장 우리들 헌데서(위안소)만 불이 안 났는디 우리들 거 끄 있는 데서만 불이 안 났는디, 시내에서 인자 군인들 많이 있는 데서는 인장 불이 나가꼬는 인장 훨훨훨훨 타고, 군인들은 쥐도 새도 없어져 부리고 고로코 해방이 되았어요, 우리는.

(후략)

증언자 정윤홍

면접자 안자코 유카, 김연희

면접일시 1999년 6월 8일

면접장소 경기도 평택 자택

테이프 1-2-A

(중략)

〈김: 그때 거기서요?〉

응.

〈김: 손님이라고 이렇게 말을 했어요?〉

(할머니, 잠시 침묵 속에서 기억을 더듬는다)

손님이라구 말했던가? 군인이라 말하고, 헤이따이상(兵隊さん)이라고 그러고⋯⋯ 그렇게 말했던 것⋯ 헤이따이상들이여, 원칙은.

〈안: 헤이따이상이라고 그랬어요? 헤이따이상이 그⋯ 군표 같은 것도 지불은 안했어요? 그냥⋯〉

음. 벌써 문 앞에서 보면은 누구라든 거, 그 사람이 다 쓰구 들여보내여. 쓰구 워떤 방으로 들어가는가 다 알어. 이 뱅이 내 뱅이구, 니 방으로 들어오고, 저 뱅이 다른 방으로, 즈의 맘에 있는 방으로, 다 들어가.

〈김: 그럼, 할머니한테 그거를 줬어요? 아니면 적기만 했어요?〉

그, 그거 장부 작으니까 다 적었지.

〈김: 장부만요?〉

그럼!

〈김: 그럼 나중에 돈 안 줬어요?〉

돈, 돈은, 무슨 돈 줘.

〈김: 그렇게, 다 뭐, 내마스? 이런 걸루 다 제하고 안 줬어요?〉

안 줬지.

(중략)

〈안: 할머니가 그러면은 거기 계신 지 한, 얼마 정도죠? 그, 애를, 석 달, 애를 임신하셔서, 뭐, 석 달 정도…〉

세 돌 만이지.

〈안: 네, 세 돌 만이… 그, 그러면은 그때까지나 나가실 때까지가 얼마 정도였지요?〉

〈김: 몇, 몇 달이나 계신 거예요? 그럼?〉

그러니까 열한 달 있었지.

〈김: 열한 달요?〉

잉~~~.

〈안: 그러니까 일 년 가까이 되셨구나. 그 사이에 근데 할머니 자주 찾아간 헤이따이상 같은 사람 있었어요?〉

음. 키고 크고 늘씬해고, 왜, 거 일본에, 그런 사람이 살자고 하면 살겠다, 그런 사람도 있었어.

〈김: 그런 사람, 이름은 기억 안 나세요?〉

이름은 기억 안 나지. 이름은, 한 1년쯤 지낸 사람들끼리도 몰라가지고.

(중략)

〈안: 저 그때… 할머니가 계시던 방이~〉

응.

〈안: 어떻게 생겼어요? 그 크기가 어느 정도였어요, 그때…〉

(손으로 크기를 제시해 주시면서) 이것 봐.

〈안: (손짓을 하며) 이 정도요?〉

거기. 잉. 잉. 이거, 이거 가지면은 방 싯, 싯 맨들어.

(중략)

〈안: 그러면, 근데, 그때 뭐, 명찰 같은 걸, 어떻게. 달았어요? 뭐 번호만 달았어요? 방에다가, 아면 뭐, 할머니 이름도 이렇게 써가지고 붙였었어요, 그때?〉

이름 써서 붙였었지.

〈안: 이름 써서요?〉

음.

〈안: 예, 할머니 게시명이… 마쯔모또라고…〉

〈김: 그러면, 거기에도 마쯔모또라고 썼어요?〉

음~~, 그래.

(후략)

|부록 Ⅲ| 지도 : 증언자들이 위안부로 있었던 곳

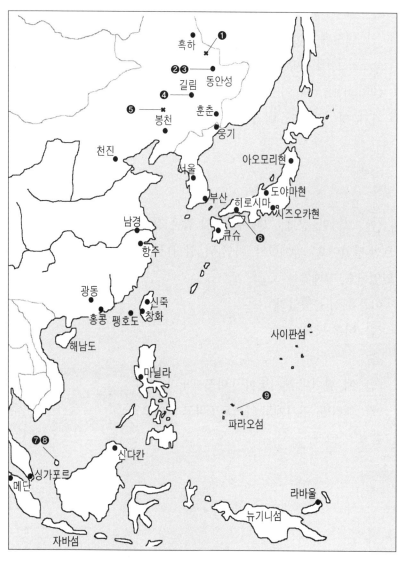

흑하
❶
❷❸ 동안성
길림
❹
❺ 훈춘
봉천
웅기
천진
서울
아오모리현
부산
도야마현
히로시마
시즈오카현
남경
큐슈 ❻
항주
광동
신죽
홍콩 팽호도 창화
사이판섬
해남도
마닐라
❾
파라오섬
❼❽
신다칸
싱가포르
메단
라바울
뉴기니섬
자바섬

❶ 김영자 ❷ 최갑순 ❸ 정윤홍 ❹ 한옥선 ❺ 김복동
❻ 윤순만 ❼ 안법순 ❽ 김화선 ❾ 김창연

314 기억으로 다시 쓰는 역사